KI-WU LEE

Kommunalaufsicht in der Bundesrepublik Deutschland und in Korea

Münsterische Beiträge zur Rechtswissenschaft

Herausgegeben im Auftrag der Rechtswissenschaftlichen Fakultät
der Westfälischen Wilhelms-Universität in Münster durch die Professoren
Dr. Hans-Uwe Erichsen Dr. Helmut Kollhosser Dr. Jürgen Welp

Band 44

Kommunalaufsicht in der Bundesrepublik Deutschland und in Korea

Von

Ki-Wu Lee

Duncker & Humblot · Berlin

CIP-Titelaufnahme der Deutschen Bibliothek

Lee, Ki-Wu:
Kommunalaufsicht in der Bundesrepublik Deutschland und in Korea / von Ki-Wu Lee. — Berlin: Duncker u. Humblot, 1990
(Münsterische Beiträge zur Rechtswissenschaft; Bd. 44)
Zugl.: Münster (Westfalen), Univ., Diss., 1989
ISBN 3-428-06836-X
NE: GT

D 6

Druck: Druckerei Gerike GmbH, Berlin 36
Printed in Germany

ISSN 0935-5383
ISBN 3-428-06836-X

Vorwort

Die vorliegende Arbeit hat der Promotionsausschuß des Fachbereichs Rechtswissenschaft der Westfälischen Wilhelms-Universität Münster im Sommersemester 1989 als Dissertation angenommen. Das Manuskript wurde im Juni 1989 abgeschlossen.

An dieser Stelle schulde ich herzlichen Dank meinem hochverehrten Lehrer, Herrn Professor Dr. Hans-Uwe Erichsen, für die über die Betreuung dieser Arbeit weit hinausgehende Bereitschaft zum abklärenden Gespräch sowie für vielfache Unterstützung. Mein herzlicher Dank gilt ebenfalls Herrn Professor Dr. Dirk Ehlers für seine wertvollen kritischen Anregungen sowie für die freundliche Betreuung und Ermunterung während meines Studienaufenthaltes in Deutschland. Dank sagen möchte ich auch meinem koreanischen Lehrer, Herrn Professor Dr. Sang-Bum Han an der Dongguk Universität in Seoul, Korea, der mich in die wissenschaftliche Welt eingeführt und langjährig unterstützt hat.

Für die Diskussionsbereitschaft und die Mühe bei den Korrekturen danke ich meinen deutschen Freunden Herrn Arno Scherzberg, Herrn Richard Weiß und Herrn Matthias Münning.

Meinem Vater Chong-Tschul, meiner Mutter Young-Pil und meiner Frau Kyung-Suk widme ich die Arbeit.

Seoul/Korea, im Dezember 1989 *Ki-Wu Lee*

Inhaltsverzeichnis

Teil 1

Die zu beaufsichtigende Gemeindetätigkeit

1. Abschnitt

Das Selbstverwaltungsrecht der Gemeinde

2. Abschnitt

Die Aufgaben der Gemeinden

Teil 2

Die Kommunalaufsicht in Selbstverwaltungsangelegenheiten

1. Abschnitt

Kommunalaufsicht im allgemeinen

2. Abschnitt

Inhalt der Kommunalaufsicht

3. Abschnitt

Aufsichtsbehörde

4. Abschnitt

Die Mittel der Aufsicht

Abkürzungsverzeichnis

a. A.	anderer Ansicht
a. a. O.	am angegebenen Ort
AcP	Archiv für die civilistische Praxis
AfK	Archiv für Kommunalwissenschaften
AG	Das Gesetz über Abfallbeseitigung
AGVwGO	Ausführungsgesetz zur Verwaltungsgerichtsordnung
Anm.	Anmerkung
AöR	Archiv für öffentliches Recht
Art.	Artikel
ASG	Das Gesetz über die Schlichtung der Arbeitsstreitigkeit
Bay	Bayern
BayVBl	Bayerische Verwaltungsblätter
Bd.	Band
BGH	Bundesgerichtshof
BVerfG	Bundesverfassungsgericht
BVerfGE	Entscheidungen des Bundesverfassungsgerichts
BVerwG	Bundesverwaltungsgericht
BVerwGE	Entscheidungen des Bundesverwaltungsgerichts
BW	Baden-Württemberg
BWVBl	Baden-Württembergisches Verwaltungsblatt
BWVGH	Baden-Würtembergischer Verwaltungsgerichtshof
bzw.	beziehungsweise
DGO	Deutsche Gemeindeordnung vom 30. Jan. 1935
d. h.	das heißt
Diss.	Dissertation
DJT	Deutscher Juristentag
DÖD	Der öffentliche Dienst
DÖV	Die öffentliche Verwaltung
DOG	Das Oberste Gericht
DVBl.	Deutsches Verwaltungsblatt
EG	Das Gesetz über Erziehungswesen
Erl.	Erläuterung
FG	Das Gesetz über die Feuerwehr
FGG	Das Gesetz über die Familiengerichtsbarkeit
Fn.	Fußnote
GAG	Das Gesetz über das Gesundheitsamt
gem.	gemäß
GG	Grundgesetz
GO	Gemeindeordnung
GS	(preußische) Gesetzessammlung
H.	Heft

Hess	Hessen
h. M.	herrschende Meinung
Hrsg.	Herausgeber
i. V. (m.)	in Verbindung (mit)
Jura	Juristische Ausbildung
JuS	Juristische Schulung
JZ	Juristen Zeitung
KFG	Kommunalfinanzgesetz
KKSG	Das koreanische Kommunalselbstverwaltungsgesetz
KrO	Kreisordnung
KSG	Das Kommunalsteuergesetz
KSVG	Kommunalselbstverwaltungsgesetz
KÜV	Die Verordnung über Kompetenzübertragung
KV	Die koreanische Verfassung
LVerf	Landesverfassung
m.w. N.	mit weiteren Nachweisen
NJW	Neue Juritische Wochenschrift
NS	Niedersachsen
NVwZ	Neue Zeitschrift für Verwaltungsrecht
NW	Nordrhein-Westfalen
o. V.	ohne Vorname
OVG	Oberverwaltungsgericht
OVGE	Entscheidungen der Oberverwaltungsgerichte für das Land Nordrhein-Westfalen in Münster sowie für die Länder Niedersachsen und Schleswig-Holstein in Lüneburg mit Entscheidungen des Verfassungsgerichthofes Nordrhein-Westfalen und des Niedersächsischen Staatsgerichtshofes
PolG	Polizeigesetz
pr GS	preußische Gesetzessammlung
prOVG	preußisches Oberverwaltungsgericht
prOVGE	Entscheidungen des preußischen Oberverwaltungsgerichts
prStO	preußische Städteordnung
Rdnr.	Randnummer
RGBl	Reichsgesetzblatt
RGH	Das Gesetz über den Rechnungshof
RGO	Regierungsorganisationsgesetz
RhPf	Rheinland-Pfalz
S.	Seite; Satz
s.	siehe
Saar	Saarland
SH	Schleswig-Holstein
SKV	Staats- und Kommunalverwaltung
SSEG	Das Gesetz über die Erhebung der Staatssteuer
StG	Straßengesetz
StGB	Städte- und Gemeindebund
u.	und
u. a.	und andere
usw.	und so weiter
u. U.	unter Umständen
Verf.	Verfassung

VerwArch	Verwaltungsarchiv
VG	Verwaltungsgericht
VGH	Verwaltungsgerichtshof
vgl.	vergleiche
VVDStRL	Veröffentlichungen der Vereinigung Deutscher Staatsrechtslehrer
VwGO	Verwaltungsgerichtsordnung
VwVfG	Verwaltungsverfahrensgesetz
WiVerw	Wirtschaft und Verwaltung
WRV	Weimarer Reichsverfassung vom 11. 8. 1919
z. B.	zum Beispiel
zit.	zitiert
z. T.	zum Teil

Teil 1

Die zu beaufsichtigende Gemeindetätigkeit

1. Abschnitt

Das Selbstverwaltungsrecht der Gemeinde

Selbstverwaltung und Staatsaufsicht bestimmen sich wechselseitig in ihrem Inhalt, indem das Selbstverwaltungsrecht die Schranke der Staatsaufsicht determiniert und die Grenzen des Selbstverwaltungsrechts u.a. von den Befugnissen der Staatsaufsicht her präzisiert werden können. Als Bezugspunkt der Staatsaufsicht wird hier das Selbstverwaltungsrecht der Gemeinde dargestellt.

I. Das kommunale Selbstverwaltungsrecht in der Bundesrepublik Deutschland

1. Übersicht über die geschichtliche Entwicklung

(1) Der Ursprung der kommunalen Selbstverwaltung

Das genossenschaftliche Dorf und die mittelalterliche Stadt sind der Ursprung der kommunalen Selbstverwaltung.

a) Das genossenschaftliche Dorf

Die Dörfer sind als Nachbarschaftsgenossenschaften entstanden[1]. Mit der Entwicklung des Ackerbaues entwickelte sich auch die dörfliche Siedlungsgemeinschaft. Die Erfordernisse der gemeinsamen Organisation des Zusammenlebens führten im Dorf zu frühesten Formen selbstverwaltender Willensbildung. Die Schaffung rechtlicher Strukturen erwies sich bald als erforderlich, etwa um die Gewinnung von Ackerflächen durch gemeinschaftliche Rodung und die spätere Zuteilung der Nutzungsmöglichkeiten zu regeln. Wald, Weiden, Gewässer, Stein und Sandgruben als „Allmende" im Eigentum der Dorfgemeinschaft durften von den Bewohnern aufgrund ihrer Mitgliedschaftsrechte genutzt werden. Ihr Hauptorgan war die Dorf- und Genossenschaftsversammlung, in der ausschließlich die Bauern als Vollgenossen[2] stimmberechtigt waren. An der

---

[1] Becker, Entwicklung, S. 63.

[2] Vollgenossen sind von Genossen zu minderem Recht und Schutzgenossen zu unterscheiden (dazu Becker, Entwicklung, S. 63).

Spitze stand der Vorsteher, der auch die laufenden Geschäfte der Gemeinschaft zu erledigen hatte. Erst mit der Entwicklung und Erstarkung des Grundherrentums und des Lehnswesens ging die Freiheit der Dorfgemeinschaft verloren.

b) Die mittelalterliche Stadt

Mit Beginn des 10. Jahrhundert entwickelten sich, meist durch Verleihung der Marktgerechtigkeit, städtische Siedlungsformen[3]. Kennzeichen der mittelalterlichen Stadt waren gewisse Selbstverwaltungsbefugnisse wie Marktprivileg, Steuerhoheit und teilweise auch eine eigene Gerichtsbarkeit. Die Verfassungen der einzelnen Städte beruhten auf den verschiedenen Privilegien, deren Verleihung bis in das 13. Jahrhundert allein durch den König, später auch durch selbständige Fürsten erfolgte[4]. Am Ausgang des 12. Jahrhunderts trat in den meisten Städten ein Stadtrat an die Spitze der Bürgerschaft, der in Gemeinschaft mit einem vom Prinzipal (König, Fürst, Graf) ernannten Stadtschultheiß die Verwaltung führte. Dieser vom Landesherrn ernannte Beamte wurde nach und nach verdrängt und von dem aus der Gemeinde gewählten Bürgermeister ersetzt. Die Stadt des 13. und 14. Jahrhunderts war eine juristische Person und bildete einen autonomen Rechtskreis[5]. Sie waren im Besitz der vollen Rechts- und Handlungsfähigkeit und der Autonomie zum Erlaß von Statuten, die für den Stadtbereich galten.

Während die Landgemeinden ihr frühes Recht, sich selbst zu verwalten, verloren hatten, konnten die wirtschaftlich starken Städte die Machtansprüche der Landesherrn zurückweisen[6]. Im Gegensatz zur Entwicklung auf dem Lande, wo die bäuerlichen Freiheiten aus wirtschaftlichen Gründen nach und nach Abhängigkeitsformen wichen, entwickelten sich in den Städten bürgerliche Freiheiten[7].

Im 15.-17. Jahrhundert erweiterte sich die politische Bedeutung der Städte durch Städtebündnisse, die teils politischen, teils wirtschaftlichen und handelspolitischen Zielen dienten.

Diese Blüte der Städte fand ihr Ende durch übersteigerte Machtansprüche, innere Machtkämpfe und schlechte Finanzwirtschaft, insbesondere aber durch die wirtschaftlichen Folgen des Dreißigjährigen Krieges (1618-1648). Der Eingriff der Landesfürsten in die Rechte der Städte verstärkte sich und führte

---

[3] Der Ursprung der deutschen Stadtgemeinden ist nicht auf einen einzelnen festumrissenen Vorgang zurückzuführen. Vgl. Pagenkopf, Kommunalwissenschaft, S. 22f.

[4] Pagenkopf, Kommunalwissenschaft, S. 31.; Becker, Gemeindliche Selbstverwaltung, S. 83.

[5] Pagenkopf, Kommunalwissenschaft , S. 33.

[6] Hofmann/Muth/Theisen, Kommunalrecht, S. 4.

[7] Es galt das Rechtssprichwort „Stadtluft macht frei“. Symbole der mit freiem Recht ausgestatteten Stadt waren Stadtsiegel, Rathaus und Stadtglocke. Dazu Pagenkopf, Kommunalwissenschaft, S. 33.

zum politischen Untergang der meisten Städte. Der Übergang zur bedingungslosen Anerkennung der Territorialhoheit des Landesherrn erfolgte zur gleichen Zeit, in der Stadthoheit, Stadtverwaltung und Stadtwirtschaft erheblichen Wandlungen unterworfen waren[8]. Der absolute Staat sah in der Gemeinde nur noch einen Verwaltungsbezirk[9], im Gemeindevorsteher nur den Staatsbeamten, in der Gemeindesache nur die Staatsangelegenheit[10]. Öffentliche Verwaltung war die ausschließliche Domäne des mit der Person des Monarchen identifizierten Staates.

(2) Die Stein'sche Reform und die Entwicklung der kommunalen Selbstverwaltung bis 1918

Die Wiederbelebung kommunaler Selbstverwaltung ist eine Erscheinung der politischen Entwicklung seit dem Beginn des 19. Jahrhunderts. Auf die Entwicklung der kommunalen Selbstverwaltung in Deutschland haben die Reformideen des Reichsfreiherrn vom Stein größten Einfluß gehabt. Die französische Revolution von 1789[11] und konstitutionelle englische Vorbilder[12] blieben nicht ohne rechtspolitische Ausstrahlung. Der Grundgedanke des Stein'schen Reformkonzepts bestand darin, die Gesellschaft („Nation") stärker an der Erledigung öffentlicher Angelegenheiten zu beteiligen. Es war das politische Ziel des Freiherrn vom Stein, die Kluft zwischen Staat und Gesellschaft zu überbrücken[13]. Dabei kam es ihm darauf an, die Nachteile zu vermeiden, die entstehen, wenn die Administration lediglich in den Händen besoldeter Staatsbeamter liegt und die Nation von aller Teilnahme ausgeschlossen wird. Allerdings sollte die erstrebte politische Beteiligung keineswegs in demokratisch-egalitärer Weise, sondern nach ständischen Prinzipien erfolgen[14].

Seine Gedanken als Grundlage des heutigen deutschen Kommunalrechts fanden Ausdruck in der preußischen Städteordnung vom 19. November 1808[15].

---

[8] Becker, Entwicklung, S. 75.

[9] Erichsen, Kommunalrecht NW, S. 6.

[10] Thiele, DÖD 1979, S. 141.

[11] Durch die Revolution von 1789 war in Frankreich unter Beseitigung des Unterschieds von Stadt und Land eine einheitliche Gemeindeverfassung eingeführt worden. Dem setzte Napoleon durch Gesetz vom 17. 2. 1800 den Einzelverwaltungsgrundsatz auch für die Gemeinde mit strenger Unterordnung unter die Dienstbefehle der Regierung entgegen, d. h. die Gemeinde wurde staatlicher Verwaltungsbezirk. Im Gegensatz zu dieser französischen Gestaltung des Gemeinderechts stand die preußische Städteordnung des Freiherrn vom Stein (Thiele, DÖD 1979, S. 141). Dieser Unterschied wird in Korea oft übersehen.

[12] Stein selbst hatte während eines Englandaufenthalts in den Jahren 1786/87 das lokale „selfgovernment" studiert (Hofmann/Muth/Theisen, Kommunalrecht, S. 4).

[13] Pagenkopf, Kommunalwissenschaft, S. 39.

[14] Hendler, Selbstverwaltung, S. 9. Stein sprach mit Blick auf die revolutionären Vorgänge in Frankreich verächtlich vom „Luft Gebild der Gleichheit".

[15] Abgedruckt bei Engeli/Haus, Quellen, S. 104.

Der Aufgabenbereich der Städte war prinzipiell universal und nur durch die Herausnahme von Justiz und Polizei negativ eingegrenzt[16]. Die vollberechtigten Bürger wählten die Stadtverordnetenversammlung, der die Vertretung der Bürgerschaft in allen Gemeindeangelegenheiten oblag. Der Magistrat, der von der Stadtverordnetenversammlung gewählt wurde, war zuständig für die Ausführung von gefaßten Beschlüssen sowie die Durchführung der Geschäfte der laufenden Verwaltung[17].

Die preußische Städteordnung von 1808 stellt insofern ein Reformwerk von historischem Rang[18] dar, als sie mit der autoritär-obrigkeitlichen Tradition der öffentlichen Verwaltung des Absolutismus rigoros brach[19]. Ihre Bedeutung lag indessen weniger in den konkreten organisationsrechtlichen Einrichtungen, die der Verwirklichung des Selbstverwaltungsprinzips zu dienen bestimmt waren, als in der Tatsache der Wiederherstellung der gemeindlichen Selbstverwaltung und des zugrundeliegenden geistig-politischen Konzepts[20].

Eine Neuordnung der Landgemeinden erfolgte vorerst nicht, zumal Stein Ende des Jahres 1808 aus dem preußischen Staatsdienst ausschied. Seine Absicht, eine Landgemeindeordnung zu erlassen, konnte nicht durchgesetzt werden, weil die Gutsherren starken Widerstand leisteten[21].

Nach 1815 setzte eine beträchtliche restaurative Entwicklung ein[22]. Im Zuge dieser restaurativen Tendenz wurde die Städteordnung, die in dem preußischen Gebiet wirksam war, am 17. März 1831 geändert[23]. Gekennzeichnet war die neue Kodifikation vor allem dadurch, daß sie die Stellung des Magistrats gegenüber der Stadtverordnetenversammlung stärkte und die aufsichtsrechtlichen Befugnisse des Staates ausbaute.

---

[16] Erichsen, Kommunalrecht, S. 8. Die Polizeiangelegenheiten konnten jedoch dem Magistrat als Auftragsverwaltung übertragen werden.

[17] Die Gemeindeverfassung der Stein'schen Städteordnung wird als „unechte Magistratsverfassung" bezeichnet. Erichsen, Kommunalrecht NW, S. 8; Gönnenwein, Gemeinderecht, S. 327; Elsner, HkWP Bd. 1, 1. Aufl., S. 282.

[18] Becker, Entwicklung, S. 77, bezeichnet sie als „geschichtlicher Markstein".

[19] Hendler, Selbstverwaltung, S. 14.

[20] Vgl. Hendler, ebd. ; Pagenkopf, Kommunalwissenschaft, S. 41. Die Reform war unter die Devise gestellt: „Zutrauen veredelt den Menschen, ewige Vormundschaft hemmt sein Reifen." (Diese Formulierung stammt von dem Königberger Polizeidirektor Johann Gottfried Frey, einem engen Mitarbeiter an Steins Gemeindereformwerk.)

[21] Zu entsprechenden gesetzlichen Regelungen kam es erst am Ende des 19. Jahrhunderts, bzw. zu Beginn des 20. Jahrhundert.

[22] Eine machtvolle Gegenströmung wurde aber durch den Liberalismus ausgelöst, dessen geistige Wurzeln in der Aufklärung und im Rationalismus lagen. In dieser politischen Situation, die durch den Gegensatz Obrigkeitsstaat — bürgerliche Gesellschaft geprägt ist, ist die Ausgangsposition für die Kontroverse zwischen Staat und Gemeinden zu suchen.

[23] Revidierte Städteordnung für die Preußische Monarchie vom 17. 3. 1831 (PrGS, S. 10) Abgedruckt bei Engeli/Haus, Quellen, S. 183ff.

Als Folge der Revolution von 1848[24] erging am 11. März 1850 eine liberale preußische Gemeindeordnung[25], die sowohl für Städte als auch für Landgemeinde galt. Für die Verwaltungspraxis war diese preußische Gemeindeordnung des Jahres 1850 nur von geringer Bedeutung, da sich bald wieder rückwärtsgewandte politische Tendenzen durchsetzten und sie aufgehoben wurde[26]. Nach dem Scheitern des Versuchs, eine einheitliche rechtliche Ordnung für die preußischen Gemeinden zu schaffen, ergingen 3 preußische Gemeindeordnungen, und zwar die Städteordnung für die 6 östlichen Provinzen vom 30. 5. 1853[27], die Städteordnung für die Provinz Westfalen vom 19. 3. 1856[28] und die Städteordnung für die Rheinprovinz vom 15. 5. 1856[29]. Für später in den preußischen Staat eingegliederte Gebiete wurden weitere Städteordnungen erlassen[30].

In den ländlichen Gemeinden, den Kreisen und den Provinzen wurden nach 1853 die aus dem 18. Jahrhundert stammenden Verhältnisse restauriert[31]. Eine Neuordnung des ländlichen Kommunalrechts auf modernen Grundlagen brachte die preußische Landgemeindeordnung für die sieben östlichen Provinzen der Monarchie vom 3. 7. 1891[32].

(3) Selbstverwaltung in der Weimarer Republik

Nach dem Sturz der Monarchie im Jahre 1918 wurde auch das Gemeinderecht demokratisiert. Die Verfassung des Deutschen Reiches vom 11. 8. 1919[33], die Weimarer Reichsverfassung, hat im Unterschied zur Bismarckschen Reichsverfassung das Selbstverwaltungsrecht in Art. 127 garantiert und in Art. 17 Abs. 2 die Grundsätze für die Wahlen[34] zur Volksvertretung auch für die Gemeinde-

---

[24] Das Prinzip der Selbstverantwortlichkeit der Gemeinden fand als Grundrecht in Art. XI § 184 lit. b) der Frankfurter Reichsverfassung (Paulskirchen Verfassung) vom 28. 3. 1849 Aufnahme, der freilich die Gesetzeskraft versagt blieb.

[25] Gemeindeordnung für den Preußischen Staat vom 11. 3. 1850 (PrGS, S. 213).

[26] Gesetze vom 24. 5. 1853 (PrGS, S. 228 u. 238).

[27] PrGS, S. 261.

[28] PrGS, S. 237.

[29] PrGS, S. 406.

[30] Die revidierte Städteordnung für die Provinz Hannover vom 24. 6. 1858 (PrGS, S. 141.); für Frankfurter/Main vom 25. 3. 1867 (PrGS, S. 401); für die Provinz Schleswig Holstein vom 14. 4. 1869 (PrGS, S. 589); für die Provinz Hessen- Nassau vom 4. 8. 1897 (PrGS, S. 254); die Hohenzollernsche Gemeindeordnungen vom 2. 7. 1900 (PrGS, S. 189).

[31] In den preußischen Landgemeinden galt bis zum Jahre 1891 das Allgemeine Landrecht für die Preußischen Staaten vom 5. 2. 1784 mit dem Dominat der Gutsherrschaft.

[32] PrGS, S. 233. Aber die beherrschende Machtstellung des Großgrundbesitzes wurde auch durch diese Reform nicht völlig beseitigt. dazu Heffter, Die deutsche Selbstverwaltung, S. 715ff.; Engeli/Haus, Quellen, S. 540ff.

[33] RGBl, S. 1383.

[34] Die allgemeine, gleiche, unmittelbare und geheime Wahl.

wahlen als verbindlich erklärt. Ihr Artikel 127 lautete: „Gemeinden und Gemeindeverbände haben das Recht der Selbstverwaltung innerhalb der Schranken der Gesetze." Dieser Selbstverwaltungsgarantie blieb jedoch eine rechtswissenschaftliche Anerkennung bis kurz vor Ende der Weimarer Republik weitgehend versagt[35]. Aus der Formulierung „innerhalb der Schranken der Gesetze" wurde von der Rechtslehre teilweise ein unbegrenztes Eingriffsrecht des Staates abgeleitet und daraus die Schlußfolgerung gezogen, daß dieser Artikel in seinem wesentlichen Teil zu den „leerlaufenden Grundrechtsartikeln" gehöre[36]. Entscheidende Bedeutung für die rechtsdogmatische Erfassung und Durchdringung des Art. 127 WRV gewann die Lehre Carl Schmitts von der institutionellen Garantie[37]. Für Schmitt konnte bestimmten Einrichtungen durch Verfassungsnormen, zu denen er auch den Art. 127 WRV zählte, ein besonderer Schutz gewährt werden[38]. Damit sollte eine wesentliche Umgestaltung oder gar eine Beseitigung der strukturbestimmenden Merkmale der betreffenden Einrichtung im Wege der einfachen Gesetzgebung verhindert werden[39].

Seine Lehre von der institutionellen Garantie der kommunaler Selbstverwaltung fand alsbald in der rechtswissenschaftlichen Fachliteratur Verbreitung[40]. Die Landesverfassungen enthielten der Reichsverfassung angepaßte kommunalrechtliche Bestimmungen und die Landesgesetzgebung paßte das Gemeinderecht den Bestimmungen der Weimarer Reichsverfassung und den Landesverfassungen an[41].

In der Endphase der Weimarer Republik verfiel die kommunale Selbstverwaltung wegen der — mit der Parteienzersplitterung verbundenen — politischen Radikalisierung[42] und der Zerrüttung des kommunalen Finanzwesens[43] in eine

---

35 Vgl. Roters, Art. 28, Rdnr. 31; Pagenkopf, Kommunalrecht, Bd. 1, S. 55.

36 Giese, Die Verfassung des Deutschen Reiches, Art. 127 Erl. 3 ; Anschütz, Verfassung, 13. Aufl., Art. 127 Anm. 1, S. 511. Diese Auffassung wurde von ihm in der 14. Aufl., S. 582ff. aufgehoben.

37 C. Schmitt, Verfassungslehre, S. 170ff. ; ders., Freiheitsrechte, S. 143ff.

38 C. Schmitt, Verfassungslehre, S. 171 u. 173 ; ders., Freiheitsrechte, S. 143ff.

39 C. Schmitt, Verfassungslehre, S. 170.

40 Seine Lehre wurde vor allem von Friedrich Klein fortentwickelt. (F. Klein, Institutionelle Garantien und Rechtsinstitutsgarantie, passim., insbes. S. 56ff., 328); Forsthoff, Krise, S. 22ff.; ders, Körperschaft, S. 102ff.; Huber, AöR 62 (1933), S. 66ff. Die Vertreter der Lehre von der institutionellen Garantie werteten den Art. 127 WRV insofern auf, als sie die Gestaltungsfreiheit des Landesgesetzgebers hinsichtlich des Bestandes der kommunalen Selbstverwaltung beschränkte. Dagegen vertrat Anschütz, Verfassung, S. 583, die Auffassung, daß die praktische Bedeutung dieser Beschränkung nicht sehr hoch anzuschlagen sei.

41 Die neugefaßten Gemeindeordnungen gingen in ihrer Gesamtkonzeption kaum über die Gesetze des 19. Jahrhunderts hinaus. Vgl. Gönnenwein, Gemeinderecht, S. 22.

42 Die negativen Mehrheiten, die sich aus der Parteienzersplitterung ergaben, konnten zwar konstruktive Entscheidungen verhindern, waren aber selbst nicht handlungsfähig.

anhaltende Krise. Dies führte zu einer Verschärfung der staatlichen Eingriffe. Insbesondere häuften sich Einsetzungen von Staatskommissaren bei den Gemeinden.

(4) Die Selbstverwaltung in der Zeit des Nationalsozialismus

Der nationalsozialistische Staat schaltete aufgrund seiner zentralistischen Tendenz die Selbstverwaltung weitergehend aus. Die Gemeidevertretungen wurden aufgelöst oder ihrer gesamten Zuständigkeiten beraubt. Gemeindewahlen aller Art wurden verboten. Die leitenden Beamten der Gemeinden wurden zum größten Teil aus ihrem Amte entfernt und durch Parteimitglieder der nationalsozialistischen Partei ersetzt. Die Gemeindeordnung vom 30. 1. 1935[44] schuf erstenmals in Deutschland ein einheitliches, für das gesamte deutsche Staatsgebiet geltendes, Stadt und Land umfassendes Gemeinderecht. Die DGO ging vom Führerprinp aus und bewirkte eine systematische Aushöhlung der ursprünglich demokratischen Vereinheitlichungsentwürfe der Weimarer Zeit[45]. Die gewählten Vertretungskörperschaften der Weimarer Zeit wurden in der DGO ersetzt durch — vom Beauftragten der NSDAP im Benehmen mit dem Bürgermeister berufene (§ 51 Abs. 1 Satz 1) — „Gemeinderäte", die allein Beratungsbefugnisse hatten (§ 6 Abs. 2 Satz 3 und § 48 Abs. 1).

An der Spitze der Gemeinde standen die „Bürgermeister[46]" als kommunale Führer, die „durch das Vertrauen von Partei und Staat in ihr Amt berufen" wurden (§ 6 Abs. 2). Da es eine Legitimation durch die Bürgerschaft nicht gab und jede kommunale Willensbildung aus der Bevölkerung beseitigt war, verlor die Gemeindevertretung ihren Rückhalt in der Einwohnerschaft[47]. Mit dem Erlaß des Führers und Reichskanzlers über die Vereinfachung der Verwaltung vom 28. August 1939[48] wurde rechtlich festgelegt, daß die Gemeinden lediglich Dienststellen der Reichsverwaltung sind[49].

---

[43] Zu deren Ursache gehören insbesondere Wandlungen im Gefüge der öffentlichen Aufgaben und im Steuersystem (Hendler, Selbstverwaltung, S. 139) neben der Folge der Weltwirtschaftskrise in Deutschland. Die kommunale Selbstverwaltung übernahm, gestützt auf die Allzuständigkeit, viele freiwillige Aufgaben, stand aber den Auftragsangelegenheiten ablehnend gegenüber (Herzfeld, Demokratie und Selbstverwaltung, S. 29).

[44] RGBl I, S. 49. abgedruckt bei Engeli/Haus, Quellen, S. 676-698 ; zur Entstehung vgl. Matzerath, Nationalsozialismus, S. 113f.

[45] Hofmann/Muth/Theisen, Kommunalrecht, S. 15.

[46] In den kreisfreien Städten standen „Oberbürgermeister" an der Spitze.

[47] Mazerath, Die Zeit des Nationalsozialismus, S. 109.; Hofmann/Muth/Theisen, Kommunalrecht, S. 18.

[48] RGBl. I S. 1535.

[49] Erichsen, Kommunalrecht NW, S. 17

(5) Die Entwicklung nach 1945

Mit der bedingungslosen Kapitulation der Reichsgewalt im Mai 1945 ging die gesamte öffentliche Gewalt und damit auch die Kommunalverwaltung auf die Siegermächte über. Die Militärregierungen der Besatzungsmächte hatten überall unmittelbar nach der Besetzung der Gemeinden Bürgermeister ernannt und auch die Bürger wieder in allen möglichen Formen an der Verwaltung ihrer Gemeinde beteiligt. Die Gemeinden blieb zunächst die einzigen funktionsfähigen Verwaltungsträger nach dem Zusammenbruch des Staates. Die staatliche Ordnung wurde „von unten nach oben" wieder aufgerichtet[50].

Die in den Ländern oder Zonen ergangenen vorläufigen Gemeindeordnungen lehnten sich weitgehend an die DGO in revidierter („entnazifizierter") Form[51] an, teils in Anknüpfung an die bis 1933 geltenden Bestimmungen der früheren Gemeindeverfassungen, teils unter Aufnahme von Anregungen aus dem Heimatrecht der jeweiligen Besatzungsmacht[52].

Vom Jahre 1946 an haben die Landesverfassungsgeber begonnen, zugunsten der Gemeinden wieder Gewährleistungen der Selbstverwaltung vorzusehen. Die Gemeindeordnungen mußten an den Verfassungsbestimmungen gemessen werden. Das heutige Kommunalrecht in der Bundesrepublik Deutschland geht auf Landesgesetze zurück, die zwischen 1948 und 1955 (Gemeindeordnungen) bzw. 1946 und 1958 (Kreisordnungen) erlassen wurden[53]. Die deutschen Länder haben seit 1948 begonnen, ihr Kommunalrecht neu zu ordnen. Aufgrund des sog. Weinheimer Entwurfes wurde angestrebt, das Kommunalrecht — mit Ausnahme der inneren Gemeideverfassung — möglichst zu vereinheitlichen. Dieses Streben nach Vereinheitlichung war nur teilweise von Erfolg gekrönt. Die innere Gemeindeverfassung, deren Grundsätze am stärksten divergieren, geht wieder wie schon vor 1933 auf die Grundformen der Bürgermeister-, Magistrats- und Ratsverfassung zurück.

Art. 28 des Grundgesetzes für die Bundesrepublik Deutschland vom 23. Mai 1949 knüpft an die Tradition der Art. 17 und Art. 127 WRV an. So lautet Art. 28 Abs. 1 Satz 2 : „In den Ländern, Kreisen und Gemeinden muß das Volk eine Vertretung haben, die aus allgemeinen, unmittelbaren, freien, gleichen und geheimen Wahlen hervorgegangen ist." Und Abs. 2 ist der institutionellen Garantie des Art. 127 WRV nachgebildet[54].

---

[50] Gönnenwein, Gemeinderecht, S. 25.

[51] Das Führerprinzip wurde durch demokratische Verfassungsformen ersetzt.

[52] Vgl. Gönnenwein, Gemeinderecht, S. 25ff.; Engeli, Neuanfänge der Selbstverwaltung, S. 124ff.

[53] Schmidt-Jortzig, Kommunalrecht, Rdnr. 111.

[54] BVerfGE 1, 167 (175).

2. Zum Begriff der Selbstverwaltung

Die Selbstverwaltung gehört zu denjenigen rechtswissenschaftlichen Begriffen, die durch positive Gesetzesbestimmung nicht definiert sind. Weder die Verfassung noch die Gemeindegesetze enthalten eine Legaldefinition des Selbstverwaltungsbegriffs. Der Begriff der Selbstverwaltung wird vielmehr vorausgesetzt. Trotz mancher Kritik[55] ist im Schrifttum die Übung verbreitet, zwischen einem politischen und einem juristischen Selbstverwaltungsbegriff zu unterscheiden[56].

(1) Der politische Selbstverwaltungsbegriff

Von einer Selbstverwaltung im politischen Sinne spricht man dort, wo Aufgaben öffentlicher Verwaltung durch unbesoldete, ehrenamtlich tätige Person aus der Bevölkerung erledigt werden. Die Selbstverwaltungsbegriff im politischen Sinne stellt ausschließlich auf das ehrenamtliche Element ab. Ihr Gegenstück ist die Verwaltung durch berufsmäßige angestellte Beamte und Fachkräfte[57]. Nach diesem Selbstverwaltungsbegriff, der insbesondere von Rudolf Gneist nach dem Vorbild des englischen „self-government" entwickelt worden ist, bedeutet Selbstverwaltung die „innere Landesverwaltung der Kreise und Ortsgemeinden nach den Gesetzen des Landes durch persönliche Ehrenämter, unter Aufbringung der Kosten durch communale Steuern"[58]. Gneist ging es darum, die Besitzenden zum Dienst für das Gemeinwesen zu verpflichten. Die Einsetzung der Ehrenbeamten erfolgte nicht durch Wahl, sondern durch staatliche Ernennung, wobei lediglich ein Vorschlags- oder Anhörungsrecht der beteiligten Kreise zulässig war[59]. Gneist lehnte diejenigen verselbständigten Verwaltungseinheiten strikt ab, in denen bestimmte öffentliche Aufgaben durch die davon besonders berührten Bürger in relativer Unabhängigkeit von

---

[55] Forsthoff, Lehrbuch, S. 474; Wertenbruch, Selbstverwaltung, S. 203; Pfaff, VerwArch 70 (1979), S. 24 Fn. 145; Krämer, Die bürgerschaftliche Selbstverwaltung, S. 91; Laux, Kommunale Selbstverwaltung, S. 51.

[56] U.a. Maunz/Zippelius, Staatsrecht, S. 69; Mangold/Klein, Bonner Grundgesetz, Art. 20 Anm. V. 1; Lohr, Satzungsgewalt und Staatsaufsicht, S. 139; Schnapp, Selbstverwaltung, S. 885; Stober, Ehrenbeamte, S. 62f.; ders., Kommunalrecht, S. 19ff.

[57] Wolff/Bachof/Stober, Verwaltungsrecht II, § 84 IV 1 Rdnr. 33; Pagenkopf, Kommunalrecht. Bd. 1, S. 42f. Deshalb kann man überall dort, wo Laien öffentliche Verwaltungstätigkeiten ausüben, von Selbstverwaltung im politischen Sinne sprechen (Vogels, Verfassung, S.149). Ehrenamtliche Personen brauchen nicht nur in der kommunalen Verwaltung beschäftigt zu sein, sondern werden auch in den Bereichen der allgemeinen Staatsverwaltung eingesetzt. Juristische Bedeutung hat dieser politisch verstandene Selbstverwaltungsbegriff nicht gewonnen (Lohr, Satzungsgewalt, S. 140; Peters, Grenzen, S. 19).

[58] Gneist, Selfgovernment, S. 882; ders., Rechtsstaat, S. 278ff. und 286ff. Das Vorbild war für ihn das überkommene aristokratisch-ehrenamtliche Friedensrichtertum der englischen Grafschaftsverwaltung (vgl. Heffter, Die deutsche Selbstverwaltung, S. 34, 37).

[59] Gneist, Kreisordnung, S. 37ff. ; ders., Verwaltung, S. 96ff.

staatlicher Einwirkungen wahrgenommen werden, weil er darin eine Wiederbelebung altständischer Ordnungsvorstellungen sah, die eine Aufspaltung der gesetzgebenden Gewalt in eine partikuläre Autonomie nach sich ziehen und die politische Einheit des Willens der Nation gefährden würde[60]. Träger der Selbstverwaltung in diesem Sinne ist nicht die Gemeinde, sondern der tatsächlich von der Staatsgewalt unabhängige Ehrenbeamte[61]. Die Aktivierung der Staatsbürger zur Mitwirkung und Teilnahme an der Führung der Verwaltungsgeschäfte und zur selbständigen Wahrnehmung ihrer eigenen Angelegenheiten, frei von staatlicher Bevormundung, stand im Mittelpunkt der Selbstverwaltungstheorien des 19. Jahrhunderts.

(2) Der juristische Selbstverwaltungsbegriff

Gegen Ende des 19. Jahrhunderts trat der juristische Selbstverwaltungsbegriff dem politischen Selbstverwaltungsbegriff entgegen, der die eigenverantwortliche Wahrnehmung öffentlicher Aufgaben durch rechtsfähige Körperschaften in den Vordergrund stellte[62]. Der Begriff der Selbstverwaltung wird heute fast nur im Rechtssinne verstanden[63] und hierdurch der Gegensatz zur unmittelbar staatlichen Verwaltung betont[64]. Den juristischen Selbstverwaltungsbegriff hat auch der Verfassungsgeber übernommen und der Regelung des Art. 28 Abs. 2 Satz 1 zugrundegelegt[65].

Das demokratische Element bildet einen grundlegenden Bestandteil der Erscheinung der Selbstverwaltung in der Gegenwart. Die Wahl der kommunalen Vertretung[66] vermittelt der kommunalen Selbstverwaltung eine eigene

---

[60] Gneist, Verwaltung, S. 121.

[61] Dehmel, Übertragener Wirkungskreis, S. 121, lehnt diesen politischen Selbstverwaltungsbegriff ab, da er durch die tatsächliche Entwicklung überholt sei. So auch schon Laband, Staatsrecht, Bd. 1, S. 103 Anm. 4; Peters, Grenzen, S. 19. Hendler, Selbstverwaltung, S. 284, ist auch kritisch zu dieser Begriffsbildung: Ehrenamtliche Tätigkeiten in den Selbstverwaltungsinstitutionen mögen verwaltungspolitisch erwünscht sein und vielfach praktiziert werden, aber sie seien kein Begriffselement. Es komme vielmehr darauf an, daß den Betroffenen die rechtliche Befugnis zustehe, die administrative Aufgabenerfüllung der Organisationseinheit (über entsprechende Vertretungsmechanismen) zu steuern.

[62] Vgl. v. Unruh, Gemeinderecht, S. 98 m.w. N.

[63] Becker, Grundlage, S. 116; Wolff/Bachof/Stober, Verwaltungsrecht II, § 84 IV 2 Rdnr. 34.

[64] In der Sprache des heutigen Gesetzgebers wird die Bezeichnung Selbstverwaltung immer nur für die Selbstverwaltung im Rechtssinne verwendet (Lohr, Satzungsgewalt, S. 141). Obwohl die Gemeindeordnungen der Länder z. T. von „bürgerschaftlicher Selbstverwaltung" (vgl. § 1 Abs. 2 GO BW) und damit den Begriff der politischen Selbstverwaltung verwenden, steht heute nicht die ehrenamtliche Mitwirkung der Bürger, sondern die selbständige und eigenverantwortliche Wahrnehmung öffentlicher Aufgaben durch Gemeinden, somit die juristische Selbstverwaltung im Vordergrund (Stober, Kommunalrecht, S. 20).

[65] Lohr, Satzungsgewalt, S. 141; Widera, Planungshoheit, S. 20.

[66] In Süddeutschland auch die Wahl der Bürgermeister.

demokratische Legitimation für ihre Wahrnehmung der örtlichen Aufgaben und Interessen[67]. Art. 28 Abs. 1 Satz 2 verlangt, daß diese Wahlen allgemein, unmittelbar, frei, gleich und geheim sein müssen. Das demokratische Element der Selbstverwaltung enthält gleichzeitig demokratische Aktivierung der Betroffenen in einem abgegrenzten, überschaubaren Bereich mit dem Ziel, eine integrierende politische Funktion als Verstärkung der allgemeinen demokratischen Ordnung zu erreichen[68].

Ein weiteres Merkmal der gemeindlichen Selbstverwaltung ist die Dezentralisierung[69]. Durch die gemeindliche Selbstverwaltung wird ein Zentrum eigener Entscheidungsfindung in den Verwaltungsaufbau eingefügt, der in besonderem Maße den örtlichen Interessen dienen kann. Die dezentrale Verteilung der Staatsgewalt auf selbständige Hoheitsträger im gestuften Staatsaufbau ergänzt das System der horizontalen Gewaltenteilung durch eine vertikale Gewaltenteilung zwischen Bund, Ländern und Kommunen[70].

Ein weiteres Element der Selbstverwaltung liegt in der Eigenverantwortlichkeit der Gemeinde für den ihnen zugewiesenen Entscheidungsbereich. Durch diese Eigenverantwortlichkeit wird den Gemeinden ein ausreichender Handlungsspielraum bei der Wahrnehmung ihrer Aufgaben eingeräumt. Sie dient der Dezentralisation der Verwaltung, indem sie auf der örtlichen Stufe eine selbständige, nicht von oben geleitete Entscheidungszuständigkeit in Fragen der Verwaltung einführt[71].

3. Die Verfassungsgarantie der gemeindlichen Selbstverwaltung

(1) Die verfassungsrechtlichen Bestimmungen

a) Im Grundgesetz

Nach Art. 28 Abs. 1 Satz 2 GG muß auch in den kommunalen Selbstverwaltungskörperschaften eine demokratisch gewählte Vertretung bestehen, womit eine gebietskörperschaftlich gegliederte Demokratie grundsätzlich repräsentativen Charakters von unten nach oben festgelegt ist[72]. Art. 28 Abs. 2 Satz 1 gewährleistet den Gemeinden, alle Angelegenheiten der örtlichen Gemeinschaft

---

67 Scheuner, Grundbegriff, S. 14.

68 Blümel, VVDStRL 36 (1978), S.215; Wolf/Bachof/Stober, Verwaltungsrecht II, § 84 IV 2 Rdnr. 34.

69 Scheuner, Grundbegriff, S. 15 ; ders, AfK 1973, S. 9f. ; Knemeyer, Kommunale Selbstverwaltung im Wandel, S. 805f.

70 V. Mutius, StGB 1977, 167 (168f.); Scheuner, Grundbegriff, S. 15; Stern, Staatsrecht I, S. 198; Stober, Kommunalrecht, S. 21.

71 Scheuner, Grundbegriff, S. 15; ders., AfK 1973, S. 9f.; Oebbecke, Zweckverbandsbildung, S. 57.

72 Stern, Zur Lage, S. 478. Diese Verpflichtung bezieht sich nur auf Gemeinden und Kreise, nicht dagegen auf höhere Gemeindeverbände.

im Rahmen der Gesetze in eigener Verantwortung zu regeln. Diese Vorschrift richtet sich als „Verfassungsauftrag" zur Gewährleistung der kommunalen Selbstverwaltung an den Landesverfassungsgeber[73]. Sie enthält gleichsam eine Schranke für die Ausgestaltung des Gemeinderechts durch die Länder. Jede landesrechtliche Norm des Kommunalrechts muß dem Art. 28 Abs.2 GG gerecht werden[74].

Gemäß Art. 28 Abs. 3 GG hat der Bund zu gewährleisten, daß die verfassungsmäßige Ordnung der Länder den Bestimmungen des Art. 28 Abs. 1 und Abs. 2 GG entspricht.

Normative Sicherungen kommunaler Selbständigkeit finden sich auch durch finanzielle Garantien der Finanzverfassung des Grundgesetzes[75].

Nach Art. 93 Abs. 1 Nr. 4b GG steht den Gemeinden und Gemeindeverbänden wegen Verletzung ihres Selbstverwaltungsrechts durch ein Gesetz das Recht der Verfassungsbeschwerde beim Bundesverfassungsgerichtes zu. Diese Befugnis ist jedoch subsidär gegenüber der Anrufung von Landesverfassungsgerichten, sofern diese im Landesrecht zugelassen ist.

b) In den Landesverfassungen

Die Verfassungsgeber der Länder sind dem verfassungsrechtlichen Auftrag des Art. 28 Abs. 2 GG in Landesverfassungen nachgekommen[76]. Die Landesverfassungen wiederholen, bestätigen oder konkretisieren die Selbstverwaltungsgarantie des Art. 28 Abs. 2 GG. Sie gehen zum Teil auch über die bundesverfassungsrechtliche Garantie hinaus. Diese Garantien werden durch Art. 31 GG nicht gebrochen, weil Art. 28 Abs. 2 GG seinem Wortlaut nach nur bestimmte Mindestgarantien für die gemeindliche Selbstverwaltung von den Ländern fordert und weitergehende Gewährleistungen nicht ausschließt[77]. Der Subsidiarität der Kommunalverfassungsbeschwerde gem. Art. 93 Abs. 1 Nr. 4 b GG läßt sich entnehmen, daß Art. 31 GG im Verhältnis von Art. 28 Abs. 2 GG und landesverfassungsrechtlichen Selbstverwaltungsgarantien nicht gilt[78]. Der

---

[73] Erichsen, Kommunalrecht NW, S. 321. Art. 28 Abs. 2 GG gehört aber nicht zu den Bestimmungen, die nicht geändert werden dürfen (vgl. Art. 79 Abs.3 GG).

[74] Die Normativbestimmungen des Art. 28 Abs. 2 GG können Prüfungsmaßstab in einem Verfahren der Normenkontrolle sein (BVerfGE 6, S. 111).

[75] Vgl. Art. 106 Abs. 5, 6, 7, 8, Art. 107 Abs. 2, Art. 104 a Abs. 4, Art. 115 c Abs. 3 GG.

[76] Art. 71 LVerf BW; Art. 10, 11, 83 LVerf Bay; Art. 137 LVerf Hess; Art. 44 LVerf NS; Art. 78 LVerf NW; Art. 49 LVerf RhPf; Art. 122, 123 LVerf Saar; Art. 39 LS SH.

[77] Stern, BK, Art. 28 Rdnr. 178; Pagenkopf, Kommunalrecht, Bd. 1, S. 63f. Soweit Art. 78 Verf NW in der Gewährleistung der Selbstverwaltungsgarantie der Gemeindeverbände über die des Art. 28 Abs. 2 GG hinausgeht, ist er allerdings im Hinblick auf den Umfang der Selbstverwaltungsgarantie der Gemeinde des Art. 28 Abs. 2 GG grundgesetzkonform zu reduzieren. So Erichsen, Kommunalrecht NW, S. 323; Schink, in: Schmidt-Jortzig/Schink, Subsidiaritätsprinzip und Kommunalordnung, S. 50f.

[78] Erichsen, Kommunalrecht NW, S. 323.

Landesgesetzgber hat nicht nur Art. 28 Abs. 2 GG, sondern auch landesverfassungsrechtliche Garantie zu beachten.

Mangels Grundrechtsqualität des Art. 28 Abs. 2 GG findet auch Art. 142 GG keine Anwendung[79]. Die landesverfassungsrechtlichen Gewährleistungen entfalten deshalb ihre volle Wirkung, soweit sie mit Art. 28 Abs. 2 GG übereinstimmen. Soweit sie weniger gewähren, werden sie durch Art. 28 Abs. 2 GG aufgefüllt[80]. Widersprechen die Bestimmungen der Landesverfassung dem Art. 28 Abs. 2 GG, so sind sie nichtig[81]. Gehen sie über die bundesrechtliche Garantie hinaus, steht dies Art. 28 Abs. 2 GG nicht entgegen. Eigenständige Garantieerweiterungen finden sich für die Finanzhoheit[82] und die sog. Einheit der örtlichen Verwaltung[83]. Die Garantien der Landesverfassungen und des Grundgesetzes bestehen nebeneinander[84]. Diese weitergehenden landesverfassungsrechtlichen Gewährleistungen der Selbstverwaltung sind insoweit von besonderer Bedeutung, als sie wegen der Subsidiaritätsklausel des Art. 93 Abs. 1 Nr. 4b GG vor den Landesverfassungsgerichten[85] bzw. in Schleswig-Holstein vor dem Bundesverfassungsgericht[86] durchgesetzt werden können.

(2) Der Inhalt der Verfassungsgarantie

Nach der heute in Rechtslehre und Rechtsprechung herrschenden Meinung enthält Art. 28 Abs. 2 Satz 1 GG eine institutionelle Garantie der gemeindlichen Selbstverwaltung[87]. Nach Stern[88] lassen sich drei Garantieelemente feststellen[89]:

---

[79] Stern, BK, Art. 28 Rdnr. 178 ; Erichsen, Kommunalrecht NW, S. 323.

[80] Pagenkopf, Kommunalrecht, Bd. 1, S. 64; v. Mutius, Jura 1982, S. 29; Erichsen, Kommunalrecht NW, S. 323.

[81] BVerfGE 3, 45 (49); Gönnenwein, Gemeinderecht, S. 43; Pagenkopf, Kommunalrecht, Bd. 1, S. 64; Stern, BK, Art. 28 Rdnr. 179.

[82] Vgl. Art. 45 LVerf NS; Art. 78 Abs. 3 , Art. 79 LVerf NW; Art. 71 Abs. 3 LVerf BW.

[83] Vgl. Art. 44 Abs. 3 LVerf NS; Art. 78 Abs. 2 LVerf NW

[84] Landesgesetzgebung und Landesexekutive haben beide Garantien zu beachten, während Bundesrecht nur an Art. 28 Abs. 2 GG gebunden ist (Erichsen, Kommunalrecht NW, S. 323; auch Stern, BK, Art. 28 Rdnr. 116).

[85] Vgl. Art. 76 LVerf BW i. V. m. § 54 StGHG; Art. 120, 98 Satz 4 LVerf Bay i. V. m. § 53 Abs. 1 VerfGHG Bay; § 50 VerfGHG NW; § 49 VerfGHG Saar.

[86] Art. 37 LS SH normiert nur eine Kontrollmöglichkeit des Bundesverfassungsgerichts bei Organstreitigkeiten des Landes und abstrakten Normenkontrollen.

[87] Etwa BVerfGE 1, 167 (173); 9, 268 (291); 11, 266 (276); 26, 172 (180f.); 38, 258 (278); 50, 50; BVerwGE 6, 19 (25); 45, 77 (83); Pagenkopf, Kommunalrecht, Bd. 1, S. 57ff.; Gönnenwein, Gemeinderecht, S. 28; Stern, BK, Art. 28 Rdnr. 78; Blümel, VVDStRL 36 (1978), S. 244 Fn. 370; Scheuner, Grundbegriff, S. 18; Neuerdings krtisch dagegen, Richter, Verfassungsprobleme, S. 123ff.; Knemeyer, Gewährleistung, S. 219.

[88] Stern, Staatsrecht I, S. 409; ders., Zur Lage, S. 479f.; ders., Verfassungsgarantie, S. 205.

[89] Schmidt-Aßmann, Kommunalrecht, S. 104 u. 114, nennt 4 Garantieelemente: Neben den 3 Garantieelementen von Stern nennt er noch Erstreckungsgarantien. Dazu gehörten

— institutionelle Rechtssubjektsgarantie der Gemeinden und Gemeindeverbände

— objektive Rechtsinstitutionsgarantie der kommunalen Selbstverwaltung

— subjektive Rechtsstellungsgarantie der Gemeinden und Gemeindeverbände bei Angriffen auf die Rechtssubjekts- und die Rechtsinstitutionsgarantie

a) Die institutionelle Rechtssubjektsgarantie (Existenzgarantie)

Art. 28 Abs. 2 Satz 1 GG gewährleistet, daß es überhaupt Gemeinden als Rechtseinrichtung in der Staatsorganisation geben muß[90]. Art. 28 Abs. 2 Satz 1 GG gewährleistet die gemeindliche Existenz allerdings nicht individuell, sondern institutionell[91]. Die einzelnen Gemeinde sind daher nicht gegen Auflösung gesichert[92]. Diese Garantie bezieht sich nicht auf eine beliebig zugeschnittene Verwaltungseinheit, sondern auf einen bestimmten Typus[93]. Der verfassungsrechtlichen Gewährleistung unterliegt die Existenz von mit Rechtsfähigkeit und Befugnis zur Selbstorganisation ausgestatteten, körperschaftlich verfaßten, gebietsbezogenen Organisationseinheiten der öffentlichen Verwaltung[94].

Dem Staat ist es verwehrt, die gemeindliche Verwaltungsebene ganz oder überwiegend zu beseitigen oder an die Stelle der Gemeinden des beschriebenen Typus unselbständige Verwaltungseinheiten zu setzen[95].

b) Die objektive Rechtsinstitutionsgarantie

Art. 28 Abs. 2 GG und entsprechende Bestimmungen der Landesverfassungen garantieren darüber hinaus den Gemeinden das gegenständlich und modal verstandene Recht der Selbstverwaltung[96]. Das durch Art. 28 Abs. 2 Satz 1 GG

---

einige Grundsätze, die sich zwar nicht unmittelbar aus dem Verfassungstext ergäben, aber notwendig Ergänzungen und Erstreckungen darstellten. Als Beispiele nennt er den Grundsatz des gemeindfreudlichen Verhaltens und das gemeindliche Mitwirkungsrecht an staatlichen Planungen.

[90] Dies erweist sich i.V.m. Art. 28 Abs. 1 Satz 2 und Abs. 3 GG zugleich als staatsorganisatorisches Aufbauprinzip (Stern, Verfassungsgarantie, S. 205; ders., Zur Lage, S. 479).

[91] Vgl. BVerfGE 1, 167 (174f.); 50, 50; BVerfG DVBl. 1988, S. 41.

[92] Absolut h. M. vgl. BVerfGE 56, 298 (312); BVerfG, NVwZ 1982, 95; Stern, Staatsrecht I, S. 409f. Gleichwohl ist die einzelne kommunale Körperschaft gegen Veränderungen ihres Gebiets oder ihres Status nicht ohne Schutz. Die einzelne Gemeinde darf nicht beliebig, sondern nur nach vorheriger Anhörung und nur aus Gründen des öffentlichen Wohls aufgelöst oder in ihrem Gebietszuschnitt geändert werden (BVerfGE 50, 195 (202f.).

[93] Schmidt-Aßmann, Kommunalrecht, S. 104.

[94] Erichsen, Kommunalrecht NW, S. 324.

[95] Schmidt-Aßmann, Kommunalrecht, S. 105.

[96] Erichsen, Kommunalrecht NW, S. 325f.

gewährleistete Selbstverwaltungsrecht besteht in der Befugnis der Gemeinden, „alle Angelegenheiten der örtlichen Gemeinschaft“ (Allzuständigkeit oder Universalitätsprinzip) „in eigener Verantwortung“ (Eigenverantwortlichkeit) zu regeln[97]. Das Grundgesetz legt hier wesentliche Merkmale der gemeindliche Selbstverwaltung durch ausdrückliche Normierung fest. Damit wird die Institution der gemeindlichen Selbstverwaltung vor weitreichendem strukturellem Wandel erhöht geschützt, da der Gestaltungsspielraum des einfachen Gesetzgebers durch die Entscheidung des Grundgesetzes beschränkt ist[98].

aa) Allzuständigkeit (Universalität) der Gemeinden

Gewährleistet wird in Art. 28 Abs. 2 Satz 1 GG die Selbstverwaltung in „allen Angelegenheiten der örtlichen Gemeinschaft“. Die Verbürgung dieser sog. Allzuständigkeit ist einer der zentralen Bestandteile der grundgesetzlichen Institutionsgarantie der kommunalen Selbstverwaltung. Die Allzuständigkeit sichert der Selbstverwaltung der Gemeinden umfassenden Betätigungsraum und gibt ihnen Platz zur Entfaltung. Damit schafft die Allzuständigkeit eine Voraussetzung für größtmögliche Beweglichkeit der Gemeinden in Anpassung an die besonderen örtlichen Verhältnisse und damit für die Effektivität der örtlichen Verwaltung[99]. Nach der Auffassung des Bundesverfassungsgerichts[100] gehören zum örtlichen Wirkungskreis solche Aufgaben, „die in der örtlichen Gemeinschaft wurzeln oder auf die örtliche Gemeinschaft einen spezifischen Bezug haben und von dieser örtlichen Gemeinschaft eigenverantwortlich und selbständig bewältigt werden können“. Diese Formel ist in Rechtsprechung und Schrifttum weit verbreitet[101]. Trotz der Nützlichkeit dieser Formel[102] ist es aber oft schwer, eine bestimmte Aufgabe nach dieser Definition eindeutig zuzuweisen, weil die in ihr enthaltenen Kriterien äußerst vage sind[103]. Die ganz herrschende Meinung[104] hält trotz mancher Schwierigkeiten an dem Tatbe-

---

[97] In der Literatur wird z. T. neben Allzuständigkeit und Eigenverantwortlichkeit auch die Bürgerschaftlichkeit gezählt, nach der alle wichtigen Angelegenheiten durch eine Mehrzahl von gewählten Bürgervertretern entschieden werden müssen (Oebbecke, Zweckverbandsbildung, S. 57 m.w. N.).

[98] Vgl. Hendler, Selbstverwaltung, S. 195.

[99] Oebbecke, Zweckverbandsbildung, S. 54f.

[100] BVerfGE 8, 122 (134); 50, 195 (201); 52, 95 (120).

[101] Etwa Stern, BK, Art 28 Rdnr. 86; Schmidt-Aßmann, Kommunalrecht, S. 107; v. Mutius, Gutachten 53. DJT, S. 17ff.; OVG Münster, NVwZ 1984, 325 (326).

[102] Z. B. überschreiten Gemeinden den örtlichen Wirkungskreis, wenn sie zu überörtlichen außenpolitischen Fragen Resolutionen fassen oder Stellung nehmen.

[103] Erichsen, Kommunalrecht NW, S. 326.

[104] Zuletzt BVerfGE 59, 216 (226); BVerwG, NJW 1976, 2175f.; Stern, Verfassungsgarantie, S. 206; Erichsen, Kommunalrecht NW, S. 328. Dagegen suchen einige Autoren eine Neukonzeption der Selbstverwaltungsgarantie jenseits des Verfassunstextes (vgl. Pappermann, DVBl 1976, S. 766f.; Roters, Mitwirkung, S. 30f.; Burmeister, Neukonzep-

standsmerkmal der „Angelegenheiten der örtlichen Gemeinschaft“ fest. Der Wert der Allzuständigkeit hängt in der Praxis weitgehend von den zur Verfügung stehenden Mitteln (Verwaltungs- und Finanzkraft der Gemeinden) ab. Die Berücksichtigung der Leistungskraft führt zu Differenzierung bei der Bestimmung der Angelegenheiten der örtlichen Gemeinschaft[105].

bb) Eigenverantwortlichkeit

Das Selbstverwaltungsrecht des Art. 28 Abs. 2 Satz 1 GG umfaßt neben der Gewährleistung eines Aufgabenbereiches für die Gemeinde auch die Garantie, diese Aufgaben „in eigener Verantwortung“ zu erfüllen. Unter Eigenverantwortlichkeit wird verstanden, daß „die Gemeinden und Gemeindeverbände im Rahmen der geltenden Gesetze die Aufgaben öffentlicher Verwaltung ohne fremde Kontrolle und Korrektur nach Maßgabe selbst gesetzter Prioritäten und Wertungen als Zurechnungsendsubjekte wahrnehmen“[106]. Damit haben die Gemeinden einen politischen Gestaltungsspielraum, ohne den das demokratische Legitimationssystem des Art. 28 Abs. 1 Satz 2 GG sinnlos wäre[107]. Insoweit normiert Art. 28 Abs. 2 GG ein Prinzip vertikaler Dezentralisation der öffentlichen Verwaltung auf autonome Körperschaften[108]. Die Eigenverantwortlichkeit bezieht sich grundsätzlich auf das Ob, Wann und Wie der Aufgabenwahrnehmung[109]. Als Ausdruck der Eigenverantwortlichkeit steht den Gemeinden ein Bündel von Hoheitsrechten zu, das auch als Gemeindehoheit bezeichnet wird. Zur Gemeindehoheit werden üblicherweise die Gebietshoheit, Personalhoheit, Finanzhoheit, Planungshoheit, Organisationshoheit und Satzungshoheit gezählt.

---

tion, S. 20f.) Kritisch dagegen Blümel, VVDStRL 36 (1978), 171(244ff., 250ff.); v. Mutius, Gutachten 53. DJT, S. 20ff.; Brohm, DVBl 1984, 293 (296).

[105] Erichsen, Kommunalrecht NW, S. 329.; Auch vgl. Püttner, Vorbemerkung, S. 4.; BVerwGE 67, 321 (323).

[106] Erichsen, Kommunalrecht NW, S. 329; Becker, Kommunale Selbstverwaltung, S. 718f.; Stern, BK, Art. 28 Rdnr. 94; Schmidt-Jortzig, Kommunalrecht, § 12 Rdnr. 480; Wolff/Bachof/Stober, Verwaltungsrecht II, § 86 Rdnr. 86.

[107] Vgl. Schmidt-Aßmann, Kommunalrecht, S. 109.

[108] V. Mutius, Jura 1982, S. 31. Nach dem sog. „funktionellen Selbstverwaltungsverständnis“ wird diese verfassungsrechtliche Grundentscheidung zumindest im kreisangehörigen Raum aufgegeben. Als Ausgleich soll dann eine Mitwirkungsbefugnis an höherstufigen Entscheidungsprozessen eingeräumt werden. vgl. Roters, Mitwirkung, S. 30f.; Pappermann, DVBl. 1976, S. 766f.; Pappermann/Roters/Vesper, Maßstäbe, S. 18ff. Diese Betrachtungsweise widerspricht nicht nur der Allzuständigkeitsgarantie, sondern auch der Eigenverantwortlichkeitsgarantie des Art. 28 Abs. 2 Satz 1 GG. v. Mutius, Jura, S. 31f.; ders., Gutachten. 53. DJT, S. 21ff.; Blümel, VVDStRL 36 (1978), 171 (245ff.); Brohm, DVBl. 1984, S. 293 (296); Erichsen, Kommunalrecht NW, S. 328.

[109] Schmidt-Aßmann, Kommunalrecht, S. 109; Erichsen, Kommunalrecht NW, S. 329.

cc) Gesetzesvorbehalt

In Art 28 Abs. 2 Satz 1 GG sowie den entsprechenden Vorschriften der Landesverfassungen wird das Recht der Selbstverwaltung nur „im Rahmen der Gesetze" gewährleistet. Nach herrschender Meinung bezieht sich dabei der Gesetzesvorbehalt sowohl auf den Umfang der von den Gemeinden wahrzunehmenden Aufgaben, wie auch auf Art und Weise der Aufgabenerfüllung[110]. Kraft des Gesetzesvorbehalts dürfen daher Kompetenzverlagerung zwischen Gemeinden und Kreisen sowie zwischen Gemeinden und der unmittelbaren Staatsverwaltung erfolgen; zugleich kann das Ausmaß der gemeindlichen Eigenverantwortlichkeit durch Normierung von Aufsichtsrechten und Genehmigungsvorbehalten begrenzt werden[111].

Der in Art. 28 Abs. 2 Satz 1 GG normierte Vorbehalt des Gesetzes deckt jedoch nicht jede Einschränkung kommunaler Selbstverwaltung. Die gesetzgeberische Dispositionsfreiheit ist vielmehr ihrerseits formell und materiell begrenzt[112].

In formeller Hinsicht hat der Gesetzgeber vor allem die Zuständigkeitsordnung[113] und die verfassungsrechtlich vorgesehene Eingriffsform[114] zu beachten. In materieller Hinsicht nennen Literatur und Rechtsprechung üblicherweise zwei Grenzen: die sog. Kernbereichsgarantie (Wesensgehaltsgarantie) und das Übermaßverbot[115].

---

[110] Vgl. BVerfGE 1, 167 (178); 7, 358 (364); Gönnenwein, Gemeinderecht, S. 49ff.; Stern, BK, Art. 28, Rdnr. 114; v. Mutius, Jura 1982, S. 37; Erichsen, Kommunalrecht NW, S. 329; Hendler, Selbstverwaltung, S. 196f.; Schmidt-Aßmann, Kommunalrecht, S. 109. a. A. Pagenkopf, Kommunalrecht, Bd.1, S. 66; Maunz, in: Maunz/Dürig/Herzog/Scholz, Art. 28 Rdnr. 52: Der Gesetzesvorbehalt erstrecke sich nur auf die Allzuständigkeit des Wirkungskreises.; Weber, Staats- und Selbstverwaltung, S. 49; Knemeyer, Gewährleistung, S. 224: Der Gesetzesvorbehalt beziehe sich nicht auf Allzuständigkeit, sondern nur auf die Eigenverantwortlichkeit.

[111] V. Mutius, Jura 1982, S. 37; ders., Örtliche Aufgabenerfüllung, S. 250. Der Gesetzesvorbehalt schützt aber auch die kommunale Selbstverwaltung vor allem gegen administrative Eingriffe, die keine hinreichende gesetzliche Grundlage haben. Jede nicht gesetzlich fundierte Ingerenz in den Bereich kommunalen Selbstverwaltung ist verfassungswidrig. Vgl. Stern, BK, Art. 28 Rdnr. 115.

[112] Die Selbstverwaltungsgarantie kann wegen des Gesetzesvorbehaltes inhaltsleer werden, wenn man ihm nicht seinerseits Grenzen setzt.

[113] Die Gesetzgebungszuständigkeit für den kommunalen Bereich liegt gem. Art. 30, 70, 83ff. GG grundsätzlich bei den Ländern. Das entspricht der föderativen Struktur des Grundgesetzes. Für bestimmte Materien hat ausnahmsweise der Bund Gesetzgebungsbefugnis (etwa Art. 73ff., 75, 104, 106 GG).

[114] Einschränkungen des kommunalen Handlungsspielraums können nach Art. 28 Abs. 2 GG durch Gesetz erfolgen. Gesetze im Sinne des Art. 28 Abs. 2 GG sind neben Landes- und Bundesgesetzen auch Rechtsverordnungen und Satzungen anderer Hoheitsträger, z. B. eines Landeskreises. Verwaltungsvorschriften geben dagegen keinen Bindungsrahmen (Schmidt-Aßmann, Kommunalrecht, S. 110 m.w. N.). Die Rechtsverordnungen müssen den Anforderungen des Art. 80 Abs. 1 Satz 2 GG entsprechen.

Art. 28 Abs. 2 GG als institutionelle Garantie schützt den Wesensgehalt der kommunalen Selbstverwaltung gegen jede gesetzliche Schmälerung[116]. Es ist allerdings unklar, wie der Kernbereich zu bestimmen ist. Der Wesensgehalt ist nach Ansicht der Rechtsprechung verletzt, wenn eine gesetzliche Einschränkung die Selbstverwaltung derartig aushöhlt, daß die Gemeinde die Gelegenheit zu kraftvoller Betätigung verliert und nur noch ein Scheindasein führen kann[117]. Rechtsprechung und Literatur haben zur weitereren Bestimmung des Wesensgehaltes divergierende Interpretationsansätze entwickelt.

Nach der Auffassung des Bundesverfassungsgerichts läßt sich der Wesensgehalt nicht in einer allgemein gültige Formel erfassen. Das Gericht greift mit Blick auf den konkreten Sachverhalt der jeweils streitigen gesetzlichen Ingerenz auf die geschichtliche Entwicklung und die verschiedenen historisch gewachsenen Erscheinungsformen der kommunalen Selbstverwaltung zurück (historische Methode)[118].

Nach Ansicht des Bundesverwaltungsgerichts ist bei der Beurteilung einer Verletzung dieses Kernbereiches maßgebend, wieviel an gemeindlicher Selbstverwaltungssubstanz nach einer gesetzgeberischen Ingerenz quantitativ noch verbleibt (sog. Substraktionsmethode oder Resttheorie)[119].

Nach Stern ist der Wesensgehalt das Essentiale, das man aus einer Institution nicht entfernen könne, ohne deren Struktur und Typus zu verändern[120]. Damit seien die typusbestimmenden Bestandteile geschützt, die essentiell und nicht akzidentell die gemeindliche Selbstverwaltung prägten. Zur Ermittlung dieser Bestandteile zieht Stern neben dem „aktuellen Leitbild“ gemeindlicher Selbstverwaltung die „historische und traditionelle Betrachtungsweise“ heran[121]. Daneben wird noch die Auffassung vertreten, einzige Grenze staatlichen Eingriffs sei die Orientierung am Allgemeinwohl, insbesondere müsse ein

---

115 Vgl. BVerfGE 56, 298 (312f.); Schmidt-Aßmann, Kommunalrecht, S. 110; Erichsen, Kommunalrecht NW, S. 330ff.; Blümel, Wesensgehalt, S. 269ff. m.w. N. Im Unterschied zu dieser Konzeption plädiert Mutius dafür, ausschließlich auf das rechtsstaatliche Übermaßverbot abzustellen (v. Mutius, Gutachten. 53. DJT, S. 44; ders., Jura 1982, S. 39).

116 Blümel, Wesensgehalt, S. 269; Stern, Staatsrecht I, S. 416.

117 BverfGE 38, 258 (279); BVerwG, NVwZ 1984, 378.

118 BVerfGE 7, 358 (364); 11, 266 (274); 17, 172 (182); 38, 258 (278f.); 50, 195 (201); 59, 216 (226). Das Bundesverfassungsgericht meint aber nicht, daß alles beim alten bleiben müsse, und daß eine neue Einrichtung schon deshalb nicht hingenommen werden könne, weil sie neu und ohne Vorbild sei. Eine vernünftige Fortentwicklung durch Änderungen sei zulässig, wenn sie nicht zur Aushöhlung der Garantie der Selbstverwaltung führe.

119 Vgl. BVerwGE 6, 19 (25); 6, 342 (345); 18, 135 (142); BVerwG NJW 1976, 2175 (2176).

120 Stern, Staatsrecht I, S. 406; ders., Zur Lage, S. 481 f.; ders., Verfassungsgarantie, S. 206; ders., BK, Art. 28 Rdnr. 123.

121 Stern, BK, Art. 28 Rdnr. 124.

Bedürfnis nach überkommunaler Regelung — ähnlich dem in Art. 72 Abs. 2 GG normierten — vorliegen[122].

Außerhalb des absolut geschützten Kernbereiches darf der Gesetzgeber zwar das Selbstverwaltungsrecht beschränken, jedoch nur unter Wahrung des Übermaßverbot[123]. Das Übermaßverbot stellt damit eine Schranke für jede gesetzgeberische Beeinträchtigung der Selbstverwaltungsgarantie dar, denn die aus dem Rechtsstaatsprinzip resultierenden Grundsätze der Geeignetheit, Erfordlichkeit und Angemessenheit sind mit Verfassungsrang ausgestattete Leitregeln, die jegliches staatliches Handeln disziplinieren[124]. Es untersagt solche Beschränkungen der gemeindlichen Selbstverwaltung, die zur Erreichung des angestrebten Erfolgs untauglich oder nicht erforderlich sind. Darüber hinaus verlangt das Verhältnismäßigkeitsprinzip eine Güterabwägung zwischen dem Nutzen für das Gemeinwohl, der mit dem Eingriff angestrebt wird, und dem Verlust an gemeindlicher Selbstverwaltungssubstanz[125].

c) Die subjektive Rechtsstellungsgarantie

Nach Art. 28 Abs. 2 Satz 1 GG muß den Gemeinden das „Recht" der Selbstverwaltung gewährleistet sein. Nach herrschender Meinung enthält Art. 28 Abs. 2 Satz 1 damit zwar kein Grundrecht der Gemeinden[126]. Diese Bestimmung beinhaltet neben der objektiven Rechtsinstitutionsgarantie aber eine subjektive Rechtsstellungsgarantie[127]. Die einzelne Gemeinde kann vom Garantieverpflichteten die Einhaltung der Gewährleistungsgehalte verlangen. Sie hat damit Ansprüche gegen den Staat auf Unterlassung rechtswidriger Eingriffe, die Beseitigung ihrer Folgen, auf bestimmte Leistungen (z.B. auf Bereitstellung der erforderlichen Finanzmittel), auf Verfahrensteilhabe (etwa auf Gewährung rechtlichen Gehörs), sowie auf fehlerfreie Ermessens- bzw. Gemeinwohlentscheidung[128]. Damit wird die in Art. 28 Abs. 2 GG enthaltene institutionelle Garantie kommunaler Selbstverwaltung zusätzlich durch eine subjektivrechtliche Komponente verstärkt, die es der einzelnen Gemeinde

[122] Unruh, Gemeinderecht, 100; Richter, Verfassungsprobleme, S. 121; Macher, Der Grundsatz, S. 63ff.; VerfGH NW NJW 1979, 1201.

[123] Vgl. BVerfGE 26, 228(239, 241); 56, 298 (313f.).

[124] Vgl. BVerfGE 23, 127 (133f.); 35, 382 (400); 38, 348 (368).

[125] Vgl. Erichsen, Kommunalrecht NW, S. 333; Schmidt-Aßmann, Kommunalrecht, S. 117.

[126] Vgl. u.a. Maunz, in: Maunz/Dürig/Herzog, Art. 28 Rdnr. 56; Pagenkopf, Kommunalrecht, Bd. 1, S. 57f.; Bethge, Die Verwaltung 1982, 205 (212); BVerfGE 61, 82 (100ff.). Dafür spricht, daß diese Verfassungsnorm im organisatorischen Teil des Grundgesetzes angesiedelt ist und nicht im Grundrechtsteil.

[127] Stern, BK, Art. 28 Rdnr. 65f., 174ff.; Stüer, Funktionalreform, S. 65f.; Pagenkopf, Kommunalrecht, Bd. 1, S. 59 m.w. N.

[128] Erichsen, Kommunalrecht NW, S. 334.

ermöglicht, sich gegen gesetzgeberische und administrative Beschränkungen ihres Selbstverwaltungsrechts zur Wehr zu setzen[129]. Prozessual stehen den Gemeinden zu diesem Zweck die allgemeinen Rechtsbehelfe der Verwaltungsgerichtsordnung zur Verfügung. Dabei werden die aus Art. 28 Abs. 2 GG folgenden subjektiven Rechte der Gemeinden mit den subjektiven Rechten der Bürger gleich behandelt[130]. Maßgeblicher verfassungsrechtlicher Rechtsbehelf ist die kommunale Verfassungsbeschwerde, deren Voraussetzungen in Art. 93 Abs. 1 Nr. 4b GG i. V.m. § 91 BVerfGG geregelt sind[131]. Die Verfassungsbeschwerde dient der Verteidigung der Rechte der Gemeinde, die sich aus Art. 28 Abs. 2 Satz 1 GG ergeben, gegen Verletzungen durch Gesetze.

II. Das Selbstverwaltungsrecht in Korea

1. Übersicht über die geschichtliche Entwicklung der kommunalen Selbstverwaltung

(1) Die Kommunalverwaltung in „Chosun"-Dynastie

Das koreanische politische System war über ein Jahrtausend hinweg, von der „Koryo"-Dynastie (918-1392) bis zur „Chosun"-Dynastie (1392- 1910), eine absolute Monarchie, die durch eine extreme Zentralisierung der gesamten politischen Macht auf den König gekennzeichnet werden kann. Bis zur „Kabo"-Reform (1894) gab es in Korea keine kommunale Selbstverwaltung, sondern lediglich staatliche Verwaltung auf der Verwaltungsebene des „Chibang"[132], die auch für die kommunalen Aufgaben zuständig war.

Die Verwaltungsaufgaben wurden auf der Ebene des „Chibang" von Beamten erledigt, die vom König damit betraut wurden.

Um ein Machtzentrum in „Chibang" zu verhindern, wurde die Amtszeit der Beamten in einem „Chibang" auf 1 bis 3 Jahre beschränkt und die Beamten nur außerhalb ihrer Heimat eingesetzt[133].

---

[129] Vgl. BVerwG, DVBl 1969, 362 (363); BVerwG, DÖV 1982, 283.

[130] Schmidt-Aßmann, Kommunalrecht, S. 113f. Es ist jedoch streitig, ob sich die Gemeinden außerdem auf Art. 19 Abs. 4 GG stützen können. Dazu Schenke, BK, Art. 19 Abs. 4, Rdnr. 38; Fehrmann, DÖV 1983, 311; Vgl. auch unten Teil 2 7. Abschnitt I.

[131] Zum sog. „Rügepotential" der kommunalen Verfassungsbeschwerde Stern, Staatsrecht II, S. 1024; Blümel, Wesensgehalt, S. 297f.

[132] „Chibang" ist in Korea ein Oberbegriff für alle Verwaltungsebenen unterhalb des Staates. Im folgenden werdendie unteren Verwaltungsebenen auch als Provinz- und Ortsebene bezeichnet, wobei mit der Ortsebene die untere Verwaltungseinheiten („Pu", „Mok", „Kun", „Hyun", „Myun" und „Dong. Ri") und mit der Provinzebene die höhere Verwaltungsebene („Do") gemeint ist.

[133] Diese Institution nannte man „Sangpiche". Vgl. hierzu Chae Sik Son, S. 49; Gye Tak Lee, S. 188.

In der Provinz („Do") gab es als obere Staatsbehörde den „Koantschalsa". Unter der Leitung des „Koantschalsa" gab es untere Staatsbehörden („Suryung") in den Verwaltungsbezirken „Pu", „Mok", „Kun" und „Hyun".

So wie in der Zentralregierung führten auch der „Koantschalsa" und der „Suryung" als Beauftragte des Königs in ihrem Bezirk ihre Aufgaben in sechs Abteilungen, in denen Hilfskräfte („Hyangri") die konkreten Angelegenheiten erledigten. Die „Hyangri" waren Einwohner des jeweiligen Verwaltungsbezirks und wurden vom „Suryung" ernannt und zum Dienst verpflichtet, ohne dabei vom Staat Gehalt zu bekommen. Obwohl die „Hyangri" zu den niedrigen Ständen gehörten, spielten sie in der Verwaltungspraxis eine große Rolle, weil sie den „Suryung", der nur auf kurze Zeit ernannt wurde, überdauerten und ihm in ihrer Ortskenntnis überlegen waren.

Der „Suryung" hatte ein Beratungsorgan („Hyangtschung"), das aus Aristokraten („Yangban") bestand, die jeweils auf zwei Jahre gewählt wurden.

Die Aufgaben des „Hyangtschung" bestanden in der Beratung des „Suryung", der Erhaltung der guten Sitte, der Kontrolle über die „Hyangri" und der Vermittlung zwischen „Suryung" und den Einwohnern. Das „Hyangtschung" vertrat durch seine Tätigkeiten auch das Interesse der Einwohner. In der Hauptsache aber diente das „Hyangtschung" dem Schutz der eigenen Privilegien (der „Yangban") vor dem Eingriff der Staatsbehörde „Suryung".

Neben Organen der Staatsbehörden gab es auch private Gesellschaften („Hyangyak"), die ebenfalls — unter staatlicher Unterstützung — bestimmte örtliche Angelegenheiten erledigten. Der Zweck der „Hyangyak" war Selbsthilfe, die Förderung des Guten und Bestrafung des Bösen zwischen den Mitgliedern, die aus „Yangban" bestanden.

Der Verwaltungsbezirk der untersten Staatsbehörde („Suryung") wurde in 20 bis 30 „Myun" geteilt, die jeweils aus 5 bis 10 Dörfern („Dong" bzw. „Ri") bestanden. Da es keine *staatlichen* Verwaltungsbezirke waren, gab es in „Myun" und „Dong" bzw. „Ri" auch keine Staatsbeamte.

Ein von den Einwohnern gewählter „Myunchang" bzw. „Dongchang" oder „Richang" leistete dem „Suryung" in Staatsangelegenheiten Hilfe und erledigte auch Kommunalangelegenheiten. Die wichtigsten Aufgaben des „Myunchang" waren Vermittlung des Befehls des „Suryung" zu den Einwohnern, Steuereinziehung und Ausübung der Gerichtsbarkeit über geringfügige Streitigkeiten.

(2) Die Kommunalverwaltung nach der „Kabo"- Reform[134]

Die koreanische Kommunalverwaltung wurde durch die „Kabo"-Reform(1894) stark verändert. Durch das königliche Edikt vom 26. 5. 1895

[134] Durch diese Reform von 1894, die von Japan erzwungen wurde, wurde die alte koreanische Staatsorganisation sowohl in der Zentralregierung als auch in der Kommunalverwaltung erheblich geändert und modernisiert.

wurden die bisherigen Verwaltungsbezirke der oberen Staatsbehörde in Provinzen (8 „Do") abgeschafft und statt dessen 23 „Pu" eingerichtet[135]. Die bisherigen Verwaltungsbezirke der unteren Staatsbehörde („Pu", „Mok", „Kun" und „Hyun") wurden insgesamt als „Kun" bezeichnet. Der Innenminister wurde erstmals als die zuständige Behörde für die allgemeine Führung und Aufsicht über die Staatsbehörden im „Chibang" bestimmt.

Durch die Rechtsverordnungen vom 3. 11. 1895 („Hyanghoichogyu" und „Hyanghoibyunmugyuchung")[136] wurde auf der Ortsebene eine Kommunalinstitution („Hyanghoichaedo") eingeführt, die zumindest für die institutionelle Entwicklung der Kommunalverwaltung eine entscheidende Bedeutung haben sollte.

Nach diesen Rechtsverordnungen sollte auf der Ortsebene („Kun", „Myun" und „Dong" bzw. „Ri") ein Kommunalorgan „Hyanghoi" eingerichtet werden, das mit dem Rat einer Kommune vergleichbar ist und dessen Mitglieder von den Einwohnern gewählt werden sollten (§§ 2, 3 und 4 „Hyanghoichogyu"). Die Aufgaben von „Hyanghoi" wurden in § 5 „Hyanghoichogyu" aufgezählt.

Die Kommunalinstitution („Hyanghoichaedo") ermöglichte den Einwohnern die Einflußnahme auf die öffentliche Verwaltung durch ihre gewählte Vertretung („Hyanghoi"). In der Verwaltungspraxis hatte diese Kommunalinstitution allerdings nur geringe Bedeutung, da sie aufgrund der japanischen Kolonialherrschaft, die kurz danach begann, nicht verwirklicht werden konnte.

(3) Die Kommunalverwaltung unter japanischer Kolonialherrschaft

Die japanische Kolonialherrschaft (1910-1945) war der erste massive ausländische Einfluß auf die innere Verwaltung in der koreanischen Geschichte. Kolonialpolitik und -kriegsführung machten eine Zentralisierung erforderlich, die stärker als in jeder vorausgegangenen Epoche war[137]. In der Kolonialzeit wurden zwar die Verwaltungseinheiten auf der Provinzebene („Do") und der Ortsebene („Pu" und „Eub" bzw. „Myun") zu Gebietskörperschaften[138]. Das Vollzugsorgan der Gebietskörperschaften wurde aber von der Kolonialregierung ernannt. Die Befugnisse des Rates wurden sehr eingeschränkt. Durch die Verwaltungsreform wurde zwar formell die kommunale Selbstverwaltung

[135] Am 4. 8. 1896 wurden 23 „Pu" wieder zu 13 „Do" geändert.

[136] Abgedruckt bei Gye Tak Lee, S. 220f.

[137] Die Tatsache, daß alle Generalgouverneure während der ganzen Kolonialzeit entweder Generäle oder Admiräle waren, verdeutlicht den zentralistischen und militärischen Charakter der öffentlichen Verwaltung.

[138] Die Verwaltungsbezirke „Pu" wurden erst durch Verordnung vom 30. 10. 1913 („Puche") als Gebietskörperschaften zur juristischen Person des öffentlichen Rechts. Durch die zweiten Verwaltungsreform vom 1930 wurden „Do" und „Eub. Myun" auch zur juristischen Person des öffentlichen Rechts.

eingeführt, aber faktisch wurde die Verwaltung noch stärker zentralisiert und bürokratisiert als früher.

Das Ziel der kommunalen Verwaltungsreform lag damals nicht in der kommunalen Selbstbestimmung, sondern darin, durch die Neugestaltung der Verwaltungseinheiten die Grundlagen der traditionellen Siedlungsgemeinschaft zu zerstören und damit jegliche Widerstandskraft im Keim zu ersticken[139].

Durch die Ernennung des Vorstehers der Kommune und die Beschränkung des Wahlrechts bei der Wahl der Ratsmitglieder wurden zentrale Positionen in der Kommunalverwaltung von denjenigen besetzt, die auf der Seite Japans standen.

Die Verwaltungskraft der Kommunen erschöpfte sich in der Durchführung der Kolonialpolitik unter Leitung des Generalgouverneurs.

(4) Die Kommunalverwaltung nach dem 2. Weltkrieg

Nach dem 2. Weltkrieg stand Korea unter amerikanischer Militärherrschaft (1945-1948). Die amerikanische Militärregierung erhielt das extrem zentralisierte Verwaltungssystem der japanischen Kolonialherrschaft ohne große Änderung aufrecht. Sie löste durch die Verordnung Nr. 60 der Militärregierung vom 4. März 1946 den Rat der Gebietskörperschaften aller Verwaltungsebenen auf. In der Verordnung Nr. 126 der Militärregierung vom 15. November 1946 hatte die amerikanische Militärregierung zwar die demokratische Kommunalselbstverwaltung durch Wahl der Ratsmitglieder und Vorsteher aller Gebietskörperschaften versprochen, aber sie entschied sich wegen des Übergangscharakters des Regimes dennoch für den Weg der Zentralisierung.

Die Gebietskörperschaften und ihre Behörden unterlagen der unmittelbaren Kontrolle der Militärregierung[140].

Die kommunale Selbstverwaltung im modernen Sinne wurde erst durch die Verfassung vom 17. 7. 1948 („Chehun-Hunbub“) und das Kommunalselbstverwaltungsgesetz vom 4. 7. 1949 eingeführt. Art. 96 KV („Chehun-Hunbub“) gewährleistete die Selbstverwaltung der Gebietskörperschaften: „Die Gebietsselbstverwaltungskörperschaften haben im Rahmen des Gesetzes Selbstverwaltungsangelegenheiten und vom Staat aufgetragene Angelegenheiten zu erledigen und ihr Vermögen zu verwalten. Im Rahmen der Gesetze können sie Statuten erlassen.“

Nach dieser Bestimmung der Verfassung wurde durch Gesetz Nr. 32 am 4. 7. 1949 das Kommunalselbstverwaltungsgesetz erlassen, das am 15. 8. 1949 in Kraft trat. Nach § 2 KKSG gab es 2 Arten von Gebietsselbstverwaltungskörperschaften: „Do“ und die Hauptstadt „Seoul“, die unter direkter Kontrolle der

---

[139] Vgl. Tae-Chin Lee, Tradition, S. 539ff.; Chae Sik Son, S, 54; Gye Tak Lee, S. 233.

[140] Vgl. Tschung Si An, S. 49; Bong Sook Son, S. 67.

Regierung standen, und „Shi“, „Eub“ bzw. „Myun“, die im Gebiet des „Do“ lagen und von dessen Vorsteher kontrolliert wurden. Die Gebietsselbstverwaltungskörperschaft war eine juristische Person des öffentlichen Rechts (§ 3). Sie hatte als Beschlußorgan einen Rat, dessen Mitglieder von den Einwohnern auf 4 Jahre gewählt wurden (§§ 11, 52, 53). Der Staatspräsident ernannte den Vorsteher des Vollzugsorgans der Gebietsselbstverwaltungskörperschaften auf der Provinzebene (in den „Do“ und in „Seoul“)[141]. Auf der Ortsebene („Shi“, „Eub“ bzw. „Myun“) wählte der Rat der Kommunen den Vorsteher des Vollzugsorgans („Shi-“, „Eub-“ bzw.“Myunchang“) (§ 99). Der Rat der Kommune konnte dem Vorsteher des Vollzugsorgans das Mißtrauen aussprechen und umgekehrt konnte das Vollzugsorgan den Rat der Kommune auflösen (§ 121). Zur Bildung von Räten kam es allerdings vorläufig nicht, weil die Regierung die Durchführung der Kommunalwahlen unter dem Vorwand öffentlicher Unruhen verschob.

Das Kommunalselbstverwaltungsgesetz wurde am 15. 12. 1949 durch das Gesetz Nr. 73 geändert. Bis zur Bildung von Räten in den Kommunen entschied der Vorsteher der jeweiligen Gebietsselbstverwaltungskörperschaft auch die Angelegenheiten, die eigentlich zu den Zuständigkeiten des Rates der Gebietsselbstverwaltungskörperschaft gehörten. Seine Entscheidungen über diese Angelegenheiten bedurften in den Gebietsselbstverwaltungskörperschaften „Do“ und „Seoul“ der Genehmigung des Innenministers und in den Gebietsselbstverwaltungskörperschaften „Shi“, „Eub“ und „Myun“ der Genehmigung des „Dosisa“ (der Vorsteher des „Do“)[142].

Der Vorsteher des Vollzugsorgans wurde in den Gebietsselbstverwaltungskörperschaften „Shi“ von dem Staatspräsident und in den Gebietsselbstverwaltungskörperschaften „Eub“ und „Myun“ von „Dochisa“ ernannt (§§ 4 u. 5 Anhang der KKSG).

Die Räte der Gebietsselbstverwaltungskörperschaften wurden erst in der Zeit des Koreakriegs durch die Kommunalwahl im Jahre 1952 gebildet.

Der Vorsteher des Vollzugsorgans in den Gebietsselbstverwaltungskörperschaften „Shi“, „Eub“ und „Myun“ wurde vom Rat gewählt.

Mit der Durchführung der Kommunalwahlen trotz der bestehenden Kriegssituation verfolgte die Regierung die Absicht, in den „Chibang“ eine Unterstützung des Volkes für die Verfassungsänderung zu gewinnen[143].

---

[141] Den Vorsteher der Gebietskörperschaften „Do“ nennt man „Dochisa“ und der „Seoul“ „Seoulteugbyulshichang“.

[142] Der Innenminister war die Aufsichtsbehörde für „Do“ und „Seoul“, und „Dosisa“ war Aufsichtsbehörde für „Shi“, „Eub“ und „Myun“.

[143] Vgl. Bong Sook Son, S. 29 u. S. 73; Myung Swu Park, Sindonga 1986 Heft 6, S. 517. Bei der Verfassungsänderung ging es in erster Linie um die Direktwahl des Präsidenten, die — entsprechend der Erwartung der Regierung — von den Räten der Kommunen unterstützt wurde. Vgl. Bong Sook Son, S. 32.

Das Kommunalselbstverwaltungsgesetz wurde am 13. 2. 1956 wieder geändert. Danach wurde der Vorsteher des Vollzugsorgans in den Gebietsselbstverwaltungskörperschaften „Shi“, „Eub“ und „Myun“ durch die direkte Wahl von den Einwohnern gewählt. Darüberhinaus wurde die Möglichkeit des Rats, dem Vorsteher des Vollzugsorgans das Mißtrauen auszusprechen, abgeschafft. Durch diese beiden Regelungen wurde die Kontrollbefugnis des Rates gegenüber dem Vollzugsorgan noch weiter eingeschränkt.

Eine weitere Einschränkung erfolgte durch das 4. revidierte Kommunalgesetz vom 26. 12. 1956, nach dem der Vorsteher des Vollzugsorgans wieder vom Staat ernannt wurde. Durch dieses Ernennungsrecht übte die Regierung einen großen Einfluß auf die Kommunalverwaltung aus und die Kommunalverwaltung verlor nach und nach ihre Selbstständigkeit. Trotz der formell bestehenden Kommunalselbstverwaltung wurde die Staatsgewalt nicht dezentralisiert, sondern durch die von der Regierungspartei gesteuerte Kommunalpolitik extrem zentralisiert.

Die Regierungspartei benutzte die Gebietsselbstverwaltungskörperschaft als Werkzeug, um an der Macht zu blieben. Die Gebietsselbstverwaltungskörperschaft wurde damit eine politische Organisation der Regierungspartei, die die Zentralregierung unterstützte[144].

Nach der Aprilrevolution von 1960 wurde das Kommunalselbstverwaltungsgesetz wieder demokratisiert. Am 1. 11. 1960 wurde das 5. revidierte Kommunalselbstverwaltungsgesetz erlassen. Der Vorsteher des Vollzugsorgans wurde danach in allen Gebietsselbstverwaltungskörperschaften von den Einwohnern direkt gewählt.

Diese Entwicklung der kommunalen Selbstverwaltung wurde durch den Militärputsch vom 16. 5. 1961 abrupt unterbrochen. Die Räte der Gebietsselbstverwaltungskörperschaften wurden von der Militärregierung ohne gesetzliche Grundlage aufgelöst. Am 1. 9. 1961 wurde durch Gesetz Nr. 707 das Übergangsgesetz über Kommunalselbstverwaltung erlassen. Dadurch verlor das bisherige Kommunalselbstverwaltungsgesetz insoweit seine Wirkung, als das Übergangsgesetz etwas anderes bestimmte (§ 11).

Die bisherigen Verwaltungsbezirke der Staatsbehörden „Kun“ wurden neue Gebietsselbstverwaltungskörperschaften und die bisherigen Gebietsselbstverwaltungskörperschaften auf der Ortsebene „Eub“ und „Myun“ verloren ihre Selbständigkeit und wurden Verwaltungsbezirke der „Kun“ (§ 2 Abs. 1 Nr. 2 i. V. m. § 4). Der Staatspräsident ernannte als Vorsteher des Vollzugsorgans der Gebietsselbstverwaltungskörperschaft einen Staatsbeamten, wobei der Innenminister ein Vorschlagsrecht hatte (§ 9). Dem Vorsteher wurden die bisher dem Rat zustehende Zuständigkeiten zugewiesen. In diesem Bereich bedurften seine Entscheidungen einer Genehmigung vom Innenminister (in „Do“ und „Chikhalshi“) bzw. „Dochisa“ (in „Shi“ und „Kun“) (§ 10).

---

[144] Vgl. Myung Swu Park, Sindonga 1986 Heft 6, S. 518.

Nach Art. 10 der im Anhang befindlichen Zusatzklausel der 6. revidierten Verfassung vom 27. 12. 1972 sollte „der Rat der Gebietsselbstverwaltungskörperschaft bis zur Wiedervereinigung von Süd- und Nordkorea nicht gebildet werden.“

Die Gebiets“selbstverwaltungs“körperschaft hat seit dieser Zeit kein Vertretungsorgan und ihr Vollzugsorgan wurde von der Zentralregierung ernannt. Es gab in der Verwaltungswirklichkeit keine kommunale Selbstverwaltung, da die Einwohner damit von der Willensbildung über die kommunalen Angelegenheiten ausgeschlossen wurden.

Die 8. revidierte Verfassung vom 27. 10. 1980 hat den Art. 10 der Zusatzklausel geändert:

„Der Rat der Gebietsselbstverwaltungskörperschaft ist mit Rücksicht auf ihre finanzielle Selbständigkeit zu bilden ...“.

Die 9. revidierte Verfassung vom 29. 10. 1987 hat diese Zusatzklausel aufgehoben und damit gewinnt die verfassungsrechtliche Gewährleistung der kommunalen Selbstverwaltung wieder ihre volle Wirkung. Entsprechend dieser Verfassung wurde am 6. 4. 1988 durch Gesetz Nr. 4004 ein neues Kommunalselbstverwaltungsgesetz veröffentlicht, das am 1. 5. 1988 in Kraft trat. Danach soll die Kommunalwahl auf der Ortsebene („Shi“, „Kun“ und „Ku“) innerhalb eines Jahres nach Inkrafttreten dieses Gesetzes (§ 2 Abs. 1 der Zusatzklausel des KKSG) stattfinden. Der Vorsteher des Vollzugsorgans in den Gebietsselbstverwaltungskörperschaften wird bis zum Erlaß einer neuen Gesetz von der Regierung ernannt (§ 5 der Zusatzklausel des KKSG). Die Wiederbelebung der kommunale Selbstverwaltung und die Demokratisierung der Verwaltung gehören zu den wichtigsten Aufgaben der neugebildeten Regierung.

2. Zum Begriff der Selbstverwaltung

Die Bedeutung der kommunalen Selbstverwaltung ist in Korea noch nicht hinreichend geklärt. Einigkeit besteht im Schrifttum aber darin, daß kommunale Selbstverwaltung zwei Elemente einschließt, nämlich ein bürgerschaftliches und ein körperschaftliches Element, deren Funktion es ist, die Prinzipien der Demokratie und der Dezentralisation zur Geltung zu bringen[145].

Die kommunale Selbstverwaltung, die sich in England entwickelt hat, wird mit dem bürgerschaftlichen, und die kommunale Selbstverwaltung, die sich in Deutschland und Frankreich entwickelt hat, mit dem körperschaftlichen Element identifiziert.

Nach einhelliger Ansicht im Schrifttum liegt das Wesen der Selbstverwaltung in der Kombination beider Selbstverwaltungsformen. Die konkrete Erschei-

[145] Young Sung Kwon, S. 233; Tschul Swu Kim, S. 675; Il Kyung Park, 598; Nam Chin Kim, S. 555; Myung Gwu Lee, S. 567; Sang Gywu Lee, S. 106; Ih Yul Kim, S. 129.

nungsform der modernen Kommunalselbstverwaltung sei unterschiedlich, je nachdem welches Element man betone[146].

(1) Die bürgerschaftliche Selbstverwaltung

Man spricht von bürgerschaftlicher Selbstverwaltung, wenn Verwaltungsangelegenheiten in einem Gebiet nicht durch eine Staatsbehörde, sondern nach dem Willen der Einwohner durch ihre Organisation eigenverantwortlich als eigene Aufgaben erledigt werden[147]. Als Elemente der bürgerschaftlichen Selbstverwaltung werden üblicherweise folgende genannt:

— Die Erledigung der lokalen Angelegenheiten durch Ehrenbeamte, die von den Einwohnern gewählt werden

— Die Zusammenfassung der Willensbildungs- und Vollzugsfunktion in einem Organ

— Das Spezialitätsprinzip bei der Übertragung der staatlichen Gewalt

— Eine starke Einschränkung der staatlichen Aufsichtsbefugnis durch die Exekutive

(2) Die körperschaftliche Selbstverwaltung

Man spricht von körperschaftlicher Selbstverwaltung, wenn eine Gebietskörperschaft als eine juristische Person des öffentlichen Rechts unabhängig vom Staat durch ihr Organ nach ihrem Zweck und Willen unter Aufsicht des Staates eigenverantwortlich ihre Angelegenheiten erledigt. Folgende Elemente werden für die körperschaftliche Selbstverwaltung als charakteristisch genannt:

— Strenge Trennung zwischen Willensbildungs- und Vollzugsorgan

— Allzuständigkeitsprinzip

— Strenge Staatsaufsicht über die Kommunen

— Aufgabendualismus zwischen Selbstverwaltungsaufgaben und Auftragsangelegenheiten

Diese Begriffsbestimmung der herrschenden Meinung führt zur Unklarheit, weil sie nichts darüber aussagt, wie die heterogenen Elemente in einem konkreten Selbstverwaltungssystem kombiniert werden müssen. Aus der Differenzierung zwischen der bürgerschaftlichen und der körperschaftlichen Selbstverwaltung kann man keine allgemein gültige Begriffsbestimmung gewinnen. Die juristische Begriffsbestimmung der Selbstverwaltung kann sich nur auf ein

[146] Il Kyung Park, S. 603; Myung Kwu Lee, S, 568; Ih Yul Kim, S. 129.

[147] Sang Gywu Lee, S. 106f., unterscheidet zwischen mittelbarer Selbstverwaltung und direkter Selbstverwaltung. Füe ihn werden Verwaltungsangelegenheiten bei der mittelbaren Selbstverwaltung durch den Vertreter der Einwohner und bei der direkten Selbstverwaltung durch die ganzen Einwohner erledigt.

konkretes, gesetzlich gestaltetes System beziehen. Deshalb kann der rechtlich relevante Selbstverwaltungsbegriff nur von verfassungsrechtlichen Bestimmungen abgeleitet werden.

Aus der Begriffsbestimmung der herrschenden Meinung kann man nur folgern, daß Demokratie, Dezentralisation und Eigenverantwortlichkeit unabdingbare Elemente für die Selbstverwaltung im modernen Sinne sind.

3. Die verfassungsrechtliche Garantie der Selbstverwaltung

(1) Die verfassungsrechtlichen Bestimmungen

Die koreanische Verfassung gewährleistet im 8. Kapitel die kommunale Selbstverwaltung. Nach Art. 117 Abs. 1 KV „hat die Gebietsselbstverwaltungskörperschaft die Angelegenheiten des öffentlichen Wohls der Einwohner zu erledigen und ihr Vermögen zu verwalten". Sie können auch „im Rahmen der Gesetze Statuten erlassen". Diese Bestimmung gewährleistet die Existenz der Gebietsselbstverwaltungskörperschaften, ihre Aufgaben, eigenverantwortliche Aufgabenerledigung, das autonome Gesetzgebungsrecht.

Während das deutsche Grundgesetz in Art. 28 bestimmte Typen der Gebietskörperschaften (Gemeinde und Kreis) gewährleistet, bleibt es in Korea dem Gesetz vorbehalten, die Arten der Gebietsselbstverwaltungskörperschaften zu bestimmen (Art. 117 Abs. 2 KV). Das Verfassungsrecht überläßt es also dem Gesetzgeber, die Typen der Gebietsselbstverwaltungskörperschaft näher auszugestalten. Der Gesetzgeber ist nur verpflichtet, zumindest eine Art von Gebietsselbstverwaltungskörperschaften zu schaffen.

Das revidierte Kommunalselbstverwaltungsgesetz vom 6. 4. 1988 bestimmt die Arten der Gebietsselbstverwaltungskörperschaften. Als Großraumgebietsselbstverwaltungskörperschaften gibt es „Teukbyul- Shi", „Chikhal-Shi" und „Do" (§ 2 Nr. 1 KKSG)[148]. Im Gebiet von „Teukbyul-Shi", „Chikhal-Shi" und „Do" bestehen „Shi", „Kun" oder „Ku" als Gebietsselbstverwaltungskörperschaft (§ 2 Nr. 2 i.v.m. § 3 Abs. 2 KKSG)[149].

---

[148] „Do" hat als Selbstverwaltungsträger eine vergleichbare Rechtsstellung zu dem Kreis in Deutschland, in der Größe der Fläche und der Zahl der Einwohner ist „Do" aber mit einem Bundesland vergleichbar. „Do" stellt gleichzeitig einen Verwaltungsbezirk der oberen Staatsverwaltungsbehörde dar, während der Kreis in Deutschland ein Verwaltungsbezirk der unteren Staatsverwaltungsbehörde ist. „Teukbyul-Shi" und „Chikhal-Shi" haben eine vergleichbare Rechtsstellung mit der kreisfreien Stadt in Deutschland, obwohl sie viel größer als die kreisfreie Stadt in Deutschland ist. Ihre Untergliederungen „Ku" bilden wiederum selstständige Gebietsselbstverwaltungskörperschaften (§ 2 Abs. 2 KKSG). Es gibt in Korea zur Zeit 1 „Teukbyul-Shi" (die Hauptstadt Seoul), 5 „Chikhal-Shi" und 9 „Do".

[149] „Shi", „Kun" und „Ku" sind rechtlich mit einer kreisangehörigen Stadt in Deutschland vergleichbar. „Shi" ist eine Stadtgemeinde und „Kun" ist eine Landgemein-

„Sondergebietsselbstverwaltungskörperschaften" sind zur Erledigung bestimmter Zwecke nach der Rechtsverordnung des Staatspräsident einzurichten (§ 2 Abs. 3 i. V.m § 2 Abs. 4 KKSG).

Nach Art. 117 Abs. 2 KV kann der Gesetzgeber der einen Art der vorhandenen Gebietsselbstverwaltungskörperschaften das Sebstverwaltungsrecht völlig entziehen und eine neue Art von Gebietskörperschaften schaffen[150]. Dadurch kann die verfassungsrechtliche Gewährleistung der kommunalen Selbstverwaltung gefährdet werden, wenn der Gesetzgeber sein Gestaltungsermessen unbeschränkt ausübt. Rechtspolitisch ist es erwünscht, daß bestimmte Typen der Gebietsselbstverwaltungskörperschaft verfassungsrechtlich gewährleistet werden[151]. Verfassungsrechtlich vorgesehene Organe der Gebietsselbstverwaltungskörperschaften sind der Rat (Art. 118 Abs. 1 KV) und der Vorsteher (Art. 118. Abs. 2 KV). Die Organisation, die Befugnisse des Rats, die Wahl der Ratsmitglieder, die Einsetzung des Vorstehers und Geschäftsführung der Gebietsselbstverwaltungskörperschaft werden durch Gesetz bestimmt (Art. 118 Abs. 2 KV).

Nach Art. 111 Abs. 1 Nr. 4 KV ist das Verfassungsgericht zuständig für Kompetenzkonflikte zwischen einem Staatsorgan und den Gebietsselbstverwaltungskörperschaften und zwischen Gebietsselbstverwaltungskörperschaften untereinander.

(2) Der Inhalt der Verfassungsgarantie

Die herrschende Meinung in Korea sieht in Art. 117 Abs. 1 KV eine institutionelle Garantie der kommunalen Selbstverwaltung[152]. Als Elemente der Garantie werden im Schrifttum Allzuständigkeit und Selbstverantwortlichkeit genannt. Beide Prinzipien werden durch das demokratische Element legitimiert[153]. Das demokratische Element bezieht sich sowohl auf die Bestellung der Organe als auch auf die Tätigkeit der Organe. Art. 118 KV garantiert das

---

de. „Shi" und „Kun" sind aber gleichzeitig Verwaltungsbezirke der unteren Staatsverwaltungsbehörde. Im Gebiet von „Teukbyul- Shi" und „Chikhal- Shi" finden sich mehrere „Ku" als Gebietsselbstverwaltungskörperschaft, deren Selbstverwaltungsrecht durch Gesetz anders als das von „Shi" und „Kun" bestimmt werden kann (§ 2 Abs. 2 KKSG).

[150] Vgl. Gye Tak Lee, S. 150.

[151] In der 3. revidierten Verfassung von 15. 6. 1960 wurde die Existenz von „Shi", „Eub" und „Myun" als Gebietsselbstverwaltungskörperschaft gewährleistet (vgl. Art. 97 Abs. 2).

[152] Die Lehre Carl Schmitts von der institutionellen Garantie ist in Korea in der Literatur allgemein anerkannt. Im Zusammenhang mit der kommunalen Selbstverwaltung s. Tschul Su Kim, S. 677; Young Sung Kwon, S. 235. Dazu kritisch Kang Hyuk Lee, Weulgangosi 1986 H. 1, S. 54f.; Young Hur, Kongbubyungu Bd. 13 (1985), S. 128; ders., Gosiyungwu 1988 H. 7, S. 28f. Er sieht in der Institution der Kommunalselbstverwaltung ein Mittel zur Verwirklichung der Grundrechte und des Subsidiaritätsprinzips.

[153] Arnim, AÖR 1988, S. 5ff.; Stern, Verfassungsgarantie, S. 204; Scheuner, AfK 1973, S. 6; Oebbecke, Zweckverbandsbildung, S. 63f.

demokratische Element durch die Wahl der Kommunalorgane und die repräsentative Struktur der Kommunalverwaltung[154]. Das demokratische Element wird hier nicht näher dargestellt, da sich diese Arbeit auf das Verhältnis zwischen Staat und Gebietskörperschaft bezieht, während das demokratische Element ein innergemeindliches Problem darstellt.

a) Die Allzuständigkeit

In Art. 117 Abs. 1 KV werden als sachlicher Gegenstand der kommunalen Selbstverwaltung alle „Angelegenheiten des öffentlichen Wohls der Einwohner" gewährleistet. Diese Allzuständigkeit gibt der Gebietsselbstverwaltungskörperschaft das Recht, alle örtliche Angelegenheiten ohne einzelgesetzliche Zuweisung als eigene Aufgabe aufzunehmen[155].

Es ist noch nicht hinreichend geklärt, welche Angelegenheiten zu „den Angelegenheiten des öffentlichen Wohls der Einwohner" gehören. Es wird die Auffassung vertreten, dies bedeute „alle Angelegenheiten, die zur Förderung der öffentlichen Interessen dienen und nicht zu der Kompetenz des Staates oder einer anderen Gebietskörperschaft gehören[156]". Die Gebietsselbstverwaltungskörperschaft habe damit als Gegenstand der Selbstverwaltung „die Angelegenheiten, die sie zur Verwirklichung ihres Selbstzwecks und zur Förderung der örtlichen Interessen erledigt[157]".

Nach dieser Auslegung haben „die Angelegenheiten über das öffentliche Wohl der Einwohner" in Art. 117 Abs. 1 KV eine ähnliche Bedeutung wie „alle Angelegenheiten der örtlichen Gemeinschaft" in Art. 28 Abs. 2 Satz 1 GG in Deutschland[158].

b) Eigenverantwortlichkeit

Die Eigenverantwortlichkeit ist in der koreanischen Verfassung nicht ausdrücklich erwähnt.

Die Tatsache aber, daß sie den Träger der Kommunalverwaltung als Gebiets„selbstverwaltungs"körperschaft bezeichnet, macht deutlich, daß die Verfassung von der Eigenverantwortlichkeit ausgeht, da man ohne Eigenverantwortlichkeit nicht von „Selbstverwaltung" sprechen kann. Die Eigenverantwortlichkeit bestimmt die Art der Aufgabenerfüllung[159], so daß die Gebietsselbstverwaltungskörperschaften auch in Korea ihre Aufgaben ohne Weisung

---

[154] Nach Kang Hyuk Lee, Weulgangosi 1986 H. 1, S. 46, könne man überhaupt nicht von der „Selbstverwaltung" sprechen, wenn es an dem repräsentativen Element fehlt.

[155] Vgl. Kang Hyuk Lee, Weulgangosi 1986 H. 1, S. 55.

[156] Il Kyung Park, S. 612.

[157] Tschul Swu Kim, S. 678.

[158] Dazu s. oben 1. Abschnitt I. 3 (2) b) aa).

[159] Erichsen, Kommunalrecht NW, S. 329.

und Vormundschaft des Staates so erfüllen, wie es nach Maßgabe des Gesetzes zweckmäßig erscheint[160]. Diese Eigenverantwortlichkeit gibt den Gebietsselbstverwaltungskörperschaften einen politischen Spielraum für das Ob, Wann und Wie der Wahrnehmung der Aufgaben, die ihnen im Rahmen der Allzuständigkeit zustehen, und macht damit die Kommunen auf der Provinz- und Ortsebene zu dezentralen Verwaltungseinheiten. Das autonome Gesetzgebungsrecht, die Finanzhoheit, das Selbstverwaltungsrecht im engeren Sinne, die in Art. 117 Abs. 1 KV ausdrücklich genannt werden, gehören zum Inhalt der Eigenverantwortlichkeit[161].

(3) Die Grenze des Selbstverwaltungsrechts

Nach der Verfassung vom 17. 7. 1948 („Chehun-Hunbub") erledigte die Gebietsselbstverwaltungskörperschaft ihre Angelegenheiten nur „im Rahmen der Gesetze" (Art. 96 Abs. 1). Seit der 5. revidierten Verfassung vom 26. 12. 1962 ist diese verfassungsrechtliche Schranke des Selbstverwaltungsrechts „im Rahmen der Gesetze" gestrichen[162]. Das Recht der Gebietsselbstverwaltungskörperschaft wird durch diese Streichung nicht geändert.

Nach der herrschenden Meinung ist das kommunale Selbstverwaltungsrecht nicht ein originäres Recht, sondern ein vom Staat abgeleitetes Recht[163] und deshalb wird das Selbstverwaltungsrecht nur im Rahmen der staatlichen Rechtsordnung anerkannt[164]. Daneben hat die Gebietsselbstverwaltungskörperschaft das autonome Gesetzgebungsrecht nur im Rahmen der Gesetze (Art. 117 Abs. 1 2. HS KV). Die Arten der Gebietsselbstverwaltungskörperschaft (Art. 117 Abs. 2 KV) und ihre Organisation und Geschäftsführung (Art. 118 Abs. 2 KV) werden dem Gesetz vorbehalten. Deshalb stellen die Gesetze eine Schranke des kommunalen Selbstverwaltungsrechts dar.

Nach § 8 Abs. 3 KKSG „darf die Gebietsselbstverwaltungskörperschaft bei ihrer Aufgabenerledigung nicht gegen Gesetze und Satzungen höherer Gebietsselbstverwaltungskörperschaften[165] verstoßen".

Problematisch ist, inwieweit der Gesetzgeber durch Gesetze in das Selbstverwaltungsrecht der Gebietsselbstverwaltungskörperschaft eingreifen darf. Es

---

[160] Young Sung Kwon, S. 236; Kang Hyuk Lee, S. 55.

[161] Young Sung Kwon, S. 236, meint, daß diese Rechte der Gebietskörperschaft zum konkreten Inhalt der Allzuständigkeit gehörten.

[162] Vgl. Art 109 Abs. 1 der 5. revidierten Verfassung vom 26. 12. 1962; Art. 114 Abs. 1 der 7. revidierten Verfassung vom 27. 12, 1972; Art. 118 Abs. 1 der 8. revidierten Verfassung vom 27. 10. 1980; Art. 117 Abs. 1 der 9. revidierten Verfassung vom 29. 10. 1987.

[163] Absolut herrschende Meinung etwa Young Sung Kwon, S. 234; Doh Chang Kim, 103f.; Sang Gywu Lee, S. 108.

[164] Young Sung Kwon, S. 236.

[165] Gemeint sind die Satzungen von „Do", „Teukbyul- Shi" und „Chikhal- Shi".

wird die Auffassung vertreten, daß Art. 118 Abs. 2 KV die Selbstverwaltung hauptsächlich gegen exekutive Eingriffe, aber nicht gegen inhaltliche Einschränkungen durch den Gesetzgeber, gewährleiste. Deshalb könne der Gesetzgeber durch gesetzliche Regelungen die kommunale Selbstverwaltung inhaltsleer machen[166]. Aber diese Auffassung widerspricht der institutionellen Garantie der kommunalen Selbstverwaltung, die die herrschende Meinung und die Vertreter dieser Auffassung selbst anerkennen[167].

Die verfassungsrechtliche Gewährleistung der Selbstverwaltung stellt in erster Linie eine Schranke für den Gesetzgeber dar. Der Gestaltungsspielraum des Gesetzgebers ist nämlich durch den Wesensgehalt der institutionellen Garantie, der die typusbestimmenden Elemente der Selbstverwaltung umfaßt, begrenzt. Bei der Gesetzgebung muß auch das Verhältnismäßigkeitsprinzip beachtet werden, weil dieses Prinzip sich aus dem Rechtsstaatlichkeitsprinzip ergibt und damit eine mit Verfassungsrang ausgestattete Leitregel ist, die jegliches Staatshandeln, auch die Gesetzgebung, diszipliniert[168].

---

[166] Gye Tag Lee, S. 150.

[167] Vgl. Gye Tag Lee, S. 149.

[168] Vgl. BVerfGE 23, 127 (133); 35, 382 (400); 38, 348 (368). Der Verhältnismäßigkeitsgrundsatz ist in Korea auch als allgemeiner Grundsatz des Verwaltungsrechts anerkannt. Vgl. u.a. Doh Chang Kim, Bd. I, S. 149; Sang Gywu Lee, Bd. I, S. 134f.

2. Abschnitt

Die Aufgaben der Gemeinden

I. Die Aufgaben der Gemeinden in der Bundesrepublik Deutschland

1. Das Aufgabensystem

Gemeinden erfüllen die ihnen obliegenden Aufgaben in unterschiedlicher Verantwortung und Einbindung. Das Kommunalrecht unterscheidet in Abhängigkeit von dem jeweiligen Aufgabentypus zwischen mindestens zwei Arten von Kommunalaufsicht[169]. Die Unterscheidung der verschiedenen Aufgabentypen ist für den Umfang der staatlichen Aufsicht bedeutsam. Die Staatsaufsicht ist bei gewissen Aufgabentypen eine Rechtsaufsicht, die auf die Rechtsmäßigkeitskontrolle beschränkt ist, bei anderen Typen erstreckt sie sich auch auf die Zweckmäßigkeitsprüfung[170]. Es ist aber nicht leicht, die Aufgaben rechtlich einheitlich zu gliedern, weil die Gemeindeordnungen der Länder in den Begriffen und im Grundkonzept voneinander abweichen.

Aus der historischen Entwicklung lassen sich zwei Aufgabenbereiche gemeindlicher Tätigkeit unterscheiden: der kommunale und der staatliche Aufgabenbereich. Die Zweiteilung der kommunalen Aufgaben in einen eigenen, originären Wirkungskreis und einen staatlichen, übertragenen Aufgabenkreis spiegelt die allgemeine Anschauung des 19. Jahrhunderts über einen Gegensatz zwischen Staat und Gemeinde wieder[171]. In diesem Spannungsverhältnis zwischen der Gesellschaft, d.h. dem liberalen Bürgertum und dem Staat, d.h. der monarchischen Exekutive, wurde die Gemeindefreiheit der bürgerlichen Freiheit zugeordnet[172].

Diese Lehre vom eigenen und übertragenen Wirkungskreis wurde am deutlichsten in Art. IV der provisorischen österreichischen Verfassung vom 17. März 1849 formuliert[173].

---

[169] Erichsen, DVBl. 1985, 943 (944); ders. Kommunalrecht NW, S. 311; vgl. auch Schmidt-Aßmann, Kommunalrecht, S. 117.

[170] Schmidt-Aßmann, Kommunalrecht, S. 117. Daneben hat die Unterscheidung der Aufgabentypen besondere Bedeutung auch für die Finanzierung und den Rechtsschutz des Bürgers und der Gemeinde.

[171] Sie tritt schon in der französischen Gesetzgebung des Jahres 1789 hervor (Gönnenwein, Gemeinderecht, S. 86 und S. 12 Anm. 6).

[172] Jesch, DÖV 1960, S. 739.

[173] RGBl. für das Kaisertum Österreich 1849, Nr. 170. Dazu Schmidt-Eichstaedt, Rechtsqualität, S. 10; Dehmel, Übertragener Wirkungskreis, S. 37.

Die Begriffe „Selbstverwaltungsangelegenheiten“ und „Auftragsangelegenheiten“ wurden in Art. 72 der preußischen Verfassung vom 30. 11. 1920 geprägt, deren Formulierung auf Drews zurückgeht[174]. Diese Zweiteilung in kommunalen Selbstverwaltungsaufgaben und Auftragsangelegenheiten war früher unbestritten[175].

Dieser Rechtszustand ist in einzelnen Bundesländern auch heute noch gültig: Bayern[176], Niedersachsen[177], Rheinland-Pfalz[178] und Saarland[179], die nicht dem Weinheimer Entwurf[180] folgen, haben die überkommene Aufteilung der öffentlichen Aufgaben in Selbstverwaltungsangelegenheiten und Staatsangelegenheiten ausdrücklich aufrechterhalten. Für die Gemeinden bilden die Selbstverwaltungsaufgaben den eigenen Wirkungskreis, während Staatsaufgaben ihnen nur durch Gesetz als Auftragsangelegenheit übertragen werden.

Die Rechtsfrage ist anders in Baden-Württemberg[181], Hessen[182], Nordrhein-Westfalen[183] und Schleswig-Holstein[184]. Die Gemeindeordnungen dieser Länder folgen dem Weinheimer Entwurf. Dieser Entwurf nahm eine neuartige Beschreibung der Gemeindeaufgaben vor[185]. Der herkömmliche Aufgabendua-

---

[174] Dehmel, Übertragener Wirkungskreis, S. 51. Die Differenzierung in Selbstverwaltungs- und Auftragsangelegenheit war nur eine terminologische Neuerung. Dogmatisch hat sich dadurch nichts geändert. Vgl. Reuter, Rechtsaufsicht. S. 25.

[175] Scheerbarth, DVBl. 1953, S. 262; Pagenkopf, Kommunalrecht, Bd. 1, S. 168.

[176] Art. 6-8 GO Bay.

[177] §§ 2, 4, 5 GO NS.

[178] § 2 GO RhPf.

[179] §§ 5, 6 KSVG Saarl.

[180] Entwurf einer Gemeindeordnung für die Länder der Bundesrepublik Deutschland, erarbeitet im Interesse der Rechtseinheit von den Landesinnenministern und der kommunalen Spitzenverbänden am 2./3. 7. 1948 in Weinheim. Abgedruckt bei Engeli/Haus, Quellen, S. 743 ff.

[181] § 2 GO BW.

[182] §§ 2, 4 GO Hess.

[183] §§ 2, 3 GO NW.

[184] §§ 2, 3 GO SH.

[185] Die in diesem Zusammenhang interessierenden Vorschriften des Entwurfs lauten:
„Die Gemeinden sind in ihrem Gebiet, soweit die Gesetze nicht ausdrücklich etwas anderes bestimmen, ausschließliche und eigenverantwortliche Träger der öffentlichen Verwaltung.“(§ 2 I)
„Neue Pflichten, im besonderen Pflichtaufgaben können den Gemeinden nur durch Gesetz auferlegt werden; dabei ist gleichzeitig die Aufbringung der Mittel zu regeln. Eingriffe in die Rechte der Gemeinden sind nur durch Gesetze zulässig.“ (§ 3 I)
„Pflichtaufgaben können den Gemeinden auch zur Erfüllung nach Weisung übertragen werden.“ (§ 3 II)
„Das Land übt die Aufsicht darüber aus, daß die Gemeinden im Einklang mit dem Gesetzen verwaltet werden (allgemeine Aufsicht).“(§ 110 I)
„Die Aufsicht des Landes über die Angelegenheiten, die Gemeinden nach Weisung erfüllen (§ 3 Abs. 2), richtet sich nach den hierüber erlassenen Gesetzen (Sonderaufsicht).“ (§ 110 II)

lismus wird hier durch ein monistisches Modell ersetzt, wonach die Gemeinden in ihrem Gebiet ausschließliche und eigenverantwortliche Träger der gesamten öffentlichen Verwaltung sind, soweit die Gesetze nicht ausdrücklich etwas anderes bestimmen. Die Gemeinden können durch Gesetz zur Erfüllung bestimmter Aufgaben verpflichtet werden (Pflichtaufgaben). Pflichtaufgaben können den Gemeinden zur Erfüllung nach Weisung auferlegt werden (Weisungsaufgaben). Es ist sonach zwischen freien Aufgaben, Pflichtaufgaben und Weisungsaufgaben zu unterscheiden. Während sich die beiden ersteren Arten auch im dualistischen System als Selbstverwaltungsaufgaben ohne inhaltliche Änderung wiederfinden, stellen die letzteren einen neuen Typus dar.

Auch nach den Gemeindeordnungen, die dem Weinheimer Entwurf folgen, gibt es noch einen Restbestand von Auftragsangelegenheiten herkömmlicher Art, sofern sie noch nicht in Pflichtaufgaben zur Erfüllung nach Weisung umnormiert worden sind[186].

Die Übertragung der Angelegenheiten des Landes als Auftragsangelegenheiten ist in diesen Ländern nicht mehr möglich. An deren Stelle sind die Pflichtaufgaben zur Erfüllung nach Weisung getreten.

Der Bundesgesetzgeber ist dagegen nicht gehindert, im Rahmen des Art. 85 Abs. 1 GG Gemeinden und Kreise in den Vollzug von Gesetzen einzubeziehen, die im Auftrag des Bundes und nach Maßgabe seiner Weisungen (Art. 85 Abs. 3 GG) ausgeführt werden[187]. Hier unterliegen die Gemeinden weiterhin der unbeschränkten Weisungsgewalt der staatlichen Aufsicht.

2. Die Aufgabentypen

(1) Die Selbstverwaltungsangelegenheiten

Zum eigenen Wirkungskreis der Gemeinde gehören alle aus der Allzuständigkeit abgeleiteten Aufgaben der örtlichen Gemeinschaft, sofern sie nicht ausnahmsweise durch Gesetze einem anderen Träger überwiesen werden.

Staat und Gemeinden stehen sich hier im Außenverhältnis gegenüber, dessen typische Schutzinstrumente (Verfahren, Gerichtsschutz) den Gemeinden zugutekommen[188]. Dem Staat fehlt die Befugnis zu Zweckmäßigkeitsweisungen.

Innerhalb dieses Bereiches unterscheiden die Gemeindeordnungen regelmäßig zwischen freiwilligen Selbstverwaltungsangelegenheiten und pflichtigen Selbstverwaltungsangelegenheiten.

---

[186] Vgl. die Übergangsvorschriften in § 130 GO BW; § 149 GO Hess; §116 GO NW; § 135 GO SH.

[187] Vgl. Gönnenwein, Gemeinderecht, S. 171 ff.; Blümel, Die Rechtsgrundlagen, S. 234.

[188] Schmidt-Aßmann, Kommunalrecht, S. 118. Rechte aus dem eigenen Wirkungskreis sind Rechte i. S. des § 42 VwGO.

a) Die freiwilligen Selbstverwaltungsangelegenheiten

Die freiwilligen Selbstverwaltungsangelegenheiten sind die aus der Aufgabenallzuständigkeit der Gemeinden abgeleiteten Aufgaben. Diese Aufgaben werden von den Gemeinden frei von inhaltlichen Vorgaben durch staatliche Rechtsvorschriften aufgrund eigenverantwortlicher Entscheidung wahrgenommen. Bei den freiwilligen Selbstverwaltungsangelegenheiten können die Gemeinden über das Ob und das Wie der Aufgabenerfüllung entscheiden. Die Gemeinden sind zu ihrer Erfüllung nicht verpflichtet, sondern können sie jederzeit in ihren Aufgabenbereich einbeziehen und sie auch wieder daraus entlassen und auch über die Art und Weise ihrer Durchführung eigenverantwortlich bestimmen[189]. Sie sind hierbei nur dem Gesetz unterworfen und unterliegen mit Bezug auf die Staatsaufsicht nur der Rechtmäßigkeitskontrolle[190].

b) Die pflichtigen Selbstverwaltungsangelegenheiten

Im Gegensatz zu den freiwilligen Selbstverwaltungsangelegenheiten sind die Gemeinden gesetzlich (durch Bundes- oder Landesgesetz oder Rechtsverordnung) verpflichtet, bestimmte Aufgaben zu erfüllen, die ebenfalls dem eigenen Wirkungskreis zuzuordnen sind[191]. Bei diesen Pflichtaufgaben steht es nicht mehr in ihrer Entscheidungsfreiheit, ob sie diese Aufgaben erfüllen wollen. Die Entscheidung hinsichtlich des „Ob“ der Aufgabenerfüllung hat hier der Gesetzgeber getroffen. Lediglich hinsichtlich des „Wie“ der Aufgabenerfüllung sind die Gemeinden frei. Bei ihrer Durchführung können keine staatlichen Weisungen erteilt werden und die Gemeinden unterliegen lediglich der Rechtsaufsicht.

(2) Die Auftragsangelegenheiten

Der Staat (Bund und Länder) bedient sich bei der Verwaltung seiner eigenen Angelegenheiten der Gemeinden. Auftragsangelegenheiten sind staatliche Aufgaben, die den Gemeinden zur Erledigung übertragen worden sind. Die Übertragung öffentlicher Aufgaben vom Staat auf die Gemeinden erfolgt mittels Delegation[192]. Bei ihm fallen Aufgabensubstanz und Aufgabenwahrneh-

---

[189] Zu den freiwilligen Aufgaben gehören z. B. kommunale Maßnahmen zur Förderung des Wohnungsbaus, kommunale Wirtschaftsförderung, öffentliche Einrichtungen des Sports und der Kultur (Sportplätze, Museen, Theater, Bücherei, Volkshochschule), kommunale Verkehrsbetriebe, kommunale Versorgungsunternehmen für Wasser, Strom und Gas.

[190] Die Bindung an das Gesetz bedeutet zugleich, daß freiwillige Aufgabe nur im Rahmen der wirtschaftlichen Leistungsfähigkeit übernommen dürfen (Vgl. Art. 57 Abs. 1 GO Bay; §§ 2 Abs. 1, 3 Abs. 1 GO NS; auch §§ 8, 18 Abs. 1 GO NW).

[191] Zu diesem Aufgabenbereich gehört z. B. Trägerschaft von Grundschulen, die Jugend- und Sozialhilfe, die Straßenbaulasten, Gewässerunterhaltung oder Feuerschutz, ferner die Bauleitplanung, die Abfall- und Abwässerbeseitigung.

mung auseinander. Die Aufgabensubstanz bleibt unstreitig staatlich[193]. Das Gesetz überträgt den Gemeinden nur die Ausführung dieser Angelegenheiten[194]. Der beauftragende Staat behält gegenüber den beauftragenden Gemeinden ein bis in alle Einzelheiten gehendes Weisungsrecht, das grundsätzlich unbegrenzt existiert, sofern es nicht spezialgeschichtlich eingegrenzt wird[195].

Streitig ist, inwieweit die Gemeinden faktisch in die Funktion von Staatsbehörden einrücken. Es wird die Auffassung vertreten, daß mit der Übertragung einer staatlichen Angelegenheit der Gemeindebehörde automatisch zur untersten Instanz der staatlichen Behördenhierarchie werde. Daher könne man die Gemeindebehörde als „Quasistaatsbehörde“ bezeichnen[196]. Der mit der Wahrnehmung solcher staatlicher Aufgaben betraute Gemeindebeamte sei daher an die Weisungen der Staatsbehörden in gleichem Umfang gebunden wie ein Staatsbeamter.

Andere Autoren halten diese Auffassung für unzutreffend. Den Gemeinden müsse auch in diesem Bereich das Recht gewährt bleiben, alle organisatorischen Vorkehrungen zur apparativen, arbeitsmäßigen Bewältigung der überwiesenen Aufgaben eigenständig zu treffen. Auch in diesem Bereich komme ihnen unter dem Schutz der Verfassung volle Organisationshoheit zu[197]. Auftragsangelegenheiten dienen der Ersparung eigener staatlicher Behörden und konzentrieren staatliche Aufgaben und Selbstverwaltungsaufgaben bei den Gemeindebehör-

---

192 Zur Delegation Triepel, Delegation und Mandat, S. 23; Lauscher, Delegation von Hoheitsrechten, S. 36ff. Üblicherweise wird hierbei zwischen der konservierenden und devolvierenden Delegation unterschieden. Bei der konservierenden Delegation behält der Aufgabenüberweisende (Delegant) die Grundzuständigkeit selbst und ihm stehen gewisse Einwirkungsrechte (z. B. Weisungsrecht) gegenüber den Aufgabenausführenden (Delegatar) zu. Dagegen verliert der Delegant bei der devolvierenden Delegation weitergehend seine Einwirkungsmöglichkeiten. Die Auftragsangelegenheiten werden mit Hilfe einer konservierenden Delegation übertragen Vgl. Makswit, Finanzierung, S. 32f.; Erichsen, Einbeziehung anderer Träger, S. 8f.

193 BVerwGE 19, 121 (123); BVerwG, NVwZ 1983, 610 (611); Pagenkopf, Kommunalrecht, Bd. 1, S. 172; Schmidt-Aßmann, Kommunalrecht, S. 118.

194 Zu den Auftragsangelegenheiten gehören beispielsweise das Paß- und Meldewesen, das Personenstandswesen, die Bauaufsicht, der Lastenausgleich, die Volkszählung, die Mitwirkung der Gemeinden bei der Bundes- und Landtagswahlen. Der Umfang dieser Gruppe von Aufgaben hat sich in den letzten Jahren ständig vermehrt und füllt heute einen weiten Bereich gemeindlicher Tätigkeit aus.

195 Vgl. etwa Art. 109 Abs. 2 GO Bay. Danach sind Eingriffe des Staats bei den Auftragsangelegenheiten in das Verwaltungsermessen der Gemeinde nur zulässig, wenn das Gemeinwohl oder öffentlich-rechtliche Ansprüche einzelner eine Weisung oder Entscheidung erfordern oder die Bundesregierung nach Art. 85 Abs. 3 GG eine Weisung erteilt. Vgl. auch unten Teil 3 1. Abschnitt IV 2.

196 Jesch, DÖV 1960, S. 740; Forsthoff, Lehrbuch, S. 479; BayVGH, BayVBl 1977, 152 (153); Ossenbühl, Verwaltungsvorschriften und Grundgesetz, S. 390.

197 Schmidt-Jortzig, Kommunalrecht, Rdnr. 547; ders., DÖV 1981, 393 (395). So auch Wolff/Bachof/Stober, Verwaltungsrecht II, § 86 X Rdnr. 190.

den[198]. Abgesehen von der Abhängigkeit der Gemeinde vom Weisungsrecht des Staates können Gemeinden auch im Bereich der Auftragsangelegenheiten Initiativen entwickeln und selbständige Entscheidungen treffen, solange keine staatlichen Weisungen hier vorliegen[199]. Damit verfügen die Gemeinden auch bei der Ausführung von Auftragsangelegenheiten über eine gewisse Eigenständigkeit, insbesondere in der Interpretation der einzelnen gesetzlichen Vorschriften, in der Gewissenhaftigkeit der Sachverhaltserforschung, in der Erstellung von Prognosen und vor allem auch in der Feststellung des Zeitpunktes, wann ein Gesetz gegenüber dem einzelnen durchgeführt werden soll[200]. Auch bei der Wahrnehmung übertragener Aufgaben durch Selbstverwaltungseinheiten können also in großem Maße Sachnähe, Bürgernähe und Anpassungsfähigkeit an den örtlichen Gegebenheiten wirksam werden. Daher sind die Unterschiede zwischen Selbstverwaltungsangelegenheiten und Auftragsangelegenheiten zu relativieren[201].

(3) Pflichtaufgaben zur Erfüllung nach Weisung

Die Länder Baden-Württemberg, Hessen, Nordrhein-Westfalen und Schleswig-Holstein haben bei der Neuordnung ihres Gemeindevefassungsrechts in Anlehnung an den Weinheimer Entwurf die Auftragsangelegenheiten in Pflichtangelegenheiten zur Erfüllung nach Weisung umgewandelt. Der jeweilige Gesetzgeber wollte hier den Dualismus von Selbstverwaltungs- und Auftragsangelegenheiten beseitigen und ging von einem einheitlichen Begriff der öffentlichen Aufgaben aus[202].

Bei diesen weisungsgebundenen Pflichtaufgaben ist die Gemeinde zu ihrer Erfüllung wie bei den Auftragsangelegenheiten gesetzlich verpflichtet. Voraussetzung für das Weisungsrecht ist jedoch nicht mehr die Qualifizierung einer Aufgabe als Auftragsangelegenheit, sondern eine ausdrückliche gesetzliche Anordnung über Inhalt und Umfang des Weisungsrechts. Die Staatsbehörden haben also nur dann und insoweit Weisungsrecht, als der Gesetzgeber ihnen ein Weisungsrecht übertragen hat. Das Weisungsrecht wird in der Gesetzespraxis für das einzelne Aufgabengebiet teils als beschränktes[203], teils als unbeschränktes[204] eingeräumt[205].

---

[198] Stober, Kommunalrecht, S, 125; Schmidt-Jortzig, Kommunalrecht, Rdnr. 547; Wolff/Bachof/Stober, Verwaltungsrecht II, § 86 X Rdnr. 189.

[199] Maunz, BayVBl 1984, 417 (422). Die Selbständigkeit der Gemeinden bei der Durchführung der Auftragsangelegenheit hängt damit davon ab, in welchem Maße der Staat von seinem Weisungsrecht Gebrauch macht.

[200] Brohm, DÖV 1986, S. 399 u. 402. Z. B wurden zahlreiche Umweltvorschriften noch Jahre nach ihrem Inkrafttreten von den örtlichen Behörden nicht vollzogen, weil man den Verlust von Arbeitsplätzen befürchtete.

[201] Brohm, DÖV 1986, S. 398.

[202] Senger, DVBl. 1957, 10; Schmidt-Aßmann, Kommunalrecht, S. 119.

[203] Vgl. etwa § 9 Abs. 2 OBG NW.

Über die Rechtsnatur der Pflichtaufgabe zur Erfüllung nach Weisung besteht in der Rechtsprechung und Rechtslehre ein erheblicher Meinungsstreit. Dieser Meinungsstreit ist für Fragen der Staatsaufsicht von Bedeutung, weil Rechtsschutzform gegen Aufsichtsmaßnahmen von der Rechtsnatur dieser Aufgaben abhängig ist[206].

a) Selbstverwaltungsangelegenheit

Eine starke Meinung in der Literatur weist die Pflichtaufgaben zur Erfüllung nach Weisung den Selbstverwaltungsangelegenheiten zu[207]. Die Vertreter dieser Meinung gehen von einem einheitlichen eigenen Wirkungskreis der Gemeinden aus, der nur punktuell durch Weisungsrechte beschränkt werden dürfe. Eine Zweiteilung der Aufgaben in kommunale Aufgaben und staatliche Aufgaben dürfe das Landesgesetz wegen des monistischen Aufgabenverständnisses in der Landesverfassung (etwa Art. 78 Abs. 2 LVerf NW) nicht mehr vorsehen[208]. Mit den Pflichtaufgaben zur Erfüllung nach Weisung sei ein „neuer Typ von Selbstverwaltungsaufgaben" geschaffen worden[209]. Aus der Natur der Aufgaben kann kein staatliches Weisungsrecht abgeleitet werden. Vielmehr habe die Staatsbehörde nur dann und insoweit eine Weisungsgewalt, als der Gesetzgeber ihnen ein Weisungsrecht übertragen hat[210]. Für diese Auffassung spreche auch die Regelung des § 7 Abs. 1 AG VwGO NW, die unnötig gewesen wäre, wenn der Gesetzgeber nicht davon ausgegangen wäre, daß es sich um Selbstverwaltungsangelegenheiten i.S.d. S 73 Abs. 1 Nr. 3 VwGO handelte[211].

b) Auftragsangelegenheit

Nach anderer Meinung sind diese Aufgaben mit Auftragsangelegenheiten identisch. Es handele sich um eine sachlich bedeutungslose „Umetikettierung" herkömmlicher Auftragsangelegenheiten, die keine materielle Änderung enthalte[212]. Das noch immer bestehende staatliche Weisungsrecht sei ein Indiz dafür,

---

204 Vgl. § 3 OBG NW.

205 Zu diesen Pflichtaufgaben zur Erfüllung nach Weisung gehören u. a. Meldewesen, Straßenverkehrsaufsicht, Feuerschutz, Durchführung des Ordnungsbehördengesetzes, Bauaufsicht.

206 Dazu s. unten Teil 3 1. Abschnitt VI.

207 Bachof, VVDStRL 22 (1965), S. 336; Burmeister, Neukonzeption, S. 125f.; Jesch, DÖV 1960, S. 741; Kirchhof, Kreisordnung, § 2 Anm. 18; ders., VR 1977, S. 369ff.; Kottenberg/Rehn, Gemeindeordnung NW, § 3 Anm. IV 2; Leidinger, Zur gerichtlichen Kontrolle, S. 269; Lerche, Verfassungsfragen, S. 72; Erichsen, Kommunalrecht NW, S. 60; Ehlers, Jura 1987, S. 482; VerfGH NW, DVBl. 1985, S. 687.

208 Ehlers, Jura 1987, S. 482.

209 Scheerbarth, DVBl 1958, S. 83ff.

210 Jesch, DÖV 1960, 739 (741).

211 Erichsen, Kommunalrecht NW, S. 60; Ehlers, Jura 1987, S. 482; auch vgl. Dehmel, Übertragenerwirkungskreis, S. 99f. m.w. N.

daß es sich bei den Pflichtaufgaben zur Erfüllung nach Weisung um staatliche und nicht um gemeindliche Verwaltung handele. Selbstverwaltung unter staatlicher Weisung sei begrifflich nicht möglich. Das Bundesverfassungsgericht[213] meint ohne nähere Begründung, daß Auftragsangelegenheiten in Nordrhein-Westfalen Pflichtaufgaben nach Weisung hießen. Die Befugnis des Staates, bei der Erfüllung von Aufgaben Weisungen erteilen zu dürfen, stelle danach einen unüberwindlichen Widerspruch zum Selbstverwaltungsrecht dar. Zur terminologischen Bereinigung wird vorgeschlagen, für Auftragsangelegenheiten, Pflichtaufgaben nach Weisung, Weisungsaufgaben und übertragene Aufgaben einheitlich den neuen Begriff „Fremdverwaltung" zu verwenden[214].

c) Mittelmeinung

Das OVG Münster[215] und ein Teil des Schrifttums[216] vertreten die vermittelnde Auffassung, daß es sich bei den Pflichtaufgaben nach Weisung um eine „zusätzliche Art", ein „Zwischending" zwischen Selbstverwaltungs- und Auftragsangelegenheiten handele. Nach dieser Ansicht können die Pflichtaufgaben zur Erfüllung nach Weisung gerade wegen des staatlichen Weisungsrechts nicht als Selbstverwaltungsangelegenheiten angesehen werden. Ein Anordnungs- und Entscheidungsrecht des Staates, selbst wenn es beschränkt ist, lasse sich nicht mit dem Wesen der Selbstverwaltung vereinbaren. Die Begrenztheit des Weisungsrechts stehe wiederum einer Einstufung als Auftragsangelegenheit entgegen. Das bisherige Weisungsrecht bei den Auftragsangelegenheiten werde nicht nur verringert, sondern funktionell verändert, indem es nicht mehr gegenüber einer nachgeordneten Behörde, sondern gegenüber einem grundsätzlich selbständigen Partner ausgeübt werde[217].

Nach der zweiten und dritten Auffassung gilt noch der Dualismus von Staatsaufgaben und Selbstverwaltungsaufgaben trotz der neuen Art von Aufgaben. Dieses Ergebnis entspricht nicht dem Willen des Gesetzgebers, der den Dualismus beseitigen und die Einheitlichkeit der öffentlichen Aufgaben schaffen will. Deshalb muß man davon ausgehen, daß die Pflichtaufgaben zur Erfüllung nach Weisung ein neuer Typ von Selbstverwaltungsaufgaben sind.

---

212 Weber, Staats- und Selbstverwaltung, S. 43; Schweer, DVBl. 1956, S. 703ff. und DVBl. 1957, 12f.; Gönnenwein, Gemeinderecht, S. 106; Stern, BK, Art. 28 Rdnr. 143.

213 BVerfGE 6, 104 (116).

214 Schmidt-Jortzig, Kommunalrecht, Rdnr. 541 im Anschluß an Wolff/Bachof, Verwaltungsrecht II, 4. Aufl. § 86 X b); Makswit, Finanzierung, S. 31ff.; Wolffgang, Interkommunales Zusammenwirken, S. 64ff.; kritisch dagegen u.a. Knemeyer, DÖV 1988, 397 (400f.).

215 OVG Münster, OVGE 13, 356 (359)

216 Zuhorn/Hoppe, Gemeindeverfassung, S. 81.; Salzwedel, VVDStRL 22 (1965), S. 206 (218); Pagenkopf, Kommunalrecht, Bd. 1, S. 176; Stüer, Funktionalreform, S. 258; Schmidt-Aßmann, Kommunalrecht, S. 120.

217 Zuhorn, Gemeindeverfassung, S. 42; Zuhorn/Hoppe, Gemeindeverfassung, S. 84.

II. Die Aufgaben der Gebietsselbstverwaltungskörperschaften in Korea

Als Generalklausel über die Aufgaben der Gebietsselbstverwaltungskörperschaften unterscheidet § 9 Abs. 1 KKSG zwischen Selbstverwaltungsangelegenheiten und den durch Gesetze den Gebietsselbstverwaltungskörperschaften zugewiesenen Angelegenheiten. Im Schrifttum werden allgemein die „durch Gesetze den Gebietsselbstverwaltungskörperschaften zugewiesenen Angelegenheiten“ als „Auftragsangelegenheiten“ („Wuiimsamu“) bezeichnet.

Zahlreiche Beispiele für die Selbstverwaltungsangelegenheiten werden in § 9 Abs. 2 KKSG aufgezählt. Die Aufgaben der Gebietsselbstverwaltungskörperschaften, die sich aus § 9 KKSG ergeben, werden nach dem Kriterium des § 10 KKSG auf verschiedene Arten von Gebietsselbstverwaltungskörperschaften aufgeteilt.

§ 11 KKSG schließt bestimmte Aufgaben von dem Tätigkeitsbereich der Kommunen aus, sofern durch Gesetze nicht etwas anderes bestimmt ist. Damit können die in § 11 genannten Staatsaufgaben grundsätzlich nicht von den Gebietsselbstverwaltungskörperschaften als ihre Angelegenheiten erledigt werden.

Die herrschende Meinung lehnt rechtspolitisch die Zweiteilung der Aufgaben der Gebietsselbstverwaltungskörperschaften in Selbstverwaltungsangelegenheiten und Auftragsangelegenheiten ab, weil die Zweiteilung der Aufgaben ihre theoretische Grundlage (Dualismus zwischen Staat und Gesellschaft) verloren habe und beide Aufgabentypen theoretisch und praktisch nur schwer abzugrenzen seien[218].

1. Die Selbstverwaltungsangelegenheiten

Die Selbstverwaltungsangelegenheiten sind diejenigen Angelegenheiten der Gebietsselbstverwaltungskörperschaften, die dem öffentlichen Wohl der Einwohner dienen (Art. 117 Abs. 1 KV). Die Gebietsselbstverwaltungskörperschaften können alle Angelegenheiten des öffentlichen Wohls ihrer Einwohner erledigen, sofern gesetzlich nicht etwas anderes bestimmt ist[219]. Zu den Selbstverwaltungsangelegenheiten gehören also alle Angelegenheiten, die aus der Alleinzuständigkeit abgeleitet werden. Der Aufgabenkatalog von § 9 Abs. 2 KKSG ist deshalb nicht als erschöpfend anzusehen. Die Selbstverwaltungsangelegenheiten sind vielmehr nach dem jeweiligen Bedürfnis der Gebietsselbstverwaltungskörperschaften wandelbar.

Die Selbstverwaltungsangelegenheiten werden, wie in Deutschland, in freiwillige und pflichtige Selbstverwaltungsangelegenheiten aufgeteilt. Grundsätz-

---

[218] Vgl. u. a. Doh Chang Kim, S. 123; Sang Gywu Lee, S. 144; Ih Yul Kim, S. 261; Yoon Heun Park, S. 70.

[219] Vgl. DOG Urteil von 23. 10. 1973 (73 Da 1212).

lich sind Selbstverwaltungsangelegenheiten freiwillig[220], wobei die Gebietsselbstverwaltungskörperschaften das „Ob“ und „Wie“ der Aufgabenerfüllung entscheiden können.

Die Gebietsselbstverwaltungskörperschaften sind bei den pflichtigen Selbstverwaltungsangelegenheiten zu ihrer Erfüllung gesetzlich verpflichtet, sie haben bei ihnen aber noch einen Spielraum für die Entscheidung über das „Wie“ der Aufgabenerfüllung[221].

Die Selbstverwaltungsangelegenheiten werden unter eigener Verantwortung und auf eigene Kosten (§ 132 KKSG i. V. mit § 15 KFG) erledigt. Die Aufsicht des Staates ist auf die Rechtmäßigkeitskontrolle beschränkt (§ 157 Abs. 1 S. 2 KKSG).

2. Die Auftragsangelegenheiten

Auftragsangelegenheiten sind durch Gesetze den Gebietsselbstverwaltungskörperschaften zugewiesene Staatsangelegenheiten (§ 9 Abs. 1 KKSG i. V. mit § 156 Abs. 1 KKSG). Auftragsangelegenheiten im weiteren Sinne umfassen die „Körperschaftsauftragsangelegenheiten“ („Tanteschewuiimsamu“) und die „Organauftragsangelegenheit“ („Kigoanwuiimsamu“).

Während die „Körperschaftsauftragsangelegenheiten“ den Gebietskörperschaften selbst vom Staat oder von anderen Selbstverwaltungsträgern übertragen worden sind, sind die „Organauftragsangelegenheiten“ lediglich einem Vollzugsorgan jeweiliger Gebietsselbstverwaltungskörperschaften übertragen worden. Das beauftragte Vollzugsorgan ist damit die untere staatliche Verwaltungsbehörde bei der Erledigung der „Organauftragsangelegenheiten“. Nach der einhelligen Meinung handelt es sich bei ihnen nicht um Angelegenheiten der Gebietsselbstverwaltungskörperschaft, sondern um rein staatliche Angelegenheiten. Deshalb hat der Rat der Gebietsselbstverwaltungskörperschaft keine Teilhabe an der Erledigung dieser Angelegenheiten.

Die Rechtsnatur dieser Angelegenheiten entspricht der Organleihe in Deutschland[222].

Die „Organauftragsangelegenheiten“ können gem. § 5 ROG, § 3 KÜV und § 93 KKSG dem Vollzugsorgan der Gebietsselbstverwaltungskörperschaften

---

[220] Vgl. etwa Nam Chin Kim, S. 587; Sang Gywu Lee, S. 142f.; Doh Chang Kim, S. 124. Dazu gehören z. B. die Einrichtung und Erhaltung von Sportanlagen, Bibliotheken, Theater, Märkten usw. Die Gebietsselbstverwaltungskörperschaften selbst bestimmen nach ihrem Bedürfnis den Umfang der freiwilligen Selbstverwaltungsangelegenheiten, der aber praktisch von der Leistungsfähigkeit der jeweiligen Gebietsselbstverwaltungskörperschaft begrenzt wird.

[221] Dazu gehören z. B. die Einrichtung der Grundschule nach § 4 EG, die Abfallbeseitigung nach § 6 AG und der Feuerwehr nach § 3 FG.

[222] Vgl. etwa § 47 Abs. 3 GO NW. Dazu kritisch Erichsen, Kommunalrecht NW, S. 98. Er schlägt vor, den Begriff der „Institutionsleihe“ zu verwenden. Auch kritisch Knemeyer, DÖV 1988, 397 (402).

übertragen werden[223]. Der Staat besitzt dabei jegliche Art der Aufsichtsbefugnis: Rechtmäßigkeitsaufsicht, Zweckmäßigkeitsaufsicht und Dienstaufsicht (§§ 24 Abs. 4, 29 Abs. 3 ROG, § 6 KÜV und § 156 KKSG)[224]. Der Staat bedient sich wegen der damit verbundenen Einflußmöglichkeiten meistens der „Organauftragsangelegenheiten" zur Übertragung seiner Aufgaben[225].

Im Schrifttum wird z.T. die Auffassung vertreten, durch die Zunahme der „Organauftragsangelegenheiten" werde die kommunale Selbstverwaltung ausgehöhlt, da die Einwohner von der Kommunalverwaltung dadurch ausgeschlossen seien und sich die Verwaltungskraft der Gebietsselbstverwaltungskörperschaft in der Erfüllung des Zwecks der Zentralregierung erschöpfe, auf die die Einwohner keinen Einfluß nehmen könnten[226]. Deshalb sei die Abschaffung der „Organauftragsangelegenheiten" eine notwendige Voraussetzung für die Sicherung der Selbständigkeit der Kommunalverwaltung[227].

Nur bei den „Körperschaftsauftragsangelegenheiten" spricht man von Auftragsangelegenheiten im engeren Sinne. Diese Art von Aufgabenübertragung dient nicht nur der Staatsverwaltung, sondern auch der Förderung des öffentlichen Wohls der Einwohner[228]. Die Auftragsangelegenheiten im engeren Sinne werden als Angelegenheiten der Gebietsselbstverwaltungskörperschaften unter ihrer Verantwortung erledigt. Diese sind folglich den freiwilligen Selbstverwaltungsangelegenheiten angenähert[229].

Bei den „Körperschaftsauftragsangelegenheiten" ist die Möglichkeit der staatlichen Einflußnahme sehr eingeschränkt. Die Aufsicht des Staates be-

---

[223] Umstritten ist, ob für die Übertragung einer konkreten Aufgabe an einem Vollzugsorgan noch eine spezielle gesetzliche Grundlage erforderlich ist. Nach Chae Sik Son, S. 114, ist es nicht erforderlich. A. A. Doh Chang Kim, S. 125 Fn. 1. § 93 KKSG bestimmt, daß Staatsangelegenheiten im Gebiet von „Shi", „Do" bzw. „Shi" , „Kun" und „Ku" dem Vorsteher des Vollzugsorgans der Gebietskörperschaft übertragen und von ihm erledigt werden, sofern das Gesetz nichts anderes bestimmt.

[224] Dabei darf der Staat gem. § 7 KÜV allerdings keine vorherige Genehmigung bei der Erledigung dieser Aufgaben verlangen. Die in der Verwaltungspraxis verbreitete sog. „Naeinga" (innere Genehmigung) ist deshalb sowohl in Selbstverwaltungsangelegenheiten und Körperschaftsauftragsangelegenheiten als auch in Organauftragsangelegenheiten unzulässig, sofern gesetzlich nichts anderes geregelt ist. Vgl. Koang Woong Kim, Sin Donga 1986 H. 4, S. 290; ders., in: Kyung Dong Kim/Tschung Si An, S. 41.

[225] Chae Sik Son, S, 114; Hyung Bae Kim, S. 274.

[226] Vgl. Chi Ho Chang, S. 432; Hyung Bae Kim, S. 274.

[227] Young Gi Kang, Bürgerbeteiligung und Dezentralisation, 337. Die „Organauftragsangelegenheiten" sollten zur „Körperschaftsauftragsangelegenheiten" geändert werden. Im Ergebnis auch so Tschang Ho Tschoi, Neuverteilung der Aufgaben zwischen Staat und Gebietskörperschaften, S. 10

[228] Vgl. Nam Chin Kim, S. 568; Hyung Bae Kim, S. 275.

[229] In diesem Sinne spricht man von den sog. „autonome Staatsangelegenheiten" („Chatschichug Kuggasamu"). Vgl. Hyung Bae Kim, S, 271. Es gibt nur wenige Beispiele für das „Körperschaftsauftragsangelegenheiten". Dazu gehören z. B. die Staatssteuererhebung nach § 8 SSEG, „Do"-Steuererhebung nach § 63 KSG und Einrichtung des Gesundheitsamts nach § 2 GAG.

schränkt sich nach der herrschenden Meinung im Schrifttum (aber ohne Begründung) nur auf die repressive Aufsicht. Präventive Aufsichtsmittel stünden dem Staat nicht zur Verfügung[230]. Ebensowenig besitze der Staat ein Weisungsrecht. Die Aufsicht des Staats erstreckt sich aber über Rechtmäßigkeitsprüfung hinaus auf die Zweckmäßigkeitsaufsicht (§ 157 Abs. 1 S. 1 KKSG).

Der Staat übernimmt die Kosten der Aufgabenerledigung ganz (§ 132 S. 2 KKSG i. V. mit § 16 Abs. 2 KFG) oder teilweise (§ 132 S. 2 KKSG i. V. mit § 16 Abs. 1 und § 17 KFG).

Die Auftragsangelegenheiten in Korea sind, wie die in Deutschland, staatliche Angelegenheiten, die den Gebietsselbstverwaltungskörperschaften zur Erledigung mittels Delegation übertragen sind[231]. Ein erheblicher Unterschied liegt aber darin, daß der Staat kein Weisungsrecht bei der Erledigung der Auftragsangelegenheiten durch Gebietsselbstverwaltungskörperschaften hat. Während in Deutschland die Ausführung der Auftragsangelegenheiten nicht in die Zuständigkeit der Gemeindevertretung fällt[232], hat der Rat der Gebietsselbstverwaltungskörperschaft in Korea an ihrer Ausführung teil.

Der praktische Unterschied zwischen Selbstverwaltungs- und Auftragsangelegenheiten in Korea besteht nach dem Gesagten vornehmlich im Aufsichtsmaßstab und in der Trägerschaft für die Kosten[233].

---

[230] Vgl. etwa Nam Chin Kim, S. 569; Doh Chang Kim, 125 Fn. 1; Chae Sik Son, S. 114. A. A. Bong Young Ywu, Chibanghaengchung 1988 H.5, S. 88. Dabei ist es unklar, was die herrschende Meinung unter präventiver Aufsicht versteht. Wenn die Genehmigung und die Beratung, die zur präventiven Aufsicht gehören, bei den Selbstverwaltungsangelegenheiten zulässig sind, gibt es keinen Grund dafür, daß sie bei den Auftragsangelegenheiten unzulässig sind. S. unten Teil 3 2. Abschnitt.

[231] Die Rechtsnatur der Pflichtaugaben zur Erfüllung nach Weisung ist, wie oben erwähnt, umstritten. Die Auftragsangelegenheiten umfaßt hier nicht diese Aufgaben.

[232] Dehmel, Übertragener Wirkungskreis, S. 66. Vgl. §§ 32 Abs. 1 u. 47 Abs. 1 Ziffer 4 GO RhPf; §§ 34 u. 59 Abs. 4 KSVG. Anders ist aber Art. 59 Abs. 1 GO Bay. Die Ausführung der Pflichtaufgaben zur Erfüllung nach Weisung fällt dagegen in die Zuständigkeit des Gemeinderats (Dehmel, ebd., S. 127).

[233] Trotz dieser Unterschiede vertritt die herrschende Meinung die Auffassung, daß die Unterscheidung zwischen den Selbstverwaltungs- und den Auftragsangelegenheiten nur geringe Bedeutung habe. Vgl. Sang Gywu Lee, S. 144; Chae Sik Son, S. 113; Chong Hyun Suk, S. 114; Nam Chin Kim, S. 568; Ih Yul Kim, S. 262f.; Gye Tak Lee, S. 353.

Teil 2

Die Kommunalaufsicht in Selbstverwaltungsangelegenheiten

1. Abschnitt

Kommunalaufsicht im allgemeinen

I. In der Bundesrepublik Deutschland

1. Die historische Entwicklung der Kommunalaufsicht

Die Staatsaufsicht über die Gemeinden ist hinsichtlich ihres Umfangs und ihrer Intensität in den einzelnen Zeitabschnitten kommunaler Entwicklung vom historisch gegebenen Verhältnis zwischen Staat und Gemeinde geprägt worden[1]. Je unabhängiger die Gemeinden vom Staat waren, um so mehr trat die Aufsicht zurück.

Überblickt man das Verhältnis zwischen Staat und Gemeinde im 18. Jahrhundert, so kann man von einem geregelten Aufsichtssystem kaum etwas finden. Da der absolute Staat eine freie Sphäre eigenverantwortlicher Tätigkeit der Gemeinde nicht anerkannte, bedurfte es einwirkender Aufsicht nicht[2]. Laux[3] charakterisiert das im frühen 18. Jahrhundert entstandene Verhältnis vom Staat und Städten als „Bevormundung". Der Staat habe „anstelle und für die Gemeinde" gehandelt. Die kommunale Tätigkeit erfolgte nach den Anordnungen und Weisungen oder mit Genehmigung staatlicher Behörden. Die Aufsichtsmittel wurden nach dem Einzelfalle gewählt. Die staatliche Einwirkung wurde so weit intensiviert, daß sie den Charakter einer bloßen Aufsicht verlor und den einer unmittelbaren Staatsverwaltung annahm[4]. Dieses unbeschränkte staatliche Eingriffsrecht fand sich schließlich in §§ 108 ff. II 8 ALR von 1794. Danach mußten Städte und deren Organe den unmittelbaren Anordnungen der Aufsichtsbehörde Folge leisten. Diese Regelung kam den Instituten Bevormundung und Leitung im Minderjährigenrecht gleich[5]. Mit der Gewöhnung der unteren Gebietskörperschaften an diese Arten der Aufsicht wurde das

---

[1] Pagenkopf, Kommunalrecht, Bd. 1, S. 367.

[2] Keller, Genehmigung, S. 16.

[3] Laux, Staatsaufsicht, S. 15 und S. 19.

[4] Pagenkopf, Kommunalrecht, Bd. 1, S. 367.

[5] Oexmann, Beanstandung, S. 5.

Eigenleben der Kommunen gelähmt. Sie drohten ihre Lebensfähigkeit zu verlieren[6].

Nach dem Stein'schen Reformkonzept — die Befreiung der Gemeinde von der Bevormundung durch den Staat[7] — sah die Preußische Städteordnung vom 19. November 1808 eine stark eingeschränkte Staatsaufsicht vor[8]. Die verbliebene Einwirkung des Staates in den eigenen Wirkungskreis der Städte war auf die oberste Aufsicht über Verfassung und Vermögen beschränkt[9]. Damit sollte verhindert werden, daß die Städte zu „Stadt-Republiken" wurden[10]. Die staatlichen Behörden verfügten in der Regel nur über das Recht der Kenntnisnahme (Berichte und Auskünfte) als Aufsichtsmittel[11]. Der Mangel an repressiven Eingriffsrechten der Staatsaufsicht machte die Effizienz der ohnehin schwachen Aufsichtsrechte fraglich und gab Anlaß zu zahlreichen Reibereien und Übergriffen der Staatsbehörden[12].

Die revidierte Städteordnung von 1831 bedeutete eine Rückwärtsentwicklung für die Städte Preußens. Sie vermehrte die Eingriffsmöglichkeiten der Kommunalaufsicht, was von den Selbstverwaltungskörperschaften als Bedrohung empfunden wurde[13]. Die Aufsichtsrechte wurden in § 139 Abs. 1 lit. b) geregelt. Danach hatte die Aufsichtsbehörde dafür zu sorgen, daß die Verwaltung fortwährend in dem vorgeschriebenen Gange blieb und angezeigte Störungen beseitigt wurden. Da diese Generalklausel eine präzise Abgrenzung staatlicher Eingriffsbefugnisse nicht traf, folgte aus ihr eine schrankenlose Eingriffsermächtigung der Aufsichtsbehörde[14]. Diese Bestimmung eröffnete damit in Konfliktsituationen der Aufsicht einen sehr weiten Spielraum[15].

Unter dem Einfluß der Revolution von 1848 wurde als Auswirkung des Art. 105 der Preußischen Verfassung von 1850 die Preußische Gemeindeordnung von 1850 erlassen. Sie beseitigte die restaurativen Tendenzen der Städte-

---

[6] Laux, Staatsaufsicht, S. 21.

[7] Menger, Entwicklung der Selbstverwaltung, S. 26; vgl. auch Erichsen, Kommunalrecht NW, S. 8; dazu ausführlich s. oben Teil 1 1. Abschnitt I 1 (2)

[8] Vgl. Ramin, Selbstverwaltungsidee, S. 29ff. und 40; Heffter, Die deutsche Selbstverwaltung, S. 96.

[9] Erichsen, Kommunalrecht NW, S. 8f.

[10] Borchert, Kommunalaufsicht, S. 20.

[11] Vgl. §189 PrStO. Nur in wenigen Fällen konnten die Aufsichtsbehöden im Wege der Genehmigung oder Bestätigung eine Entscheidung erzwingen (vgl. §§ 2, 145, 170f., 190 PrStO).

[12] Grumbkow, Kommunalaufsicht, S. 32f. und 45f.

[13] Grumbkow, a.a.O., S. 72; Heffter, Die deutsche Selbstverwaltung, S. 214; Laux, Staatsaufsicht, S. 29f.; Borchert, Kommunalaufsicht, S. 20.

[14] Oexmann, Beanstandung, S. 7; auch Mayr, Aufsichtsverhältnisse, S. 6.

[15] Selbst nachdem sie aufgehoben war, spielte sie durch die Rechtsprechung des Preußischen Oberverwaltungsgerichts noch für die Aufsichtsbehörde eine Rolle. Dazu Pagenkopf, Kommunalrecht, Bd. 1, S. 368 Fn. 3; Borchert, Kommunalaufsicht, S. 21.

ordnung von 1830 jedoch nur scheinbar[16]. Neu eingeführt wurde die Beanstandung, mit der sich die repressiven Aufsichtsmittel durchzusetzen begannen[17]. Das Wesen der Beanstandung lag in der Legalitätskontrolle[18].

Die Vertreter der Selbstverwaltung wollten die Kommunalaufsicht auf eine Rechtsaufsicht beschränken. Man übertrug Vorstellungen aus dem Verhältnis des Staates zum Bürger auf das zwischen Gemeinden und Staat[19]. Dieser konnte als Rechtsstaat nur aufgrund gesetzlicher Ermächtigung oder bei Rechtsverstößen der Bürger eingreifen[20]. Diese Bemühungen fanden einen Niederschlag in der Provinzialordnung vom 29. 6. 1875[21]. Sie bestimmte genau und umfassend die Aufsichtsmittel, die bisher im wesentlichen aus dem Aufsichtsbegriff abgeleitet worden waren. Alle nicht ausdrücklich zugelassenen Maßnahmen wurden unzulässig[22].

Die Entwicklung fand mit dem Erlaß des preußischen Gesetzes über die allgemeine Landesverwaltung vom 30. 7. 1883[23] und dem preußischen Gesetz über die Zuständigkeit der Verwaltungs- und Verwaltungsgerichtsbehörden vom 1. 8. 1883[24] einen gewissen Höhepunkt, denn das Zuständigkeitsgesetz sicherte der kommunalen Selbstverwaltung eine freie und ungehinderte Betätigung innerhalb der Schranken der Gesetze[25], während das Landesverwaltungsgesetz in bestimmten Fällen den Rechtsschutz gegen unzulässige Eingriffe der Staatsgewalt regelte[26].

Die Weimarer Reichsverfassung enthielt keine Bestimmung über die Ausgestaltung der Kommunalaufsicht. Diese erfolgte in den einzelnen Landesverfassungen[27] und Gemeindeordnungen[28], wobei die Beschränkung auf eine bloße

---

16 Becker, Entwicklung, S. 88.

17 Vgl. § 140 PrGO vom 11. März 1850. Dazu Oexmann, Beanstandung, S. 13ff.

18 Oexmann, Beanstandung, S. 19.

19 Borchert, Kommunalaufsicht, S. 21.

20 Vgl. Fachinger, Das staatliche Aufsichtsrecht, S. 24. Die Städteordnung für die Provinz Schleswig-Holstein vom 14. 4. 1869 (GS. S. 589) kam diesen Bestrebungen entgegen: „Über die Nützlichkeit oder Zweckmäßigkeit der innerhalb ihrer Kompetenz in der städtischen Verwaltung getroffenen Maßregeln steht im übrigen bei Ausübung dieses Beanstandungsrecht der Aufsichtsbehörde keine Kognition zu“ (§ 93 Abs. 3).

21 GS, S. 335 (358).

22 Gumbkow, Kommunalaufsicht, S. 100.

23 GS, S. 195.

24 GS, S. 237.

25 Durch das Zuständigkeitsgesetz wurde die Prüfung der Zweckmäßigkeit einer gemeindlichen Maßnahme auf die Fälle des Genehmigungsvorbehalts beschränkt und konnte nicht auf die repressive Staatsaufsicht ausgedehnt werden (Vgl. Pagenkopf, Kommunalrecht, Bd. 1, S. 368).

26 Pagenkopf, Kommunalwissenschaft, S. 44.

27 Etwa § 22 der Verfassungsurkunde für den Freistaat von Bayern vom 14. August 1919 (GVBl, S. 531) bestimmte, daß der Staat die Erfüllung der gemeindlichen Pflichten und die Gesetzmäßigkeit ihrer Verwaltung überwacht.

Rechtskontrolle zwar nicht erreicht, aber die Zweckmäßigkeitskontrolle eingeschränkt wurde[29].

Eine Verschärfung der Staatsaufsicht wurde wieder durch § 106 der Deutschen Gemeindeordnung vom 30. Januar 1935[30] herbeigeführt. Danach hatte die Aufsicht zu gewährleisten, daß die Gemeinden „im Einklang mit den Gesetzen und den Zielen der Staatsführung" verwaltet wurden. Die dadurch eröffnete Möglichkeit zur allgemeinen Ermessenskontrolle wurde durch den Erlaß zur Vereinfachung der Verwaltung vom 28. 8. 1939[31] zur Weisungsbefugnis der Staatsaufsichtsbehörden in Selbstverwaltungsangelegenheiten ausgeweitet. Die Gemeinden wurden durch das unbeschränkte Weisungsrecht endgültig wieder zu bloßen Dienststellen des Staates[32].

Nach dem 2. Weltkrieg wurde die Kommunalaufsicht in Selbstverwaltungsangelegenheiten grundsätzlich auf eine bloße Rechtsaufsicht beschränkt und die Aufsichtsmittel enumerativ aufgezählt.

2. Begriff der Staatsaufsicht

Der Begriff der Aufsicht wird in der Gesetzgebung wie auch im Schrifttum in einem mehrdeutigen Sinne verwendet[33]. Die verschiedenen Versuche der Begriffsbestimmung weichen nach ihrem Ansatz von einander ab: Einige gehen vom „Zweck" und andere von der Funktion der Staatsaufsicht aus[34].

Die am „Zweck" der Aufsicht ansetzenden Auffassungen sehen deren Wesen im Anschluß an Triepel überwiegend in Beobachtung und Berichtigung des zu

---

[28] Nach § 137 Thüringischen Gemeinde und Kreisordnung vom 8. 7. 1926/22. 7. 1930(GS. 123, 148) hatte sich die Aufsicht „unbeschadet des Rechtes, die Durchführung der Gemeinde- und Kreisaufgaben durch Beratung zu fördern, darauf zu beschränken, daß das bestehende Recht nicht verletzt wird".

[29] Man griff aber weiterhin auf den ehemaligen § 139 StO 1831 zurück, um die Aufgaben der Kommunalaufsicht zu bestimmen. Vgl. Fleiner, Institutionen, S. 117; Jellinek, Verwaltungsrecht, S. 532; Maull, Staatsaufsicht, S. 5; Peters, Grenzen, S. 223 u. 229.

[30] RGBl. I, S. 49 ff.

[31] RGBl. I, S. 1535.

[32] Vgl. Mayr, Aufsichtsverhältnis, S. 7; Erichsen, Kommunalrecht NW, S. 17.

[33] Nach Pagenkopf, Kommunalrecht, Bd. 1, S. 369 und Schnapp, Ersatzvornahme, S. 20, ist der Aufsichtsbegriff inhaltsleer. Die Versuche der Begriffsbestimmung aus philologischen Wortbedeutungen (z. B. Schmitt, System, S. 68; Reuter, Rechtsaufsicht, S. 16 ff.) sind hier nicht berücksichtigt, weil sich daraus keine Rechtsfolge ergibt. Man muß vielmehr von dem Aufsichtsbegriff ausgehen, der den Verfassungen und Gesetzen zugrunde liegt (vgl. Schnapp, Ersatzvornahme, S. 20).

[34] Vgl. Stein, Wirtschaftsaufsicht, S. 1 ff.: Der „Zweck" als Ansatzpunkt der Begriffsbestimmung führe zu einer isolierten Betrachtung der Aufsicht, der funktionelle Ansatz zur Berücksichtigung der Einordnung von Gemeinden ins Staatsganze. So auch Borchert, Kommunalaufsicht, S. 18 ff.

beaufsichtigenden Verhaltens. Ihr Zweck liege darin, das Verhalten anderer im Einklang mit vorgegebenen Maßstäben zu halten[35].

Einige der auf den „Zweck" der Staatsaufsicht abstellenden Autoren sehen diesen dagegen in der Überwachung der Erfüllung von Pflichten[36]. Die Gründe der Maßstabdurchsetzung und Erzwingung der Pflichterfüllung interessieren beide Auffassungen nur wenig. Wenn man nur Gesetze als Maßstäbe der Aufsicht betrachtet, wird die Aufsicht nach diesen Auffassungen auf Rechtsmäßigkeitskontrolle beschränkt. Über die Maßstabdurchsetzung hinausgehende Tätigkeiten der Aufsichtsbehörden sind nicht hinreichend berücksichtigt.

Eine andere Auffassung sieht, wie gesagt, das Wesen der Aufsicht in dem Schutz der Funktionen der Beteiligten[37].

Für Stein ist fraglich, ob sich die Aufsicht darauf beschränken darf, die Einhaltung von Maßstäben zu überwachen[38]. Eine solche Begriffsbestimmung fasse die Funktion der Aufsicht zu eng[39]. Die Aufsichtsbehörde sorge vielmehr dafür, daß die Beaufsichtigten „die ihnen anvertrauten Funktionen erfüllen können und auch wirklich so erfüllen, wie es die jeweilige Rechtsordnung von ihnen verlangt"[40]. Die Aufsichtsbehörde stünde als Reserve im Hintergrund und greife nur ein, um Fehler der Beaufsichtigten zu korrigieren und um diesen zu ermöglichen, künftig selbst noch besser und selbständig zu arbeiten[41]. Der Gedanke des Funktionsschutzes sei geeignet, um die verschiedenen rechtlichen Ausgestaltungen der Staatsaufsicht zu erfassen[42].

Borchert schließt sich an Stein an. Der Begriff der Aufsicht beinhalte den Schutz der verschiedenen Funktionsträger und die Gewährleistung ihrer Aufgabenerfüllung[43]. Ausgangspunkt für die Begriffsbestimmung müßten die

---

[35] Triepel, Reichsaufsicht, S. 111f. u. 120; Salzwedel, VVDStRL 22 (1965), S. 213; Gallas, Staatsaufsicht, S. 24; Pagenkopf, Kommunalrecht, Bd. 1, S. 369 spricht von Beobachtungsfunktion und Kontrollfunktion; Reuter, Rechtsaufsicht, S. 17, nennt drei Elemente der Aufsicht: Beobachtungs-, Kontroll- und Berichtigungsfunktion; Keller, Genehmigungsvorbehalt, S. 81. Kritisch dagegen Stein, Wirtschaftsaufsicht, S. 5f.; Borchert, Kommunalaufsicht, S. 18f.; Weidemann, Staatsaufsicht, S. 33. Im Schrifttum wird diese Auffassung als „Maßstabstheorie" bezeichnet. Vgl. Stein, Wirtschaftsaufsicht, S. 3.

[36] Haenel, Deutsches Staatsrecht, S. 301; Otto Mayer, Deutsches Verwaltungsrecht, Bd. 2 S. 181 u. 257ff.; Weidemann, Staatsaufsicht, S. 34ff. Diese Auffassung wird als „Pflichtentheorie" bezeichnet. Vgl. Stein, Wirtschaftsaufsicht, S. 8.

[37] Im Schrifttum wird diese Auffassung als „Funktionsschutztheorie" bezeichnet. Vgl. Stein, Wirtschaftsaufsicht, S. 14.

[38] Stein, Wirtschaftsaufsicht, S. 6.

[39] Stein, Die Wirtschaftsaufsicht, S. 9.

[40] Stein, Die Wirtschaftsaufsicht, S. 15.

[41] Stein, Wirtschaftsaufsicht, S. 16. Ihr höchstes Ziel sei, „sich selbst möglichst überflüssig zu machen."

[42] Stein, Die Wirtschaftsaufsicht, S. 19.

[43] Borchert, Kommunalaufsicht, S. 19.

gesamten Funktionen der Aufsicht in der wechselseitigen Beziehung der Beteiligten am Aufsichtsverhältnis sein. Die Kommunalaufsicht ziele damit auf die Verhinderung oder Beseitigung der „Funktionsstörungen bei Staat und Gemeinden, die sich entweder aus ihrem Verhältnis zueinander oder durch die Tätigkeit der Gemeinden entstehen könnten“[44].

Nach dieser Begriffsbestimmung sind die gesamten Tätigkeiten der Aufsichtsbehörden besser zu erfassen.

Subjekt der Staatsaufsicht über Gemeinden ist stets der Staat, der durch seine gesetzlich bestimmten Staatsbehörden tätig wird. Objekte der Staatsaufsicht sind die kommunalen Selbstverwaltungskörperschaften[45]. Die Staatsaufsicht ist also eine Körperschaftsaufsicht (oder Verbandsaufsicht), da sie nicht nur bestimmte gemeindliche Organe erfaßt, sondern den gesamten Bereich des gemeindlichen Lebens und Tätigseins[46].

Zu unterscheiden ist die Staatsaufsicht über Gemeinden von der Dienstaufsicht, die eine personalrechtliche und organisatorische Überwachung im Innenverhältnis darstellt[47]. Dienstaufsicht wird nicht über eine kommunale Körperschaft, sondern über Amtsträger ausgeübt. Dienstaufsichtsfunktionen der Aufsichtsbehörde gegenüber Gemeindebeamten sind kaum denkbar, da die Gemeinde Personalhoheit besitzt[48].

Die Ausübung der Staatsaufsicht gehört in den Bereich der Exekutive[49]. Gesetzgebungsakte sind keine Aufsichtsmaßnahmen. Während Rechtssetzungsakte allgemein verbindliche abstrakte Regelungen treffen, betrifft die Aufsichtsmaßnahme einen einzelnen konkreten Vorfall[50]. Die Gesetze, die Organisation, Mittel und Handhabung der Aufsicht regeln, bilden eine Voraussetzung für die Aufsichtsführung, ohne selbst Aufsichtsmittel zu sein[51].

Verwaltungshandlungen und Rechtsprechungsakten ist die Anwendung von Rechtssätzen auf konkrete Einzelfälle gemeinsam. Sie sind jedoch nach Funktion verschieden. Während der Staat bei der Rechtsprechung als unbetei-

---

[44] Borchert, Kommunalaufsicht, S. 19.

[45] Die Staatsaufsicht über Gemeinden ist aus der Sicht der beaufsichtigten Gemeinde „Gemeinde- oder Kommunalaufsicht“, aus der Sicht des beaufsichtigenden Staates „Staatsaufsicht“ genannt.

[46] Pagenkopf, Kommunalrecht, Bd. 1, S. 370; Gönnenwein, Gemeinderecht, S. 174; Elleringmann, Grundlagen, S. 44. Deshalb ist der Adressat einer Aufsichtsmaßnahme gegenüber der Tätigkeit gemeindlicher Organe immer die Gemeinde als öffentlich-rechtliche Körperschaft.

[47] Eine solche besteht nur dort, wo eine Unterordnung im Verwaltungsaufbau gegeben ist, nicht im Verhältnis der kommunalen Selbstverwaltung zur staatlicher Verwaltung.

[48] Seele, Aufsichtsfunktionen, S. 218 u. 244.; Schmitt, System, S. 93; Becker, Staatsaufsicht, S. 176.

[49] Gönnenwein, Gemeinderecht, S. 173; auch Klüber, Gemeinderecht, S. 349.

[50] Peters, Grenzen, S. 221.

[51] Triepel, Die Reichsaufsicht, S. 126.

ligter Dritte beurteilt und ordnet, macht er bei der Staatsaufsicht öffentliche Interessen als eigene Angelegenheit geltend. Sie ist also parteiliche Tätigkeit[52]. Die Aufsichtsbehörden dürfen deshalb nicht wie die Gerichte darauf warten, daß jemand sie um eine Entscheidung bittet. Sie müssen vielmehr die Wirklichkeit beobachten, um eine Funktionsstörung rechtzeitig festzustellen[53]. Während die Rechtsprechung regelmäßig zum Schutz subjektiver Rechte angerufen wird und unter Entscheidungszwang steht, stehen die aufsichtlichen Maßnahmen im Ermessen der Aufsichtsbehörde[54].

3. Arten der Staatsaufsicht

Eine umfassende Staatsaufsicht über die Gemeinde schließt die gesamten Überwachungs- und Einwirkungsbefugnisse des Staats auf die Tätigkeit der Selbstverwaltungsträger ohne Rücksicht darauf ein, ob sie dem eigenen oder dem übertragenen Wirkungskreis entspringen[55].

Die Ausgestaltung der Staatsaufsicht ist abhängig vom Freiheitsgrad der Gemeinde bei der Aufgabenerfüllung[56]. Entsprechend der Aufteilung von „Selbstverwaltungsangelegenheiten" und „Auftragsangelegenheiten" wird die Staatsaufsicht herkömmlich in zwei Arten gegliedert: die Rechtsaufsicht[57] bei den Angelegenheiten des eigenen Wirkungskreises und Fachaufsicht im übertragenen Wirkungskreis. Zu letzterer wird teilweise auch die Aufsicht im Bereich der Pflichtaufgaben zur Erfüllung nach Weisung gezählt[58]. Wegen der Unterschiede dieser Form der Weisungsaufsicht sowohl zur Rechts- als auch zur

---

[52] Schmitt, System, S. 117. Hier tritt der Staat als Parteivertreter der Gesamtinteressen gegenüber lokalen Sonderbestrebungen auf (Peters, Grenzen, S. 220).

[53] Weidemann, Staatsaufsicht, S. 34.

[54] Ipsen, Staatliche Ingerenzen, S. 8. Dazu s. unten Teil 2 6. Abschnitt I. 1.

[55] Vgl. Knemeyer, Staatsaufsicht, S. 265; Wipfelder, VBlBW 1984, S. 361 bezeichnet Staatsaufsicht als Oberbegriff für Rechtsaufsicht und Fachaufsicht.; Erichsen, DVBl.1985, S. 943; ders., Kommunalrecht NW, S. 311, benutzt den Begriff „Kommunalaufsicht" in diesem Sinne.

[56] Simon, Zu einer Theorie, S. 259.

[57] Die Terminologie ist in den einzelnen Gemeindeordnungen und im Schrifttum nicht einheitlich. In einigen Kommunalgesetzen taucht der Begriff Kommunalaufsicht in diesem Sinne auf (§ 127 Abs. 1 Satz 2 GO NS; § 123 Abs. 1 GO Saar; §120 GO SH; auch Wolff/Bachof, VerwR II, § 86 IX, Gönnenwein, Gemeinderecht, S. 173). In § 106 Abs. 1 GO NW befindet sich in diesem Sinne „allgemeine Aufsicht".; auch Zuhorn/Hoppe, Gemeindeverfassung, S. 309. „allgemeine Kommunalaufsicht" bei Pagenkopf, Kommunalrecht, Bd. 1, S. 371 ff.; Becker, Staatsaufsicht, S. 165. „Aufsicht" bei § 135 GO Hess; „allgemeine Staatsaufsicht" bei Elleringmann, Grundlagen, S. 46ff. „Rechtsaufsicht, in § 118 Abs. 1 GO BW; Art. 109 Abs. 1 GO Bay; §117 Satz 1 GO RhPf. „Staatsaufsicht" bei Fröhner, Selbstverwaltung, S. 204. „weisungsfreie Aufsicht" bei Erichsen, DVBl. 1985, S. 944; Andrick, JA 1987, S. 547.

[58] Schmidt-Jortzig, Kommunalrecht, Rdnr. 81, 555 u. 567; Knemeyer, Staatsaufsicht, S. 277.

klassischen Fachaufsicht wird sie überwiegend von beiden auch begrifflich geschieden und als „Sonderaufsicht“ bezeichnet[59].

Gelegentlich werden in der Literatur weitere Arten der Aufsicht hiervon geschieden. Für sie wird im allgemeinen der Begriff „Sonderaufsicht“ verwendet, wobei sie kein einheitliches Rechtsinstitut darstellt. Einige Autoren sehen eine solche „Sonderaufsicht“ dann begründet, wenn außerhalb der Gemeindegesetze eine gemeindliche Betätigung auf einem bestimmten Rechtsgebiet einer besonderen Aufsicht untersteht, die über die Rechtsaufsicht hinausgeht, wie z. B. das gemeindliche Forstwesen[60].

Andere meinen damit die Mitwirkungsrecht des Staats bei der Selbstverwaltungsangelegenheiten, wie z. B. Genehmigungsvorbehalte[61].

4. Grundlagen der Kommunalaufsicht

(1) Das Verhältnis zwischen Staat und Gemeinde als Grundlage der Kommunalaufsicht

Staat und Gemeinde stehen in einem ständigen Spannungsverhältnis[62]. Dem von der Gemeinde verfolgten Anspruch nach größtmöglicher Eigenständigkeit steht das Streben des Staates nach einheitlicher Lenkung und Führung gegenüber. Die konkrete Gestaltung der Aufsicht hängt von den jeweiligen verfassungsrechtlichen, politischen und soziologischen Gegebenheiten ab, die das Verhältnis zwischen Staat und Gemeinden prägen[63].

Nach heutigem staatsrechtlichen Verständnis ist die Gemeinde weder reine Veranstaltung des Staates unter dessen Kuratel noch eine „Bastion“ des Bürgertums im Kampf gegen den Staat[64]. Die Selbstverwaltungsgarantie ist ein vom staatlichen Verfassungsgeber gewährter Freiraum der Gemeinden. Das Selbstverwaltungsrecht ist daher das grundlegende Merkmal für die Rechtsstellung der Gemeinden und deren Verhältnis zum Staat[65]. Anderseits erscheinen die Gemeinden trotz der rechtlichen Selbständigkeit als „Teile eines gegliederten

---

[59] Erichsen, Kommunalrecht NW, S. 316. § 106 Abs. 2 GO NW stellt diese „Sonderaufsicht“ der „allgemeinen Aufsicht“ (§ 106 Abs. 1 GO NW) gegenüber.

[60] Scholler/Broß, Kommunalrecht, S. 210; Schmitt, System, S. 86f.; Elleringmann, Grundlagen, 83ff.; Becker, Staatsaufsicht, S. 165.

[61] Becker, Staatsaufsicht, S. 165; Pagenkopf, Kommunalrecht, Bd. 1, S. 372; Weber, Kommunalaufsicht, S. 21 f.; ders, Staats- und Selbstverwaltung, S. 127f.; Elleringmann, Grundlagen, S. 54ff., bezeichnet diese Aufsicht als „besondere Staatsaufsicht“. Schmidt-Jortzig, Kommunalrecht, § 4 Rdnr. 82, stellt fest, daß es eine dritte Kategorie besonderer Aufsichtsbefugnis nicht gibt. Diese Art von „Sonderaufsicht“ sei verfassungswidrig. Auch ders., DÖV 1981, S. 398. Dazu s. unten 4. Abschnitt I 2 (2) c) und d).

[62] Dazu v. Unruh, Der Staat 1965, S. 441 ff.

[63] Dehmel, aaO., S. 15.

[64] Schnapp, Ersatzvornahme, S. 8.

[65] Vorbeck, Die Anfechtbarkeit, S. 30.

Ganzen"[66]. Die Gemeinde darf also nicht als vom Staat separiert gedacht werden, sondern ist als Glied im gestuften Staatsaufbau zu betrachten[67]. Sähe man Selbstverwaltung als eine rein gesellschaftliche Erscheinung, so läge ihre Wurzel in einem Dualismus von Staat und Gemeinden auf der Suche nach Freiraum außerhalb des Staates. Eine solche Sicht paßt aber nicht zu einem Staat, in dem Freiheit ein primäres Ordnungsprinzip und Staatsziel ist[68]. Trotz ihrer eigenverantwortlichen Tätigkeit bleiben die Gemeinden Glieder des Staatsganzen. Sie unterliegen daher auch gleichzeitig den Bindungen der staatlichen Ordnung, die durch die Aufsicht sichergestellt werden, weil die Verwirklichung der Gemeindeaufgaben nicht nur Gegenstand ihres eigenen Interesses ist, sondern auch des Staatswesens[69].

(2) Die gesetzlichen Grundlagen der Kommunalaufsicht

a) Die Kommunalaufsicht im Grundgesetz

Art. 28 Abs. 2 GG erwähnt die Kommunalaufsicht selbst nicht ausdrücklich. Sie ist jedoch in den Worten „im Rahmen der Gesetze" mitgedacht[70], die eine Einschränkungsmöglichkeit des Selbstverwaltungsrechts durch den Gesetzgeber einschließen. Die Kommunalaufsicht wird also vom Grundgesetz vorausgesetzt, ohne daß dadurch die Eigenverantwortlichkeit der Gemeinden ausgeschlossen wird[71].

Das Bundesverfassungsgericht hat die Aufsicht des Staates als „Korrelat" des Selbstverwaltungsrechts bezeichnet[72]. Trotz der engen Verknüpfung mit der Selbstverwaltung ist die Staatsaufsicht nicht ein notwendiges Element derselben, sondern sie ist vielmehr eine Folge verfassungsrechtlicher und gesetzlicher Entscheidung im Rahmen der Verteilung der Ausübung der Staatsgewalt und ihrer Kontrolle[73].

---

[66] Köttgen, Die Gemeinde und der Bundesgesetzgeber, S. 15.; Zuhorn/Hoppe, Gemeinde- Verfassung, S. 300. Dabei ist es umstritten, ob die Kommunalverwaltung eine mittelbare Staatsverwaltung darstellt. Dafür u. a. Köttgen, Ebenda; Forsthoff, Lehrbuch, S. 478. Kritisch dazu Hendler, Selbstverwaltung, S. 295 ff.; Knemeyer, DVBl. 1984, S. 28; ders., DÖV 1988, S. 400. Die Praxis bei Bund und Ländern tendiert für Hinkel, NVwZ 1985, S. 228, eindeutig zur mittelbaren Staatsverwaltung.

[67] Klein, Die Verwaltung 1968, S. 156.

[68] Hinkel, NVwZ 1985, S. 228; Hufen, NVwZ 1983, 518 m.w. N.

[69] Eckert, Die Mittel der Staatsaufsicht, S. 23.

[70] BVerfGE 2, 329 (334).

[71] Maunz/Dürig/Herzog, Grundgesetz, Art. 28 Rdnr. 32; Ipsen, Staatliche Ingerenzen, S. 6 f.

[72] BVerfGE 6, 104 (118).

[73] Erichsen, Kommunalrecht NW, S. 311; ders., DVBl. 1985, S. 944; Andrick, JA 1987, S. 546.; a. A. Becker, Staatsaufsicht, S. 165, der meint, die Kommunalaufsicht sei die begriffsnotwendige Entsprechung zur kommunalen Selbstverwaltung. Es gäbe keine

Die Staatsaufsicht stellt in ihren Äußerungsformen und Mitteln eine Einschränkung des Selbstverwaltungsrechts dar. Nach Art. 28 Abs. 2 GG gilt für sie der Vorbehalt des Gesetzes[74]. Der Gesetzgeber ist aber bei der Ausgestaltung des Aufsichtsrechts an die Grenzen gebunden, die sich aus der Garantie der Selbstverwaltung ergeben[75]. Daher muß sich diese Ausgestaltung des Aufsichtsrechts durch Gesetz auf ihre Verfassungsmäßigkeit befragen lassen[76].

Umstritten ist, ob das Grundgesetz die Kommunalaufsicht ausschließlich auf Rechtsaufsicht beschränkt oder darüberhinaus für bestimmte Bereiche auch eine Zweckmäßigkeitskontrolle zuläßt[77]. Eine ausdrückliche Beschränkung enthält das Grundgesetz aber nicht. Einigkeit besteht jedenfalls darin, daß die Aufsichtsbefugnisse nicht soweit gehen können, daß der Wesensgehalt des Selbstverwaltungsrechts betroffen wird[78].

Zum Teil wird die Auffassung vertreten, daß durch die institutionelle Garantie der Selbstverwaltung die Aufsicht auf eine Rechtmäßigkeitskontrolle beschränkt[79] und Selbstverwaltung unter Zweckmäßigkeitskonrolle eine contradictio in adiecto sei[80]. Eine andere Auffassung geht davon aus, daß die Gemeinde den Schutz des Art. 28 Abs. 2 GG vor staatlichen Maßnahmen nur in ihrem eigenen, von ihr selbständig erfüllbaren Aufgabenbereich genießt[81]. Je mehr sich jedoch kommunale Tätigkeiten auf den staatlichen Bereich auswirkten und damit den örtlichen Wirkungskreis überschreiten, um so geringer sei der Schutz durch Art. 28 Abs. 2 GG. Es sei zulässig, daß der Staat zur Wahrnehmung seiner Interessen Mitspracherechte einräume, die durch die Kommunalaufsicht ausgeübt werden könnten, ohne dabei auf eine Rechtsaufsicht beschränkt zu sein, wenn die gemeindliche Tätigkeit den lokalen Wirkungskreis überschreite.

Selbstverwaltung ohne Aufsicht des Staates. Auch Dallmayer, Staatsaufsicht, S. 26, hält die Staatsaufsicht für ein Begriffselement der Selbstverwaltung.

[74] Verfassungswidrig ist jede nicht gesetzlich gedeckte Aufsicht. Aufsichtsbefugnisse kann also nur der Gesetzgeber einführen.

[75] Gönnenwein, Kommunalaufsicht, S. 524.

[76] Erichsen, DVBl. 1985, S. 944. Der Wesensgehaltsschutz versperrt z. B. eine totale staatliche Lenkungsgewalt, da damit das typische Erscheinungsbild kommunaler Selbstverwaltung fundamental verändert würde (Stern, BK, Art. 28 Rdnr. 134).

[77] Zum Stand der Meinungen Stern, BK, Art. 28 Rdnr. 135ff.

[78] Vgl. BVerfGE 1, 167 (168).

[79] Stern, BK, Art. 28 Rdnr. 135. Weber, Kommunalaufsicht, S. 20; Leidinger, Zur gerichtlichen Kontrolle, S. 258. Nicht selten wird aber eine Einschränkung gemacht mit Worten wie etwa „grundsätzlich". Damit sei ausnahmsweise eine Zweckmäßigkeitskontrolle verfassungsmäßig bei der Ausübung der Genehmigungsvorbehalte. Vgl. Zuhorn/Hoppe, Gemeinde-Verfassung, S. 303; Müller, VerwArch 54 (1963), S. 184; Seibert, Gewährleistung, S. 216.

[80] Barion, Der Staat 1964, S. 23.

[81] Borchert, Kommunalaufsicht, S. 24.

Wegen der verfassungsrechtlichen Gewährleistung der Eigenverantwortlichkeit im Hinblick auf die Selbstverwaltungsangelegenheiten ist der zweiten Auffassung nicht zu folgen[82].

b) Die Kommunalaufsicht nach den Landesverfassungen

Die Verfassungen der Länder sind in ihren Formulierungen zur Kommunalaufsicht unterschiedlich[83]. Die Landesverfassungen beschränken aber die Kommunalaufsicht durchgängig auf eine Rechtsaufsicht in Selbstverwaltungsangelegenheiten.

Die Landesgesetze, die der Landesverfassung unterworfen sind, haben diesem Gebot zu entsprechen und sind unter diesem Aspekt zu interpretieren. Soweit die Landesverfassungen einen einheitlichen Aufsichtsmaßstab vorsehen, gilt diese Bestimmung grundsätzlich für alle Mittel der Kommunalaufsicht[84].

c) Die Kommunalaufsicht nach den Gemeindeordnungen der Länder

Die Gemeindeordnungen der Länder enthalten trotz Differenzierungen in der Terminologie weitgehend übereinstimmende Regelungen über Aufsichtsmaßstab und Aufsichtsmittel.

Die Gemeindeordnungen der Länder sehen im Rahmen der Repressivaufsicht eine Gesetzmäßigkeitskontrolle vor. Sie greifen damit die in den Landesverfassungen getroffenen Regelungen, die die Aufsicht auf eine Rechtmäßigkeitskontrolle beschränken, auf[85].

Eine eigenständige Bedeutung innerhalb der die Aufsicht regelnden Normen in den Gemeindeordnungen kommt dagegen den Vorschriften über Aufsichtsmittel zu. Der Auftrag zur Aufsichtsführung gibt der Aufsichtsbehörde nicht gleichzeitig die Mittel an die Hand[86], ohne welche die Befugnis nicht ausgeübt werden kann. Die Zuständigkeit umfaßt nicht die Befugnis, alle diejenigen Mittel einzusetzen, die zur Aufgabenerfüllung notwendig und gar zweckmäßig erscheinen[87]. Der Grundsatz der Gesetzmäßigkeit der Verwaltung (Art. 20 Abs. 3 GG) verlangt im Hinblick auf die Aufsicht eine gesetzliche Ermächtigung, die bestimmte Befugnisse des Eingreifens begründet (Vorbehalt des

---

[82] Dazu ausführlich unten 4. Abschnitt I 2 (2) c) und d).

[83] Vgl. Art. 75 Abs. 1 Satz 1 Verf BW; Art. 147 Abs. 1 Verf Brem; Art. 78 Abs. 4 Satz 1 Verf NW; Art. 83 Abs. 4 Satz 2 Verf Bay; Art. 137 Abs. 3 Satz 2 Verf Hess; Art. 49 Abs. 2 Satz 2 Verf RhPf; Art. 127 Satz 2 Verf Saar; Art. 44 Abs. 5 Verf NS.

[84] Gönnenwein, Kommunalaufsicht, S. 516; ders, Gemeinderecht, S. 200f. Umstritten ist aber, ob dieser landesverfassungsrechtliche Aufsichtsmaßstab auch für die präventiven Aufsichtsmittel gilt. S. unten 4. Abschnitt I 2 (2) d).

[85] Vgl. Schnapp, Ersatzvornahme, S. 22.

[86] Vgl. Schnapp, Ersatzvornahme, S. 22.

[87] Maurer, Allg. Verwaltungsrecht, § 21 Rdnr. 53; Pfeiffer, Staatsaufsicht, S. 41ff.

Gesetzes). Der Vorbehalt des Gesetzes gilt für jedes Aufsichtsmittel, das einen Eingriff in den Rechtskreis der Gemeinde darstellt[88]. Daher darf die Aufsichtsbehörde nur mit den Mitteln eingreifen, die in den Gemeindeordnungen oder anderen Gesetzen besonders statuiert sind. Die Gemeindeordnungen der Länder haben die Aufsichtsmittel ausdrücklich aufgezählt.

5. Funktionen der Kommunalaufsicht

(1) Die Rechtsbewahrungsfunktion

Die Kommunalaufsicht hat zunächst die Aufgabe, sicherzustellen, daß die Gemeinde im Einklang mit der Verfassung und den Gesetzen verwaltet wird[89]. Als Träger öffentlicher Verwaltung ist die Gemeinde an den Grundsatz der Gesetzmäßigkeit der Verwaltung (Art. 20 Abs. 3 GG) gebunden.

Der Erlaß von Gesetzen allein sichert noch nicht, daß diese auch beachtet werden und die Gerichte werden erst tätig, wenn sie bei der Verletzung eines subjektiven Rechts angerufen werden. Zur Gewährleistung der Rechtmäßigkeit gemeindlicher Verwaltungstätigkeit und der Einordnung der Gemeinde in den Staat benötigt der Staat als Hüter der Rechtsordnung[90] Mittel der Überwachung und Berichtigung[91]. Damit hat die Aufsicht zu garantieren, daß die Gemeinden im Rahmen der Gesetze verwaltet werden, daß die Kommunen nicht zu Republiken in der Republik werden[92].

Diese Befugnis des Staates ist in den Gemeindeordnungen der Länder durch verschiedene Aufsichtsmittel konkretisiert.

Dieser Kontrollaspekt der Staatsaufsicht darf allerdings nicht überbetont werden, wie es häufig der Fall ist[93], da die korrigierende Rechtsmäßigkeitskontrolle nur einen Teilaspekt der Staatsaufsicht darstellt. Zur Stärkung der

---

88 Schon nach Auffassung O. Mayers stand die Gemeinde zum Staat nicht in einem besonderen Gewaltverhältnis, sondern war dem Staat lediglich „allgemein" inkorporiert, soweit es sich um ihre eigene Angelegenheiten handelt. Vgl. O. Mayer, Deutsches Verwaltungsrecht, Bd. 2, S. 711.

89 Bachof, VVDStRL 12 (1954), S. 49, hat darauf hingewiesen, daß eine Dezentralisation der Verwaltung zu einer Gefahr für die Rechtsstaatlichkeit werden kann, wenn ihr keine starke Staatsaufsicht entspricht.

90 Andrick, JA 1987, S. 547.

91 Nach Schmidt-Aßmann, Die kommunale Rechtssetzung, S. 49, stehen die Überlegungen staatsorganisatorischer Homogenität und Entscheidungsfähigkeit hinter dem Erfordernis der Staatsaufsicht. Er qualifiziert zugleich die Gewährleistung der materiellen und formellen Gesetzmäßigkeit kommunalen Handelns durch die Rechtsaufsicht als Teilbereich des Rechtsschutzsystems.

92 Knemeyer, DVBl. 1984, S. 28.

93 Etwa vgl. Pagenkopf, Kommunalrecht, Bd. 1, S. 369. Er sieht „nur eine Beobachtungsfunktion und eine Kontrollfunktion" als notwendige Begriffselemente der Staatsaufsicht.

Eigenverantwortlichkeit soll die repressive Aufsicht nur in extremen Fällen eingreifen, wie das Bundesverfassungsgericht schon frühzeitig herausgestellt hat[94]. Bei der Aufsichtsführung muß der Staat darauf achten, daß er nicht als Vormund über unmündige Gemeinden tätig wird, sondern zur Wahrnehmung der Gesetzmäßigkeit der Gemeindeverwaltung, zur Wahrung der Interessen des Staatsganzen gegenüber Sonderinteressen einzelner Gemeinden[95].

(2) Die Schutzfunktion

Über die Gesetzmäßigkeitskontrolle hinaus hat die Kommunalaufsicht auch eine Schutzfunktion. Sie besteht in Beratung, Förderung und Schutz vor Eingriffen anderer Stellen. Die Aufsichtsbehörde tritt bei der Ausübung dieser Schutzfunktion der Gemeinde helfend zur Seite.

Die Schutzfunktion der Aufsicht ist verfassungsrechtlich lediglich in Art. 83 Abs. 4 Verf Bay norminiert: „Der Staat schützt die Gemeinden bei der Durchführung ihrer Aufgaben“. Sie wird aber in meisten Gemeindeordnungen der Länder angesprochen[96].

So formuliert etwa § 9 GO NW: „Die Aufsicht des Landes schützt die Gemeinden in ihren Rechten und sichert die Erfüllung ihrer Pflichten“. Die Aufsicht soll dazu beitragen, daß die Gemeinden bei der Erfüllung der Aufgaben in ihrer Entschlußkraft gestärkt werden und die Verantwortungsfreudigkeit gefördert wird[97].

Die Aufsichtsbehörden sollen die Gemeinden verständnisvoll beraten und bei der Erfüllung der Aufgaben anleiten[98]. Das ist insbesondere in den Fällen geboten, in denen die Gemeinden wegen unzureichender personeller und sachlicher Ausstattung nicht in der Lage sind, ihre Aufgaben ohne Hilfe kompetenter staatlicher Stellen ordnungsgemäß zu erfüllen[99]. Vor allem kleine

---

[94] BVerfGE 6, 104 (118).

[95] Knemeyer, Die Staatsaufsicht, S. 266.

[96] § 9 GO NW; § 11 GO Hess; § 127 GO NS; § 120 GO SH; Art. 108 GO Bay. In Baden-Württemberg (§ 118 Abs. 3 GO), in Rheinland-Pfalz (§ 117 Satz 2 GO) und in Saarland (§ 123 Abs. 1 Satz 2 KSVG) findet sich der Hinweis auf die Handhabung der Aufsicht, daß die Entschluß- und Verantwortungsfreudigkeit der Gemeinde gefördert und nicht beeinträchtigt wird. Nach Knemeyer, Die Staatsaufsicht, S. 267 Fn. 5, kann man dies nicht als Normierung der Schutzfunktion, sondern als Grenze für die Ausübung der Ordnungsfunktion ansehen.

[97] Heuser, Bay Bgm 1970, S. 29, qualifiziert in diesem Sinne die Kommunalaufsicht als Leistungsverwaltung und nicht als Eingriffsverwaltung.

[98] Es ist jedoch umstritten, ob diese präventive oder schützende Tätigkeit überhaupt als Aufsicht zu begreifen ist. Dazu s. unten 4. Abschnitt I 2 (1) b). Wenn man nur vom Standpunkt der sog. Maßstabstheorie die Staatsaufsicht sieht, ist sie keine Aufsicht, weil es an den durchzusetzenden Maßstäben fehlt. Nach der sog. Funktionsschutztheorie liegt in der Schutzfunktion der Kern der Staatsaufsicht.

[99] Andrick, JA 1987, S. 547.

Gemeinden besitzen auch nach der Gebietsreform nicht immer die nötige Sachkunde und Fachkräfte. Die Aufsichtsbehörde hat in diesen Fällen den Gemeinden ihre Sachkunde und ihren besseren Überblick zur Verfügung zu stellen, ohne dabei an Stelle der Gemeinden zu handeln[100].

Die Kommunalaufsicht schützt ferner die Gemeinde vor unrechtmäßigen Eingriffen von dritter Seite und verhindert unzulässige Übergriffe durch andere Behörden, wie Überforderungen der Amtshilfe. Diese Funktion wird durch den Grundsatz der Einheit der Staatsaufsicht effektiv erfüllt[101], da durch die Konzentration der Staatsaufsicht erreicht wird, daß die Aufsichtsmaßnahmen individuell auf die besonderen Verhältnisse abgestimmt werden können[102].

Durch die schützende Tätigkeiten der Kommunalaufsicht soll sich zwischen der Gemeinde und der Aufsichtsbehörde ein Vertrauensverhältnis entwikkeln[103]. Die Staatsaufsicht bringt demnach nicht nur ausschließliche Staatsinteressen zur Geltung, sondern sie liegt ebenso im Interesse der Gemeinde[104].

II. In Korea

1. Die Bedeutung der Kommunalaufsicht

Der Begriff der Kommunalaufsicht ist in Korea noch nicht hinreichend geklärt. Bezeichnet ist die Staatsaufsicht im Schrifttum als „Kamdok[105]", „Tongche[106]" oder Kwanyu[107]". Einige Autoren benutzen mehrere dieser Begriffe mit gleichem Inhalt[108]. Das Kommunalselbstverwaltungsgesetz bezeichnet im 9. Kapitel die Staatsaufsicht als „Chido. Kamdok".

---

100 Knemeyer, Die Staatsaufsicht, S. 268. Durch die schützenden Tätigkeiten der Aufsichtsbehörden kann „ein echtes partnerschaftliches Verhältnis" zwischen Aufsichtsbehörden und Gemeinden entwickelt werden. Vgl. Seele, Aufsichtsfunktionen, S. 231.

101 Etwa § 113 GO NW. Dazu s. unten 3. Abschnitt I.

102 Rauball, in: Rauball/Pappermann/Roters, GO NW, §113 Rdnr. 1.

103 Knemeyer, Die Staatsaufsicht, S. 268; ders., Die Stellung, S.115; Pfeiffer, Staatsaufsicht, S. 50; auch vgl. Bracker, Kommunalaufsicht, S. 477f. Gönnenwein, Gemeinderecht, S. 178, unterschätzt diese Schutzfunktion: Die einzige konkretisierte Schutzpflicht des Staats bestehe darin, daß eine Zwangsvollstreckung gegen die Gemeinde wegen Geldforderungen nur möglich sei, wenn die Aufsichtsbehörde sie zuließ. Weitere Folgerungen könnten aus der Schutzfunktion nicht gezogen werden.

104 Andrick, JA 1987, S. 547.

105 Etwa Se Tschang Joon, S. 545ff.; Young Sung Kwon, S. 236; Doh Chang Kim, S. 147; Chong Hyun Suk, S. 167; Joon Heun Park, S. 97f.; Myung Gwu Lee, S. 587.

106 Etwa Ih Yul Kim, S. 311ff.; Hyung Bae Kim, S. 328ff.; Hae Gyoon An, Gosigye 1983 H. 9, S. 109ff.; Won Taek Han, S. 21.

107 Etwa Nam Chin Kim, S. 570; Won Wu Su, S. 237; Young Ki Kang, S. 341; Chae Sik Son, S. 267ff.

108 Etwa Tschul Swu Kim, S. 666f.; Il Kyung Park, S. 608ff.; Hoan Tschul Shin, S. 9ff.

In der Literatur erscheinen immer wiederholt ohne Kritik drei Formen der Staatsaufsicht: Staatsaufsicht durch Legislative, Gericht und Exekutive[109].

Mit der „Aufsicht durch Legislative“ meinen die Autoren, daß der Gesetzgeber die Gebietskörperschaft durch Gesetz organisiere und den Umfang ihrer Kompetenz und Geschäftsführung regele (Art. 117 Abs. 2 und Art. 118 Abs. 2 KV). Darüber hinaus könne das Parlament durch Ausübung seines Untersuchungsrechts die Tätigkeit der Kommunen beaufsichtigen[110].

Die „Aufsicht durch Gericht“ bedeute, daß das Gericht im Rahmen des Streitgegenstandes über die Gesetzmäßigkeit der Tätigkeiten der Gebietsselbstverwaltungskörperschaften entscheidet. Damit diene die „Aufsicht durch Gericht“ zur Vermeidung der „Aufsicht durch Exekutive“ und zur Förderung der „Aufsicht durch Legislative“[111].

Die herrschende Meinung vertritt die Auffassung, daß die Kommunalaufsicht im Prinzip die „Aufsicht durch Legislative“ und die „Aufsicht durch Gericht“ sei. Die Aufsicht durch Exekutive müsse auf die Kooperation und Beratung beschränkt sei, ohne dabei in das Recht der Gebietsselbstverwaltungskörperschaften einzugreifen[112].

Das Verständnis der herrschenden Meinung ist allerdings insofern fraglich, als sie die Kommunalaufsicht den drei Funktionen der Staatsgewalt zuordnet. Die „Aufsicht durch Legislative“ bedeutet nach genauer Betrachtung nichts anderes als Schaffung der gesetzlichen Grundlagen für die Tätigkeit der Gebietsselbstverwaltungskörperschaften durch den Gesetzgeber[113]. Das Parlament hat selbst allerdings keine Mittel zur Verhinderung und Berichtigung ordnungswidriger Handlungen der Gebietskörperschaften. Das Gesetz stellt eine Voraussetzung für die Tätigkeit der Aufsicht dar, ohne damit eine Aufsicht selbst zu sein.

Die „Aufsicht durch Gericht“ bedeutet lediglich, daß die Gebietskörperschaften wie jede andere natürliche oder juristische Person der Gerichtbarkeit untersteht.

Der Auffassung der herrschenden Meinung im Schrifttum kann man nur die Tatsache entnehmen, daß die Gebietsselbstverwaltungskörperschaft der gesamten Staatsgewalt unterworfen ist.

---

[109] Dieses Verständnis der Staatsaufsicht ist dem englischen Verständnis sehr ähnlich. Dort werden zur Staatsaufsicht im Schrifttum „legislative control“, „judicial control“ und „administrative control“ gezählt. Vgl. etwa Hart, Local Government, S. 302, 354, 383; Jackson, Local Government, S. 220ff.

[110] Doh Chang Kim, S. 148; Sang Gywu Lee, S. 159; Chong Hyun Suk, S 169.

[111] Il Kyung Park, S. 610.

[112] Sang Gywu Lee, S. 156; Il Kyung Park, S. 609; Ih Yul Kim, S. 312, versteht unter „administrative Aufsicht“ die Aufsicht der höhere Behörde, die für „Organauftragsangelegenheiten“ gilt. Er stellt die „administrative Aufsicht“ der „Rechtsaufsicht“ gegenüber.

[113] Der Handlungsspielraum der Gebietsselbstverwaltungskörperschaften wird durch Gesetz begrenzt. Das Gesetz bildet also eine Rahmenbedingung für ihre Handlungen.

Ausgangspunkt der Begriffsbestimmung muß der Aufsichtsbegriff der Verfassung und der einschlägigen Gesetze sein. Die Verfassung spricht nicht ausdrüklich von der Kommunalaufsicht. Das Kommunalselbstverwaltungsgesetz regelt die Kommunalaufsicht eindeutig nur als eine Aufsicht der Exekutive gegenüber Gebietsselbstverwaltungskörperschaften. Deshalb ist das Verständnis der herrschenden Meinung über die Staatsaufsicht nicht geeignet für die Auslegung des geltenden Gesetzes.

Unter Kommunalaufsicht wird hier nach dem Kommunalselbstverwaltungsgesetz nur die Tätigkeit der Exekutive zur Gewährleistung der gesetzmäßigen und funktionsfähigen Verwaltung der Gebietsselbstverwaltungskörperschaften verstanden.

2. Grundlagen und Funktionen der Kommunalaufsicht

In Korea verbreitet sich die Auffassung, daß Umfang und Intensität der Staatsaufsicht vom Verständnis des Wesens der Gemeindegewalt abhängig seien[114]: In europäischen kontinentalen Staaten sei eine staatliche Vormundschaft gegenüber Gemeinden allgemein anerkannt worden, weil man dort die Gemeindegewalt als derivativ verstanden habe. Die Staatsaufsicht sei grundsätzlich „administrative Aufsicht" und nur ausnahmsweise „legislative" und „gerichtliche Aufsicht" gewesen. In England sei dagegen wegen der Dezentralisation und der bürgerschaftlichen Selbstverwaltung die eingreifende Aufsicht grundsätzlich nicht anerkannt worden. Die Aufsicht sei dann auf kooperative und koodinierende Funktionen sowie auf die „legislative" und „gerichtliche Aufsicht" beschränkt.

Nach richtiger Ansicht kommt es aber für die konkrete Gestaltung der Kommunalaufsicht nicht logisch zwingend darauf an, ob man glaubt, daß die Gemeindegewalt originär oder abgeleitet sei[115]. Vielmehr hängen der Umfang und die Intensität der Staatsaufsicht von der verfassungsrechtlichen und gesetzlichen Entscheidung über das Verhältnis zwischen Staat und Gebietskörperschaften ab.

Das koreanische Recht gewährleistet einerseits durch die Verfassung den Gebietsselbstverwaltungskörperschaften einen Handlungsspielraum, über örtliche Angelegenheiten mit Eigenverantwortlichkeit zu entscheiden. Deswegen darf der Gesetzgeber nicht bei der Gestaltung der Staatsaufsicht den Wesensgehalt der kommunalen Selbstverwaltung eingreifen[116].

---

[114] Doh Chang Kim, S. 147; Joon Heun Park, Koshiyungu 1988. H 12, S. 60; Sang Gywu Lee, S. 156; Chong Hyun Suk, S. 167.

[115] A. A. Doh Chang Kim, S. 147, der ausdrücklich meint, dieser Zusammenhang zwischen das Verständnis über das Wesen der Gemeindegewalt und Staatsaufsicht sei „logisch zwingend".

[116] S. oben. Joon Heun Park, S. 99, meint, es sei eine rechtspolitische Frage, wieweit die Kommunalselbstverwaltung gewährleistet werden und welche Aufsichtsbefugnisse aner-

Anderseits wird der Handlungsspielraum der Gebietsselbstverwaltungskörperschaften durch Gesetze begrenzt. Wenn sie diese Grenze überschreitet, wird das gesetzlich konkretisierte Staatsinteresse beeinträchtigt. Darüberhinaus bezieht sich die Aufgabenerledigung der Kommunalverwaltung nicht nur auf die Verwirklichung des Interesses der Gebietsselbstverwaltungskörperschaften, sondern sie ist auch für das Staatsganze wichtig. Deshalb hat der Staat dafür zu sorgen, daß die Gebietsselbstverwaltungskörperschaften innerhalb der gesetzlichen Grenzen funktionsfähig ihnen zugewiesene Aufgaben erfüllen. Die Kommunalaufsicht beschränkt sich nicht nur auf die Überwachung der Rechtmäßigkeit der Verwaltung, sondern erstreckt sich auf den Schutz der Funktionsfähigkeit der Gebietsselbstverwaltungskörperschaften. Das Kommunalselbstverwaltungsgesetz stellt zur Durchsetzung dieser Ziele verschiedene Instrumente bereit. Vorgesehen sind sowohl die überwachende und korrigierende Aufsicht (§§ 156, 157, 158, 159) als auch die präventive und funktionsschützende Aufsicht (§ 155)[117].

kannt werden, sofern das Gesetz nicht in den Wesensgehalt der Kommunalselbstverwaltung eingreife.

[117] Dazu ausführlich s. unten 4. Abschnitt II.

2. Abschnitt

Inhalt der Kommunalaufsicht

I. In Deutschland

1. Maßstab der Kommunalaufsicht

Die Kommunalaufsicht im Selbstverwaltungsangelegenheiten beschränkt sich nach den Landesverfassungen und Gemeindeordnungen der Länder grundsätzlich auf Rechtsaufsicht[118]. Die Rechtsaufsicht überprüft, ob die Erledigung öffentlicher Aufgaben durch die Gemeinden im Einklang mit den Gesetzen erfolgt. Voraussetzung für eine rechtsaufsichtliche Maßnahme ist mithin ein gesetzwidriges Verhalten der Gemeinde[119]. Wo gesetzliche Vorbestimmungen für das Verhalten der Gemeinde nicht vorhanden sind, fehlt der Rechtsaufsicht der Kontrollmaßstab[120].

Die Gemeinde ist als Teil der vollziehenden Gewalt gemäß Art. 20 Abs. 3 GG an Gesetz und Recht gebunden. Zu dem Gesetz und Recht im Sinne der Vorschrift gehören unbestritten alle Rechtsnormen und damit auch zivilrechtliche Normen, da die Gemeinde diesen grundgesetzlichen Auftrag in allen Tätigkeitsbereichen beachten muß[121]. Folgerichtig ist nach einhelliger Auffassung in der kommunalrechtlichen Literatur das Gesetz im materiellen Sinne Maßstab der Rechtsaufsicht. Jede gültige Außenrechtsnorm[122], die der Gemeinde

---

118 S. oben Teil 2 1. Abschnitt I 4 (2) b).

119 Nach § 106 Abs. 1 GO NW erstreckt sich die Aufsicht darauf, daß „die Gemeinden im Einklang mit den Gesetzen verwaltet werden". Ähnliche oder gleichlautende Bestimmungen enthalten Art. 109 Abs. 1 GO Bay; § 135 Satz 1 GO Hess; § 120 Satz 1 GO RhPf; § 120 GO SH. Einigkeit besteht im Schrifttum nur darin, daß das Gesetz Maßstab für die repressiven Aufsichtsmittel ist. Umstritten ist aber, was Maßstab für die präventiven Aufsichtsmittel, insbesondere für die Genehmigung ist (s. unten, Präventive Aufsicht). Hier wird der Aufsichtsmaßstab für die repressiven Aufsichtsmittel dargestellt.

120 Schmidt-Aßmann, Kommunalrecht, S. 121.

121 Hassel, DVBl. 1985, S. 699. Diese Problematik wird im Zusammenhang mit Art. 1 Abs. 3 GG sowie mit Art 20 Abs. 3 GG unter dem Stichwort „Fiskalgeltung von Grundrechten" diskutiert. Dazu Erichsen, Staatsrecht und Verfassungsgerichtbarkeit I, S. 112; Ehlers, Verwaltung in Privatrechtsform, S. 212ff.

122 Verwaltungsvorschriften wie die an die Aufsichtsbehörden gerichteten Runderlasse und Ausführungsanweisungen zu den Gemeindeordnungen sind nicht der Maßstab der Rechtsaufsicht. Die Auferlegung neuer, nicht gesetzlich fundierter Verpflichtungen im Wege von Verwaltungsvorschriften wäre verfassungswidrig, da die Selbstverwaltungsgarantie einen Regelungsvorbehalt zugunsten des Gesetzgebers impliziert (Ossenbühl, Verwaltungsvorschriften, S. 260; Stern, BK, Art. 28 Rdnr. 115 u. 133).

ein bestimmtes Handeln gebietet oder verbietet, ist also Kontrollmaßstab. Dazu gehören Grundgesetz, Landesverfassung, förmliche Landes- und Bundesgesetze, Rechtsverordnungen und fremde und eigene Satzungen[123] sowie das Gewohnheitsrecht. Die Rechtswidrigkeit, die eine Voraussetzung der Rechtsaufsicht ist, ist aber auch zu bejahen, wenn die Gemeinde verbindliche Anordnungen einer Behörde[124] oder andere ihr obliegende Verpflichtungen verletzt[125]. Entscheidend ist insoweit, daß solche Verpflichtungen letztlich auf Gesetz beruhen[126].

Bei dem gesetzwidrigen Verhalten kommt es auf ein Verschulden der Gemeinde nicht an, sondern allein auf die objektive Rechtswidrigkeit[127].

Die Gesetzmäßigkeitskontrolle umfaßt auch die Frage, ob die beaufsichtigte Gemeinde die Grenzen des Ermessens überschritten oder von einem ihr eingeräumten Ermessen in einer dem Zweck der Ermächtigung nicht entsprechenden Weise Gebrauch gemacht hat[128], weil Ermessensfehler gem. § 40 VwVfG und 114 VwGO Rechtsfehler sind[129]. Im Rahmen der Ermessensverwaltung hat die Verwaltung einen Spielraum zu „eigener und eigenverantwortlicher Wahl und Entscheidung“[130], während bei der gebundenen Verwaltung für einen festbegrenzten Tatbestand nur eine bestimmte Entscheidung zulässig ist. Ermessensausübung ist aber weder Handeln nach Belieben noch gar nach Willkür[131]. Sie unterliegt vielmehr verwaltungsrechtlichen und auch verfassungsrechtlichen Bindungen, deren Einhaltung gerichtlich überprüfbar ist.

Nach § 114 VwGO sind der Erlaß eines Verwaltungsaktes sowie dessen Ablehnung oder Unterlassen rechtswidrig, wenn „die gesetzlichen Grenzen des Ermessens überschritten sind oder von dem Ermessen in einer dem Zweck der Ermächtigung nicht entsprechenden Weise Gebrauch gemacht ist“. Das Gericht hat also seine Prüfung auch darauf zu erstrecken, ob eine Ermessensüberschreitung, ein Ermessensmißbrauch oder ein Ermessensfehlgebrauch vorliegt. Soweit sich die Aufsicht auf die Rechtmäßigkeit derjenigen Verwaltungshandlungen

---

[123] Eine Satzung bindet nicht nur die von ihr betroffenen Gemeindebürger, sondern gleichermaßen auch die Gemeinde selbst, da sie als objektives Recht unmittelbar und allgemeinverbindlich Rechte und Pflichte statuiert. Vgl. David, Satzungsgewalt, S. 5.

[124] Vgl. Gönnenwein, Gemeinderecht, S. 188 Fn. 27.

[125] Z. B. Verpflichtungen, die sich aus öffentlich-rechtlichen Verträgen ergeben.

[126] Schnapp, Ersatzvornahme, S. 45f., sieht deswegen Verträge, Verwaltungsakte und Urteile nicht als eigenständige Grundlagen einer Verpflichtung an.

[127] Andrick, JA 1987, S. 547; Pfeiffer, Staatsaufsicht, S. 33.

[128] Gönnenwein, Gemeinderecht, S. 182; Klüber, Gemeinderecht, S. 349.

[129] Vgl. Erichsen, in: Erichsen/Martens, Allg. Verwaltungsrecht, § 12 II 2 c; Kopp, VwGO, § 114 RdNr. 4ff.; dens., VwVfG, § 40 Rdnr. 5ff.

[130] Erichsen, in: Erichsen/Martens, Allg. Verwaltungsrecht, § 12 II 2 b).

[131] Vgl. Wolff/Bachoff, Verwaltungsrecht I, § 31 II c 3.; Mayer, Allg. Verwaltungsrecht, S. 46; Ossenbühl, Verwaltungsvorschriften, S. 315f.; Erichsen, in: Erichsen/Martens, Allg. Verwaltungsrecht, § 12 II 2 b).

erstreckt, die auch der Rechtmäßigkeitskontrolle der Verwaltungsgerichte unterliegen, müssen die gleichen Maßstäbe gelten, wie für die Verwaltungsgerichte[132].

Die verfassungsrechtliche Gewährleistung der Allzuständigkeit des gemeindlichen Wirkungskreises und der Eigenverantwortlichkeit spielt allerdings gerade für den Umfang der Kommunalaufsicht im Rahmen der gesetzesfreien Verwaltungshandlungen eine erhebliche Rolle[133]. Anders als der Ermessensakt ist die gesetzesfreie Verwaltungshandlung nicht auf ein gesetzliches Leitbild zurückführbar[134]. Es handelt sich dabei nicht um eine „heteronom gelenkte Gesetzesausführung", sondern um die Ausübung einer Entscheidungsfreiheit[135]. Die Gemeinden sind insoweit nicht mit einfach gesetzlicher „Ermächtigung" im Sinne § 114 VwGO ausgestatter Delegatar irgendwelcher Ausführungskompetenz, sondern Inhaber eigener, verfassungsrechtlich gewährleisteter Hoheitsrechte[136]. Die Gemeinden bewegen sich innerhalb der ihnen durch Art. 28 Abs. 2 Satz 1 GG und die entsprechenden landesverfassungsrechtlichen Bestimmungen gewährleisteten Entscheidungsfreiheit, der „autonomen Selbstgestaltung nach eigenen Leitbildern und Richtlinien"[137].

Eine zur Rechtswidrigkeit führende Verwaltungshandlung liegt aber dann vor, wenn die Gemeinde die durch Verfassung und sonstige Gesetze gesteckten Grenzen des Selbstverwaltungsrechts nicht beachtet, da die gesetzesfreie Verwaltung nicht zugleich einen rechtsfreien Raum bedeutet und sie damit etlichen normativen Bindungen unterliegt[138]. Dies geschieht z. B. bei Kompetenzüberschreitungen[139].

Angesichts des weitgesteckten Betätigungsspielraums einer Gemeinde[140] werden die Grenzen ihrer Gestaltungsfreiheit fast immer nur bei gesetzlichem Betätigungsverbot oder einer positiv-rechtlichen Übertragung einer Aufgabe auf eine andere Stelle erkennbar sein[141].

---

[132] Galette / Laux, Kommentar zur GO SH, § 120 Erl. 6.

[133] Gönnenwein, Gemeinderecht, S. 182; Galette / Laux, Kommentar zur GO SH, § 120 Erl. 6; Salzwedel, VVDStRL 22 (1965), S. 225, unterscheidet zwischen „Verwaltungsermessen" und „Gestaltungsfreiheit".

[134] Erichsen, in Erichsen / Martens, Allg. Verwaltungsrecht, § 12 II 3; Salzwedel, VVStRL 22 (1965), S. 225.

[135] Salzwedel, VVStRL 22 (1965), S. 225.

[136] Oexmann, Beanstandung, S. 128. Vgl. auch Salzwedel, VVDStRL 22 (1965), S. 225.

[137] Salzwedel, VVDStRL 22 (1965), S. 225.

[138] Erichsen, in: Erichsen / Martens, Allg. Verwaltungsrecht, § 12 II 3; Maurer, Allg. Verwaltungsrecht, § 1 Rdnr. 25.

[139] Dazu Erichsen, Kommunalrecht NW, S. 43 f.; Schoch, Jura 1984, S. 555.

[140] Gönnenwein, Gemeinderecht, S. 182, nennt ein Beispiel: Die Neuanlage einer Ortsstraße in einer Breite von 25 Metern wird nicht als Ermessensmißbrauch beanstandet werden können, weil die Aufsichtsbehörde glaubt, eine Breite von 15 Metern werde dem Verkehr auf Jahre hinaus noch genügen.

[141] Gönnenwein, Gemeinderecht, S. 182.

Da die Gesetzmäßigkeitsprüfung der Kommunalaufsichtsbehörden durchaus derjenigen der Verwaltungsgerichtbarkeit[142] entspricht, taucht auch bei der Rechtsaufsicht die Frage auf, ob und inwieweit die Auslegung und Anwendung unbestimmter Rechtsbegriffe im konkreten Fall unter dem Gesichtspunkt der Rechtmäßigkeit nachprüfbar sind. In der Literatur sind verschiedene Bemühungen unternommen worden, der öffentlichen Verwaltung einen Beurteilungsspielraum zuzuerkennen, durch den die Kontrolldichte vermindert würde[143]. Das Bundesverwaltungsgericht bejaht demgegenüber unter Bezug auf die Rechtsschutzgarantie des Art. 19 Abs. 4 GG grundsätzlich die gerichtliche Überprüfbarkeit der Anwendung unbestimmter Rechtsbegriffe durch die Verwaltung[144]. Die Rechtsprechung macht aber Ausnahmen von dem Grundsatz, daß die Verwaltung keinen der gerichtlichen Kontrolle entzogenen Beurteilungsspielraum habe[145]. Soweit eine mit der Anwendung unbestimmter Rechtsbegriffe verbundene Verwaltungshandlung der Gemeinde der gerichtlichen Rechtsmäßigkeitskontrolle unterliegt, gilt das gleiche für die Rechtsaufsicht.

2. Gegenstand der Kommunalaufsicht

Die Kommunalaufsicht erstreckt sich auf die Tätigkeit der Gemeinde im eigenen Wirkungskreis wie im übertragenen Wirkungskreis.

Von der Kommunalaufsicht kann man jedoch nur dort sprechen, wo es sich um eine gerade auf die Gemeinde ausgerichtete Aufsicht des Staates handelt[146]. Übt eine Gemeinde eine solche Tätigkeit aus, die jedermann unter staatlicher Aufsicht ausüben kann, unterliegt sie der gleichen Aufsicht des Staates wie jeder andere. Diese Aufsicht des Staates gegenüber der Gemeinde ist keine Kommunalaufsicht[147].

Dabei erfaßt die Rechtsaufsicht den Bereich der Selbstverwaltungsangelegenheiten, pflichtiger wie freiwilliger. Auch die rechtsetzende Tätigkeit, z. B. der Erlaß von Satzungen ist hierbei miteingeschlossen. Die Rechtsaufsicht erstreckt

---

[142] Schaper, SKV 1962, S. 87; Galette/Laux, Kommentar zur GO SH, § 120 Elr. 6; Oexmann, Beanstandung, S. 127 m.w. N.

[143] Zum Stand der Meinungen u.a. Erichsen, DVBl 1985, S. 22ff. Vgl. auch dens., Verwaltungsrecht I, S. 196ff.; v. Mutius, Jura 1987, S. 96.

[144] Vgl. etwa BVerwGE 15, S. 207 (208); 29, S. 279 (280); 46, S. 175 (176f.); 56, S. 71 (75). Vgl. Erichsen, DVBl. 1985, S. 26; Braun, VerwArch 1985, S. 182f.

[145] Vgl. insbesondere BverwGE 39, S. 197(203 u.205). Dazu gehören z. B. Prüfungsentscheidungen (vgl. etwa BVerwG DÖV 1984, S. 804), prüfungsähnliche Entscheidungen (etwa BverwGE 65, 303 (311)) und dienstliche Beurteilungen von Beamten (vgl. etwa BverwGE 59, S. 213 (217)). Schließlich hat das Bundesverwaltungsgericht auch bei prognotischen Entscheidungen wertenden Charakters einen Beurteilungsspielraum anerkannt (BVerwG DVBl. 1979, 877 (878f.); vgl. auch BVerwG NVwZ 1986, 209 (212)).

[146] Widtmann, Bayerische Gemeindeordnung, Vorbem. vor Art. 108 Erl. 3.

[147] Widtmann, ebenda. Z. B. die Aufsicht des Staates auf dem Gebiet des Bauwesens (Bauaufsicht) und der gewerlichen Tätigkeiten (Gewerbeaufsicht).

sich nicht nur auf Externa der Gemeinde, also Akte mit Außenwirkung, sondern auch auf Interna der Gemeinde, also etwa Beschlüsse und deren Unterlassungen[148].

Umstritten ist jedoch, ob und inwieweit der privatrechtliche Verwaltungsbereich von der Rechtsaufsicht erfaßt wird.

Nach OVG Münster[149] darf die Kommunalaufsichtsbehörde nur im Interesse des öffentlichen Wohls eingreifen, nicht aber mit dem Ziele, einem einzelnen zu seinem Recht zu verhelfen, wenn dieser seine Rechte in einem Zivilprozeß oder in einem Verwaltungsstreitverfahren geltend machen kann. Das OVG Münster verweist zur Rechtfertigung auf die historische Entwicklung der Kommunalaufsicht in Deutschland.

Die herrschende Meinung vertritt im Anschluß an das OVG Münster die Auffassung, daß rein privatrechtliche Tätigkeiten nicht der Gegenstand der Rechtsaufsicht seien[150]. Sie will die Tätigkeit der Kommunalaufsicht auf die Fälle beschränken, in denen an ihrem Einschreiten ein öffentliches Interesse besteht. Daran fehle es regelmäßig bei der Verletzung von privatrechtlichen Vorschriften durch Gemeinden. Nur ausnahmsweise könne die Aufsicht auch im Privatbereich einschreiten, wenn z. B. die Gemeinde durch Nichterfüllung privatrechtlicher Verbindlichkeiten Ansehen und Vertrauen der Selbstverwaltung schwer und unerträglich gefährde[151].

Demgegenüber vertreten einige Autoren eine andere Auffassung. Verletzungen von Vorschriften des Zivilrechts würden auch vom Begriff „Gesetzmäßigkeit der Verwaltung“ erfaßt und damit rechtsaufsichtlichem Einschreiten unterliegen[152]. Nach Obermayer sind sie jedenfalls insoweit als Gegenstand der Rechtsaufsicht zu betrachten, als sie öffentliches Recht berühren oder dem Verwaltungsprivatrecht zuzurechnen sind[153]. Bei rein privatrechtlichen Streitigkeiten bestehe ein Recht, aber keine Pflicht des Staates zur rechtsaufsichtlichen Überwachung. Voraussetzung für die Ausübung dieses Rechts sei jedoch die

---

[148] Dazu Oexmann, Beanstandung, 110ff.; Scholler/Broß, Kommunalrecht, S. 215.

[149] OVG Münster, OVGE 18, 227ff. = DVBl. 1963, 862f. = DÖV 1964, 353ff.

[150] Gönnenwein, Gemeinderecht, S. 188; Scholler/Broß, Kommunalrecht, S. 212; Knemeyer, Die Staatsaufsicht, S. 271; Salzwedel, VVDStRL 22 (1965), S. 212f.; Forsthoff, Lehrbuch, S. 571; Wolff/Bachof/Stober, Verwaltungsrecht II, § 86 IX 5.

[151] Vgl. Reuter, Rechtsaufsicht, S. 38.

[152] Mang, BayVBl 1960, 109; Widtmann, Bay VBl 1960, 110, unterscheidet dabei, ob es sich um ein Tun oder ein Unterlassen der Gemeinde handelt. Während ein Tun schlechthin dem rechtsaufsichtlichen Einschreiten unterliege, sei die Aufsichtsbehörde bei einem Unterlassen nur dann zum Eingreifen berechtigt, wenn die Gemeinde durch das Unterlassen öffentlich-rechtliche Aufgaben nicht erfülle.

[153] Obermayer, in: Mang/Maunz/Mayer/Obermayer, S. 478f., nennt als Beispiel dafür die unmittelbar dem öffentlichen Wohl dienenden Versorgungs- und Verkehrsunternehmen ohne Rücksicht auf die Art der Organisation.

Offenkundigkeit einer Rechtsverletzung. Schwierige zivilrechtliche Streitigkeiten solle das sachkundige Zivilgericht entscheiden.

Nach Hassel ist bei jeder Art von Gesetzesverstoß durch die Gemeinde ein öffentliches Interese am Einschreiten der Kommunalaufsicht gegeben. Wegen der Unschärfe des Begriffs „öffentliches Interesse" sei dieser Begriff als Abgrenzungskriterium für das Recht der Aufsichtsbehörde ungeeignet[154]. Die Aufsichtsbefugnisse seien nur durch Ermessenslehre und Verhältnismäßigkeitsgrundsatz eingeschränkt: Die Entscheidung über Einschreiten der Kommunalaufsicht müsse ermessensfehlerfrei zustandekommen[155]. Bei der Auswahl der Aufsichtsmittel sei der Grundsatz der Verhältnismäßigkeit zu beachten.

Die Aussage der herrschenden Meinung -die Kommunalaufsicht agiere nur im öffentlichen Interesse — ist zwar durchaus zutreffend. Aber die Frage, was der Gegenstand der Kommunalaufsicht ist, unterscheidet sich von der Frage, inwieweit die Aufsichtsbehörde ihre Befugnisse in Einzelfall ausüben kann und darf. Die Aussage der herrschenden Meinung bezieht sich auf die zweite Frage, da die Frage, ob ein bestimmte Tätigkeit der Gemeinde das öffentliche Interesse beeinträchtigt, nur in einem konkreten Fall beantwortet werden kann. Deshalb ist die Aussage der herrschenden Meinung nur dann möglich, wenn man davon ausgeht, daß die privatrechtliche Tätigkeit schon ein Gegenstand der Rechtsaufsicht ist, da die erste Frage logisch vor der zweiten Frage kommt.

Die privatrechtliche Tätigkeiten der Gemeinde sind daher Gegenstand der Rechtsaufsicht, sofern das Gesetz sie nicht ausklammert[156]. Die zweite Frage bezieht sich auf das „Ob" und das „Wie" der Kommunalaufsicht in einem konkreten Fall (also die Handhabung der Aufsicht) [157].

II. In Korea

1. Maßstab der Kommunalaufsicht

Der Maßstab der Kommunalaufsicht ist je nach der Rechtsnatur der Aufgaben der Gebietsselbstverwaltungskörperschaft und dem Aufsichtsmittel unterschiedlich. Während für Auftragsangelegenheiten sowohl Rechtsaufsicht als auch Zweckmäßigkeitsaufsicht zulässig sind (§ 157 Abs. 1 Satz 1 KKSG), ist für Selbstverwaltungsangelegenheiten bei der repressiven Aufsicht nur Rechtmäßigkeitskontrolle möglich (§ 157 Abs. 1 Satz 2 KKSG). Zu den Gesetzen als Aufsichtsmaßstab gehört, wie in Deutschland, jede öffentlich-rechtliche und

[154] Hassel, DVBl. 1985, 699ff.

[155] Indizien gegen ein Einschreiten seien insbesondere Unklarheiten in der Rechtslage, die Geringfügigkeit eines Rechtsverstoßes und jede Art von Klagemöglichkeit eines Betroffenen.

[156] Vgl. etwa § 127 GO RhPf

[157] Dazu s. unten 6. Abschnitt.

privatrechtliche Außenrechtsnorm, die im materiellen Sinne Gesetz ist: das förmliche Gesetz, Rechtsverordnungen, Satzungen und Gewohnheitsrecht.

Voraussetzung für Beanstandung und Aufhebung der Anordnung oder Maßnahme der Vorsteher der Gebietsselbstverwaltungskörperschaften ist gem. § 157 Abs. 1 Satz 2 KKSG deren Rechtswidrigkeit.

Die Aufsichtsbehörde kann auch den Vorsteher der Gebietsselbstverwaltungskörperschaft anweisen, Beschlüsse des Rates zu beanstanden, wenn sie rechtswidrig sind oder das öffentliche Interesse erheblich verletzen (§ 159 Abs. 1 KKSG).

Als Voraussetzung für die Beratung und die Förderung der Gebietsselbstverwaltungskörperschaften durch finanzielle und technische Unterstützung[158] gem. § 155 KKSG ist jedoch die Rechtswidrigkeit nicht erforderlich.

Nach § 33 Abs. 1 RHG kann der Rechnungshof von der Aufsichtsbehörde die Berichtigung der Rechtswidrigkeit oder Zweckwidrigkeit bei der Tätikeit der Gebietsselbstverwaltungskörperschaft fordern. Die Aufsichtsbehörde muß diese Forderung erfüllen (§ 33 Abs. 2 RHG). Da die Aufsichtsbehörde gem. § 157 Abs. 1 Satz 2 KKSG nur bei der Rechtswidrigkeit im Bereich der Selbstverwaltungsangelegenheiten beanstanden und die rechtswidrige Maßnahme der Gebietsselbstverwaltungskörperschaft aufheben kann, findet die Zweckmäßigkeitsaufsicht des § 33 Abs. 1 RHG trotz des Wortlautes keine Anwendung, sofern es sich um die Selbstverwaltungsangelegenheiten handelt.

2. Gegenstand der Kommunalaufsicht

Der Gegenstand der Kommunalaufsicht sind die gesamten Tätigkeiten der Gebietsselbsverwaltungskörperschaft als solche.

Die in Deutschland umstrittenen Frage, ob privatrechtliche Tätigkeiten der Kommune auch Gegenstand der Kommunalaufsicht ist[159], ist in Korea weder im Schrifttum noch in der Rechtsprechung diskutiert.

Diese Frage läßt sich im Rückgriff auf die Funktion der Kommunalaufsicht beantworten. Wenn man in der Kommunalaufsicht nur Rechtsbewahrung und Kontrolle der Tätigkeiten der Gebietsselbstverwaltungskörperschaft sieht, könnte die Ausschließung der Befugnisse der Aufsichtsbehörde vom privatrechtlichen Bereich der Sicherung der Entscheidungsfreiheit der Gemeinden dienen.

Wenn die Aufsichtsbehörde in den Entscheidungsprozeß der Gebietsselbstverwaltungskörperschaften nicht eingreift, sondern mit der unverbindlichen Beratung und finanziellen und technischen Unterstützung ihre Tätigkeiten

---

[158] Dazu s. unten 4. Abschnitt II 1 und 2.

[159] Dazu s. oben 2. Abschnitt I 2.

schützt und fördert[160], bedeutet auch die Aufsicht im privatrechtlichen Bereich eine Ergänzung der Leistungskräft der Gemeinde. Darüberhinaus gibt es keinen Grund, die privatrechtlichen Tätigkeiten der Gebietsselbstverwaltungskörperschaft von den öffentlich-rechtlichen zu unterscheiden und die Verletzung des Privatrechts von der Rechtsverletzung des § 157 Abs. 1 KKSG auszuschließen, sofern beide dem gleichen öffentlichen Zweck dienen. Deshalb ist die privatrechtliche Tätigkeit der Gebietsselbstverwaltungskörperschaft grundsätzlich Gegenstand der Kommunalaufsicht. Davon zu unterscheiden ist die Frage, inwieweit die Aufsichtsbehörde ihre Befugnisse ausüben muß oder kann[161].

---

160 Dazu s. oben 1. Abschnitt I 2 u. 5.

161 Dazu s. oben 2. Abschnitt I 2; auch s. unten 6. Abschnitt II.

3. Abschnitt

Aufsichtsbehörde

I. In Deutschland

Die Aufsicht über die Gemeinden ist eine Angelegenheit des Landes[162]. Welche staatliche Stellen im einzelnen als Aufsichtsbehörde fungieren, läßt sich nur anhand der jeweiligen landesrechtlichen Regelungen bestimmen. Die allgemeine Zuständigkeit der Kommunalaufsicht wird durch die Gemeindeordnungen geregelt[163].

Die Aufsichtsbehörden über Selbstverwaltungsangelegenheiten der Gemeinden sind in meisten Länder dreifach gestaffelt in Aufsichtsbehörden, obere Aufsichtsbehörden und die oberste Aufsichtsbehörde.

Die Zuständigkeit der Behörden richtet sich dabei jeweils nach der Größe und rechtlichen Stellung der zu beaufsichtigenden Gemeinden.

Die Rechtsaufsicht über die kreisangehörigen Gemeinden obliegt den Landratsämtern[164], Landräten[165], Kreisverwaltungen[166] oder dem Oberkreisdirektor[167] als unterer staatlicher Verwaltungsbehörde.

Eine Ausnahme gilt lediglich für Niedersachsen. Die Aufsicht über kreisangehörige Gemeinden mit Ausnahme der selbständigen Städte obliegt dem Landkreis[168]. Hier ist die Aufsichtstätigkeit „kommunalisiert“[169].

Die hessische Gemeindeordnung[170] kennt als Zuständigkeitskriterium nicht die Kreisangehörigkeit bzw. Kreisfreiheit, sondern nur die Zahl der Gemeindeeinwohner: die zuständige Aufsichtsbehörde für Gemeinden mit bis 30000 Einwohner ist der Landrat.

---

[162] Eine unmittelbare Aufsicht des Bundes über die Gemeinden ist nach der verfassungsrechtlichen Ordnung des Bund-Länder-Verhältnisses ausgeschlossen, soweit das Grundgesetz keine andere Regelung trifft oder zuläßt. Vgl. Art. 30 GG.

[163] Vgl. § 119 GO BW; Art. 110 GO Bay; § 136 GO Hess; §128 GO NS; §106 a GO NW; §118 GO RhPf; § 124 GO Saar; § 121 GO SH

[164] Art. 110 GO Bay; § 119 GO BW.

[165] § 124 GO Saar; § 121 GO SH.

[166] § 118 GO RhPf.

[167] § 106 a Abs. 1 GO NW.

[168] § 128 Abs. 1 S. 2 GO NS.

[169] Knemeyer, Die Staatsaufsicht, S. 271; Schmitt, System, S. 196; Mayr, Aufsichtsverhältnis, S. 117f.

[170] § 136 GO Hess.

Die Aufsicht über kreisfreie Städte sowie Landkreise obliegt in den meisten Bundesländern den staatlichen Verwaltungsbehörden der Mittelstufe (Regierungspräsident). In Hessen übt der Regierungspräsident die Aufsicht über alle Gemeinden mit mehr als 30000 Einwohnern aus[171]. Im Saarland[172] und Schleswig-Holstein[173], wo die Mittelinstanz fehlt, liegt sie unmittelbar beim Minister des Innern.

Die obere Aufsichtsbehörde für die kreisangehörigen Gemeinden ist diese Mittelinstanz. In Schleswig-Holstein und in Saarland ist die obere Aufsichtsbehörde für die kreisangehörigen Gemeinden der Minister des Innern. Die obere Aufsichtsbehörde fällt für die kreisfreien Städte sowie Landkreise mit der obersten Aufsichtsbehörde, dem Innenministerium, zusammen.

Die oberste Rechtsaufsichtsbehörde ist für alle Gemeinden und Kreise der Minister des Innern.

Nach der hierarchischen Organisation der Landesverwaltung sind die Behörden der unteren Ebene jeweils an die Weisungen der ihnen vorgesetzten Behörden gebunden. Das gilt auch auf dem Gebiet der Kommunalaufsicht. Wenn die Aufsichtsbehörde der unteren Instanz zugleich ein kommunales Organ ist, ist es nur im Wege der Organleihe zur Verfügung gestellt[174] und fungiert bei Wahrnehmung seiner Aufsichtsfunktion als Teil staatlicher Verwaltung. Die nachgeordneten Aufsichtsbehörden unterliegen also der unbegrenzten Weisungsbefugnis der höheren Aufsichtsbehörden, die ihnen allgemeine Richtlinien ebenso wie im Einzelfall bindende Anordnungen erteilen können.

Die Weisungsgebundenheit der Aufsichtsbehörden umfaßt aber nicht ohne weiteres das Recht der höheren Aufsichtsbehörden, die Zuständigkeiten der unteren Aufsichtsbehörden an sich zu ziehen und an ihrer Stelle auszuüben. Die Beachtung der gesetzlichen Zuständigkeitsregelung ist auch dann verpflichtend, wenn vorgesetzten Behörden eine Änderungs- und Aufhebungsbefugnis zusteht[175]. Ein Selbsteintrittsrecht der jeweils höheren Rechtsaufsichtsbehörde anstelle der nächst unteren Rechtsaufsichtsbehörde ist im Bereich der Kommunalaufsicht nicht vorgesehen[176].

Nach dem Grundsatz der Einheit der Aufsicht sollen die Aufsichtsfunktionen des Staates in jeder Instanz möglichst bei einer Behörde zusammengefaßt sein und der Gemeinde bei der Aufsichtsführung nicht mit einer Vielzahl von Dienststellen gegenübertreten[177]. Nur die Aufsichtsbehörde ist grundsätzlich zu

---

[171] § 136 GO Hess.

[172] § 124 GO Saar.

[173] § 121 GO SH.

[174] Klüber, Gemeinderecht, S. 357.

[175] Schlempp, HGO, §136 Erl. IV.

[176] Knemeyer, Die Staatsaufsicht, S. 272; Widtmann, Bayerische Gemeindeordnung, Art. 110 Erl. 2.

Eingriffen in die Selbstverwaltung der Gemeinde befugt. Für die Rechtsaufsicht ist grundsätzlich die unterste Aufsichtsbehörde zuständig.

Der Zweck dieses Grundsatzes liegt in der Sicherung der Einheit der Staatsaufsicht gegenüber der Gemeinden, die bei ihren Tätigkeiten insbesondere aufgrund der Allzuständigkeit mit den verschiedenden staatlichen Verwaltungszweigen in Berührung kommt. Die eigenständige Wahrnehmung der kommunalen Aufgaben wäre nur schwer möglich, wenn jede sachlich betroffene Staatsbehörde zu Eingriffen in das Selbstverwaltungsrecht der Gemeinde befugt wäre. Die Gemeinde würde so „zu einem Spielball von sich wiederstreitenden Staatsinteressen“[178].

Für die Gemeinde wird die beaufsichtigende Staatsverwaltung grundsätzlich nur durch eine Behörde repräsentiert, so daß übersichtliche Verhältnisse bestehen und sich in dem dauernden Kontakt ein Vertrauensverhältnis zur Aufsichtsbehörde entwickeln kann[179]. Durch die Konzentration der Aufsichtsfunktion kann die Aufsichtsbehörde die Gesamtlage der Gemeinde bei der Ausübung der Kommunalaufsicht besser beurteilen als andere Behörden. Das Einheitsprinzip kann deshalb zu einer raschen, wirkungsvollen und individuell abgestimmten Aufsichtsführung beitragen[180].

Das Einheitsprinzip wird nur in seltenen, im Gesetz ausdrücklich hervorgehobenen Ausnahmefällen durchbrochen. Nach der Gemeindeordnungen der Länder[181] sind höhere Behörden bei der Anwendung extremer Aufsichtsmittel (etwa die Auflösung des Gemeinderats) erstinstanzlich zuständig[182].

Die einheitliche Zuständigkeit der Rechtsaufsichtsbehörde greift über den Bereich rechtsaufsichtlicher Tätigkeit hinaus. Die Fachaufsichtsbehörden haben außer dem allgemeinen Weisungsrecht sowie dem dafür vorausgesetzten Informationsrecht und der daran anknüpfenden Beanstandungsbefugnis keine eigenen Möglichkeiten zur Durchsetzung ihrer Anordnung[183]. Sie muß dann die Amtshilfe der Rechtsaufsichtsbehörde in Anspruch nehmen[184], wenn zur

---

[177] Vgl. § 114 DGO: „Andere Behörden und Stellen als die Aufsichtsbehörde sind zu Eingreifen in die Gemeindeverwaltung nicht befugt.“ § 113 GO NW; § 128 GO RhPf; § 129 Abs. 2 GO BW; Art. 116 Abs. 1 GO Bay; § 135 Abs. 2 GO NS; § 145 GO Hess haben sich an § 114 DGO mit geringfügiger Modifizierung angeschlossen.; Schmitt, System, S. 139f.; Schmidt-Jortzig, Kommunalrecht, § 4 Rdnr. 85; Gönnenwein, Gemeinderecht, S. 213ff.; Mayr, Aufsichtsverhältnisse, S. 119ff.

[178] Pfeiffer, Staatsaufsicht, S. 56f.

[179] Schmitt, System, S. 139; Mayr, Aufsichtsverhältnisse, S. 119.

[180] Schmitt, System, S. 139.

[181] Etwa Art. 114 Abs. 3 GO Bay; § 61 GO NS; § 128 GO BW; §§ 110, 111 GO NW.

[182] Z. B. kann der Innenminister nach §§ 110 und 111 GO NW bei Vorliegen der gesetzlichen Voraussetzungen einen Beauftragten bestellen und einen Gemeinderat auflösen.

[183] S. dazu unten Teil 3 1. Abschnitt V.

[184] Gönnenwein, Gemeinderecht, S. 213.

Durchsetzung fachlicher Anordnungen Zwangsmittel erforderlich sind. Sonder- und Fachaufsichtsbehörden sind überdies oft mit der Rechtsaufsichtsbehörde identisch[185]. Den allgemeinen Rechtsaufsichtsbehörden verbleibt sonach, von Sonderbestimmungen abgesehen, das Eingriffsmonopol[186]. Dies dient dem Schutz der Gemeinde. Durch diese Zuständigkeitskonzentration ist sichergestellt, daß in der Einwirkung auf die Gemeinde fortwährend eine einheitliche Linie eingehalten und damit vermieden wird, daß Sonderbehörden unter einseitiger Voranstellung ihrer speziellen Wünsche ohne Rücksicht auf die Gesamtlage und die finanzielle und verwaltungsmäßige Leistungskraft der Gemeinde gegen diese vorgehen[187].

II. In Korea

Die Aufsichtsbehörde über die Gebietsselbstverwaltungskörperschaft „Shi", „Kun" und „Ku" ist nach § 157 Abs. 1 KKSG der Vorsteher der „Teukbyulshi" bzw. „ Chikhalshi" oder „Do" („Shichang" bzw. „Dosisa"). Dabei ist „Shichang" die Aufsichtsbehörde über „Ku", und „Dochisa" ist die Aufsichtsbehörde über „Shi" und „Kun". Nach § 157 Abs. 1 KKSG ist die Aufsichtsbehörde über „Teukbyulshi" bzw. „Chikhalshi" und „Do" der „zuständige Minister". Nach richtiger Ansicht gibt es keinen Minister, der für Selbstverwaltungsangelegenheiten zuständig ist. Deshalb ist der „zuständige Minister" in § 157 Abs. 1 KKSG die Aufsichtsbehörde nur für Auftragsangelegenheiten. Für die Aufsicht gegenüber Selbstverwaltungsangelegenheiten über die Gebietsselbstverwaltungskörperschaften „Teukbyulshi" bzw. „Chikhalshi" oder „Do" ist der Innenminister nach § 31 Abs. 1 ROG und § 158 KKSG zuständig[188], sofern der Gesetzgber nach § 161 KKSG über „Seoulteukbyl" keine Sonderregelung trifft.

Die Aufsichtsbehörde „Shichang" bzw. „Dosisa" (der „Vorsteher der Gebietsselbstverwaltungskörperschaften „Shi" bzw. „Do") ist als Staatsorgan tätig. Sie unterliegt der unbegrenzten Weisungsbefugnis der höheren Staatsorgane (hier des Innenministers) entsprechend dem hierarchischen Aufbau der Staatsverwaltung. Daher kann man sagen, daß der „Shichang" bzw. „Dosisa" die untere Aufsichtsbehörde, der Innenminister die obere Aufsichtsbehörde über „Shi", „Kun" und „Ku" ist.

Der Innenminister ist zugleich untere Aufsichtsbehörde über „Teukbyulshi", „Chikhalshi" und „Do".

Der Staatspräsident ist als Regierungschef die oberste Aufsichtsbehörde nach Art. 66 Abs. 4 KV und § 10 ROG[189].

---

185 Art. 115 Abs. 1 Satz 2 GO Bay legt fest, daß den Aufsichtsbehörden auch die Führung der Fachaufsicht obliegt, soweit nicht besondere Vorschriften bestehen.

186 Schmitt, System, S. 141.

187 Pfeiffer, Staatsaufsicht, S. 57.

188 A. A. Yoon Heun Park, Koshiyungu 1988 H. 11, S. 69.

Nach § 24 Abs. 1 Nr. 2 und § 33 i. V. mit § 31 Abs. 2 RGH hat der Rechnungshof auch die Aufsichtsbefugnis gegenüber der Kommunalverwaltung, dabei trifft er nicht unmittelbar eine aufsichtliche Maßnahme, sondern fordert von der Aufsichtsbehörde die Berichtigung der rechtswidrigen Maßnahmen der Gebietsselbstverwaltungskörperschaften. Die Aufsichtsbehörde muß die Forderung des Rechnungshofs innerhalb der vom Rechnungshof bestimmten Frist erfüllen (§ 33 Abs. 2 RHG). Die Rechtsstellung des Rechnungshofs ist damit bei der Aufsichtsführung nicht klar. Für einheitliche Aufsichtsführung ist dieses Anweisungsrecht des Rechnungshofes gegenüber der Aufsichtsbehörde problematisch.

---

[189] Die einzelnen Minister sind in Korea nur Gehelfen des Präsidenten anders als die in Deutschland.

4. Abschnitt

Die Mittel der Aufsicht

I. In der Bundesrepublik Deutschland

1. Überblick

Zur Erreichung des Zwecks der Kommunalaufsicht stehen dem Staat verschiedene Mittel zur Verfügung, die je nach der Schwere der Rechtsverletzung, der Beharrlichkeit und der Funktionsfähigkeit der Gemeinde anzuwenden sind.

Es gibt zahlreiche Versuche, sie systematisch zu gliedern[190]. So wird zwischen „positiven" und „negativen"[191], zwischen „präventiven" und „repressiven"[192], zwischen „formlosen" und „förmlichen"[193], zwischen „vorbereitenden", „vorbeugenden" und „repressiven"[194] Aufsichtsmitteln oder zwischen „vorbereitenden" Aufsichtsmitteln, „Befehlsmitteln" und „Zwangsmitteln"[195] unterschieden. Sie werden auch nach ihrer Eingriffsintensität abgestuft[196]. Die Gemeindeordnungen der Länder regeln unter der Überschrift „Aufsicht" zusammenhängend nur die Mittel der repressiven Rechtsaufsicht in enger Anlehnung an die DGO: Informationsrecht, Beanstandungsrecht und Aufhebungsrecht, Anord-

---

[190] Rechtliche Folgerung werden aus solchem System nicht abgeleitet. So Reuter, Rechtsaufsicht, S. 40.

[191] Preuß, Das Städtische Amtsrecht in Preußen, S. 160; Peters, Grenzen, S. 229; Triepel, Reichsaufsicht, S. 481, geht auch von dieser Scheidung aus. Er bezeichnet die positive Aufsicht als „fördernde", die negative als „erhaltende" Aufsicht.

[192] Fleiner, Institutionen, S. 105; Gierke, Genossenschaftsrecht, S. 659f.; Erichsen, DVBl. 1985, S. 944f.; Andrick, JA 1987, S. 548f.; Weber, Staats- und Selbstverwaltung, S. 44. Er verwendet allerdings die Begriffe der „korrektiven" und der „prophylaktischen" Aufsichtsmittel.

[193] Bracker, Kommunalaufsicht, S. 466ff.

[194] Gönnenwein, Gemeinderecht, S. 183.

[195] Schmitt, System, S. 214ff.

[196] Für Salzwedel, VVDStRL 22 (1965), S. 249ff. u. 262 ergibt sich folgender Stufenaufbau:

1. Auskunftsverlangen
2. Beanstandung rechtswidrigen Handelns oder Unterlassens
3. Ersatzaufhebung oder Ersatzvornahme
4. Einsetzen eines Beauftragten
5. echtes staatliches Regelement

Aufsichtsmittel höherer Stufe seien in der Regel erst nach Erschöpfung der vorhergehenden zulässig.

nungsrecht und Ersatzvornahme, Bestellung eines Beauftragten und in einigen Ländern die Auflösung der Gemeindevertretung.

Dagegen finden sich die Mittel der präventiven Aufsicht verstreut vor allem in den einzelnen Vorschriften, die bestimmte gemeindliche Handlungen staatlicher Genehmigung unterstellen.

Die Aufsichtsvorgänge vollziehen sich in der Praxis vielfach durch informelle Kontakte zwischen Gemeinde und Aufsichtsbehörde (Beratung, Anregung, Korrekturvorschlag)[197].

Daneben besitzt der Staat noch eine Fülle von Einwirkungsmöglichkeiten, die er recht intensiv und wirksam nutzt: dazu gehören u. a. die Zweckzuweisung[198], die als „goldener Zügel" des Staates bezeichnet wird, und Einwirkungsmöglichkeiten des Staates im Bereich der Planung[199].

2. Die präventive Aufsichtsmittel

(1) Die Beratung

a) Die Bedeutung der Beratung

Die Beratung der Gemeinde gehört zu den wichtigsten Aufgaben der Kommunalaufsichtsbehörde. Die Aufsichtspraxis zeigt, daß die Beratung in der Bedeutung und in dem Zeit- und Arbeitsaufwand die größten Rolle spielt, während die repressiven Aufsichtsmittel nur in seltenen Fällen angewendet werden[200]. Die Beratung läßt sich kennzeichnen als eine unverbindliche Hilfe, die der Ratgeber aufgrund seiner Überlegenheit dem Beratenen gewährt[201]. Die Beratung erfolgt durch Anregungen, Hinweise und Vorschläge. Gemeinden sind in der Entscheidung der Annahme der Beratung durch die Aufsichtsbehörde frei[202]. Wegen dieser Unverbindlichkeit hat die Gemeinde bei der Beratung mehr Chance für die Selbstverantwortung als andere Aufsichtsmittel.

---

[197] Schmidt-Aßmann, Kommunalrecht, S. 122. Nach Seele, Aufsichtsfunktion, S. 226, finden die Gemeinde und Aufsichtsbehörde zumeist in der Praxis durch Kontakt im Vorstadium gemeinsam eine vertretbare Regelung, wenn die Sachlage zweifelhaft ist. Nach seiner Angabe macht die Aufsichtsbehörde in manchen Kreisen von ihrem repressiven Aufsichtsrecht wie Beanstandungs- und Anordnungsrecht durchschnittlich nicht mehr als einmal im Jahr Gebrauch.

[198] Zur Zweckzuweisung als Aufsichtsmittel, Gellen, Zweckzuweisung, S. 55ff.; Ipsen, Staatliche Ingerenzen, S. 15ff.

[199] Dazu Ipsen, Staatlichen Ingerenzen, S. 11ff.; Weidemann, Staatsaufsicht, S. 38ff. u. 44ff.

[200] Nach Seele, Aufsichtsfunktionen, S. 231, gibt es Kreise, in denen das Verhältnis der Beratungstätigkeit zu der aufsichtlichen Kontroll- und Eingriffsfunktion mit 10 : 1 veranschlagt wird.

[201] Klemt, Beratende Tätigkeit, S. 14.

In der Regel dient die Beratung der Vermeidung der Gesetzwidrigkeit und Funktionsunfähigkeit der Gemeinde für die Zukunft[203].

Ausdrücklich erwähnt ist die Beratung nur in Art. 108 GO Bay, wonach die Aufsichtsbehörden die Gemeinden bei der Erfüllung ihrer Aufgaben verständnisvoll beraten sollen. Das Recht und die Pflicht der Beratung ergeben sich in anderen Ländern auch aus dem Schutz- und Fürsorgeverhältnis des Staates gegenüber den Gemeinden[204].

b) Die Rechtsnatur der Beratung

Bei der Raterteilung handelt es sich um ein „informales Verwaltungshandeln[205]". Anders als die verbindlichen und „formalen" Aufsichtsmittel bedarf die Raterteilung einer ausdrücklichen gesetzlichen Ermächtigung nicht, da es an einer verbindlichen Eingriffswirkung fehlt. Das bedeutet aber nicht, daß die Aufsichtsbehörde im Hinblick auf die beratenden Tätigkeiten von der in Art. 20 Abs. 3 GG verankerten Bindung an Gesetz und Recht völlig frei ist. Vielmehr darf die Aufsichtsbehörde bei der Raterteilung wie bei jedem anderen Verwaltungshandeln nicht gegen geltendes Recht verstoßen[206].

Umstritten ist, ob die Beratungstätigkeit der Aufsichtsbehörden ein Mittel der Staatsaufsicht ist, oder ob sie eine sonstige Mitwirkungsfunktion darstellt.

Es wird zum Teil die Auffassung vertreten, daß sie kein echtes Aufsichtsmittel, sondern eine Erscheinungsform der Amtshilfe sei[207]. Galette meint, daß die Aufsicht über die Gemeinde auf die Sicherung des Einklangs ihrer Verwaltung mit den Gesetzen beschränkt sei. Die Beratung sei aber vorwiegend auf Fragen der Zweckmäßigkeit gerichtet. Die Staatsaufsicht im Sinne der Sicherung

---

[202] Bracker, Kommunalaufsicht, S. 468. Die Gemeinden und Gemeindeverbände sind auch darin frei, sich durch andere Stellen als die Kommunalaufsichtsbehörden etwa durch die kommunalen Spitzenverbände, Fachverbände und Fachgesellschaften beraten zulassen. Vgl. Seele, Aufsichtsfunktionen, S. 232.

[203] Eine individuelle Raterteilung kann auch zum Teil der Rückgängigmachung bereits erfolgten rechtswidrigen Verhaltens der Gemeinde dienen, wenn sie vor der Anwendung der förmlichen repressiven Aufsichtsmittel erteilt wird.

[204] Pfeiffer, Staatsaufsicht, S. 72; Klemt, Beratung, S. 11; Andrick, JA 1987, S. 548; Erichsen, Kommunalrecht NW, S. 313 Fn. 21.

[205] Erichsen, in: Erichsen/Martens, Allg. Verwaltungsrecht, § 35; Bauer, VerwArch 78 (1987), S. 241 ff.; Becker, DÖV 1985, S. 1003ff.; Eberle, Die Verwaltung 1984, S. 439ff.

[206] Erichsen, in: Erichsen/Martens, Allg. Verwaltungsrecht, § 35; vgl. dens., Kommunalrecht NW, S. 314; Bauer, Verw Arch 78 (1987), S. 260. Zu den gesetzlichen Vorgaben gehören dabei vor allem rechtliche Kompetenzordnungen, der Gleichheitssatz und das Koppelungsverbot. Vgl. Bauer, VerwArch 78 (1987), S. 262; Erichsen, in: Erichsen/Martens, Allg. Verwaltungsrecht, § 12 II 2 u. § 35; Hufen, Fehler im Verwaltungsverfahren 94f.

[207] Galette, Beratung, S. 38; Gönnenwein, Gemeinderecht, S. 186; Glass, Die Realität, S. 41f.

gesetzmäßiger Kommunalverwaltung stelle nur einen Teil der staatlich-kommunalen Beziehungen dar. Die Staatsaufsicht komme nur bei der Rechtsverletzung, aber nicht bei den Fragen der Zweckmäßigkeit in Betracht. Die Beratung sei daher in den Bereich der Mitwirkungsfunktionen zu verweisen[208].

Demgegenüber vertreten viele Autoren folgerichtig die Auffassung, daß die Beratungstätigkeit zur Staatsaufsicht zu rechnen sei. Becker ist der Meinung, daß die Beratung gerade das Kernstück der gesamten Kommunalaufsicht darstellen. Für die kommunale Aufsichtspraxis sei sie das entscheidende Aufsichtsmittel, hinter dem alle anderen an Häufigkeit, Wichtigkeit und Wirksamkeit zurückstünden[209].

Für Knemeyer ist die Beratung vom aufsichtsbehördlichen Einschreiten selbst nicht zu trennen. Beide stünde in engem Zusammenhang. Gerade die Beratung und Förderung der Kommunen sollte ein repressives Einschreiten der Aufsichtsbehörde verhindern. In der Praxis werde dieses Ziel sehr oft erreicht. Auch nach dem Grundsatz der Verhältnismäßigkeit und zur Wahrung eines Vertrauensverhältnisses zwischen Kommune und Aufsichtsbehörde solle vor einer Anwendung eines förmlichen Mittels eine Beratung erfolgen. Die Beratung stelle sich danach als das „mildeste Aufsichtmittel" dar[210]. Auch Klüber ist der Ansicht, daß die Beratung die wesentlichste und vornehmste Aufgabe der Aufsichtsbehörde sei[211]. Nach Wolff/Bachof sollte überhaupt das Schwergewicht der Kommunalaufsicht bei einer vorbeugenden, fachlichen und rechtlichen Beratung, Koordinierung, Schlichtung und auch beim Schutz gegenüber anderen Ressorts und dritten Stellen liegen[212]. Auch das Bundesverfassungsgericht vertritt die Auffassung, daß die Beratung zu den wichtigsten Formen der präventiven Kommunalaufsicht gehöre[213].

Die Aufgaben der Kommunalaufsicht beschränkt sich nicht auf die Rechtsbewahrung[214]. Die Aufsichtsbehörde hat darüberhinaus dafür zu sorgen, daß die Gemeinde ihre Aufgaben funktionsfähig erfüllen kann. Sofern die Beratung diesem Zweck dient, gibt es keinen Grund, sie von den Aufsichtsmitteln auszuschließen.

---

208 Galette, Beratung, S. 40.

209 Becker, Staatsaufsicht, S. 169. Für Gönnenwein, Gemeinderecht, S. 186 Fn. 15, ist diese Auffassung „die Betrachtungsweise der Zeit, in der Staatsaufsicht als Vormundschaft aufgefaßt wurde".

210 Knemeyer, Staatsaufsicht, S. 267f.; so auch Pfeiffer, Staatsaufsicht, S. 71; Klemt, Beratende Tätigkeit, S. 19, meint, das Vertrauensverhältnis würde aber gestört, wenn die Aufsichtsbehörde nicht zunächst Hinweise und Ratschläge geben würde, bevor sie ein förmliches Aufsichtsmittel anwendet.

211 Klüber, Gemeinderecht, S. 352.

212 Wolff/Bachof, Verwaltungsrecht II, § 86 IX a).

213 BVerfGE 58, S. 177 (195).

214 S. oben 1. Abschnitt I 2 u. 5.

c) Die Erscheinungsformen der Beratung

Die Zielsetzung der Beratungstätigkeiten ist verschiedenartig. Im Anschluß an Galette läßt sich 6 Erscheinungsformen staatlicher Beratungstätigkeiten unterscheiden[215]: koordinierende, fachliche, schlichtende, schützende, vergleichende und rechtsauslegende Beratung[216].

Er unterscheidet dabei zwei Arten von koordinierender Beratung: in einem vertikalen und in einem horizentalen Sinne.

Unter der koordinierenden Beratung im vertikalen Sinne versteht Galette die Einordnung des kommunalen Verwaltungshandelns in den notwendigen Zusammenhang mit den gesamtstaatlichen Interessen. Die koordinierende Beratung ist zur Zusammenführung lokaler Verwaltungsentscheidung mit übergeordneten Staatszwecken erforderlich und damit legitimiert[217]. Er führt die Beratung im Bereich der Bauleitplanung und Raumplanung als Beispiel einer koordinierenden Beratung an. Die Bauleitpläne sind den Zielen der Raumordnung und der Landesplanung anzupassen. Diese Anpassung erfolgt nicht nur durch das im Gesetz vorgesehene nachträgliche Genehmigungsverfahren. Der eigentliche Prozeß positiv wirksamer Zusammenführung zwischen örtlichem und überörtlichem Interesse bleibt vor allem der koordinierende Beratung vorbehalten. Die koordinierende Beratung vermag wegen ihrer Elastizität zur wirksamen, wechselseitig befriedigenden Lösung zu führen, indem die Aufsichtsbehörde die gemeindliche Eigenverantwortung respektiert[218]. Durch wechselseitigen Austausch der Ansichten und formlose Vorabstimmung bei der Beratung können überflüssige Friktionen vermieden werden[219].

Mit der koordinierenden Beratung im horizontalen Sinne meint Galette die beratende Initiative der Aufsichtsbehörde zwecks einer nachbarschaftlichen Koordinierung zwischen mehreren kommunalen Verwaltungsträgern. Die Beratung zur Bildung gemeindeübergreifender Verbände[220] bietet ein Beispiel dafür. Bei dem Mangel an einer örtlichen Eigeninitiative zur Kooperation kann die

---

[215] Galette, Beratung, S. 45ff. Einige Autoren schließen sich seiner Einteilung an. vgl. Seele, Aufsichtsfunktionen, S. 232; Bracker, Kommunalaufsicht, S. 466f.; BVerfGE 58, S. 177 (195). Kritisch dagegen Klemt, Beratende Tätigkeit, S. 31ff.

[216] A. A. Klemt, S. 32ff., der der Meinung ist, daß die schlichtende Beratung und die Schutzberatung nicht zur Beratung gehörten. Sie stelle eine selbständige Funktion der Aufsichtsbehörde dar. Die vergleichende Beratung und die rechtsauslegende Beratung von Galette seien Untergruppen der fachlichen Beratung. Dabei gliedert Klemt die Erscheinungsformen der Beratung in zwei Gruppen: die fachliche Beratung und die koordinierende Beratung.

[217] Galette, Beratung, S. 47.

[218] Galette, Beratung, S. 45ff.

[219] Ipsen, Staatliche Ingerenzen, S. 10.

[220] Etwa gemeindlicher Planungsverbände, Ausbildungsverbände, Wegebauzweckverbände, Krankenhausverbände.

Aufsichtsbehörde durch überzeugende Beratung eine interkommunale Zusammenarbeit vermitteln[221].

Die zweite Erscheinungsform der Beratungstätigkeit ist nach Galette die fachliche Beratung[222]. Die Notwendigkeit zur fachlichen Beratung besteht darin, daß die einzelnen Gemeinden außerstande sind, sich allein mit allen Spezialkräften auszustatten, deren besonderen Kenntnisse zur Durchführung bestimmter Aufgaben erforderlich sind. Daraus folgt zugleich die Grenzen staatlicher Beratungsfunktion. Bei der fachlichen Beratung handelt es sich immer nur um die Vermittlung einer objektiv größeren Sachkunde, nicht um die einer besseren Urteilsfähigkeit.

Die Fachberatung bezieht sich insbesondere in den Landgemeinden, die ehrenamtlich verwaltet werden und keinerlei ausgebildetes Fachpersonal zur Verfügung haben, nahezu auf alle Verwaltungsgeschäfte, von der Aufstellung des Haushalts, der Rechnungslegung, der Vorbereitung von Abgabeordnungen und Satzungen bis zur Geschäftsführung in den Sitzungen der Gemeindevertretung, soweit sie Gesetzeskunde voraussetzen.

Eine weitere Erscheinungsform der Raterteilung ist bei Gallette die schlichtende Beratung[223]. Durch diese Beratungstätigkeit wirkt die Aufsichtsbehörde im Sinne einer Streitschlichtung sowohl bei Organstreitigkeiten innerhalb der einzelnen Gemeinden oder Kreise, als auch bei Auseinandersetzungen zwischen verschiedenen kommunalen Körperschaften und bei Rechtsstreitigkeiten zwischen dem Bürger und der Gemeinde- bzw. Kreisverwaltung.

Aus der allgemeinen Schutzfunktion des Staates gegenüber der kommunalen Selbstverwaltung ergibt sich die Berechtigung und Notwendigkeit einer Schutzberatung gegenüber den Gemeinden[224]. Die Schutzfunktion verwirklicht sich vorwiegend im Bereich der Gesetzgebung oder durch eine Einflußnahme der Kommunalaufsicht auf andere staatliche Stellen. Die Schutzberatung kommt auch bei der Gefährdung der gemeindlichen Selbstverantwortung durch andere Ursachen in Frage: z. B. bei der Einengung der Eigenverantwortung der Mitglieder des Rates durch einen zentralgelenkten Fraktionszwang.

Die vergleichende Beratung und die rechtsauslegende Beratung dient nur dazu, den Gemeinden und Gemeindeverbänden lediglich erweiteres Grundlagenmaterial für ihre Tätigkeit bereitzustellen[225], während die koordinierende, die fachliche, die schlichtende und die schutzende Beratung auf das kommunale Verwaltungshandeln in einem positiven Sinne einzuwirken suchen.

---

[221] Galette, Beratung, S. 47.

[222] Galette, Beratung, S. 48 f.

[223] Galette, Beratung, S. 50.

[224] Galette, Beratung, S. 51.

[225] Galette, Beratung, S. 51 f.

Die vergleichende Beratung ergänzt den Erfahrungsaustausch zwischen den Gemeinden dadurch, daß die Aufsichtsbehörde den Gemeinden die Erfahrungen, die an anderen Stellen gemacht worden sind, zur Verfügung stellt[226].

Die Aufsichtsbehörde erläutert im Wege der rechtsauslegenden Beratung Gesetze und Verordnungen und unterrichtet die Gemeinde über die Rechtsprechung oder die rechtswissenschaftlichen Forschung[227]. Die Kompliziertheit des Rechtsquellensystems infolge der wirtschaftlichen und technischen Entwicklung läßt die rechtsauslegende Beratung auch bei größeren, an sich leistungsfähigen Gemeinden notwendig erscheinen[228]: die für den Stadt- oder Kreiskämmerer kaum mehr zu übersehende Fülle und Vielgestaltigkeit der Finanzierungsrichtlinien für Bundes- und Landessubventionen, die vielfältigen Überschneidungen von Bundes- und Landesrecht und fortgeltenden Reichs- und preußischen Recht, die große Zahl neuer bundes- und landesrechtlicher Kodifikationen.

d) Die Form und das Verfahren der Beratung

Die Beratung ist an keine festen Formen gebunden. Sie kann durch allgemeine Runderlasse oder durch individuelle Erteilungen von Ratschlägen im konkreten Fall geschehen. Das häufigste und wichtigste Mittel der Beratung ist das Gespräch. Das Gespräch ist die konkrete Ausdrucksform einer Partnerschaft zwischen Gemeinden und Kommunalaufsichtsbehörden, deren Basis eine gegenseitige Vertrauensbeziehung ist[229]. Dabei beschränken sich die Einwirkungen der Aufsichtsbehörde nicht auf Fragen der Rechtmäßigkeit der Verwaltungsführung, sondern erstrecken sich insbesondere auf Fragen der Zweckmäßigkeit der Verwaltung[230].

Grundsätzlich sollte die Bitte um Beratung von den Gemeinden geäußert werden, da die Aufsichtsbehörde nach Möglichkeit jeden Anschein einer Einmischung in Angelegenheiten der Gemeinden vermeiden sollte[231]. Glass stellt in seiner Untersuchung fest, daß die Beratung in der Praxis des Landes Schleswig-Holstein grundsätzlich nur auf Anforderung erteilt wird[232]. Nicht selten empfiehlt es sich für die Gemeinde im eigenen Interesse, die Aufsichtsbehörde um Rat zu bitten, da in einer Reihe von Fällen die Gemeinde von der Landesregierung finanzielle Zuwendungen erhalten, deren Anträge der Gemeinde mit der Empfehlungen der Kommunalaufsichtsbehörde an die Landesregie-

---

226 Gallette, Beratung, S. 51.

227 Klemt, Beratende Tätigkeit, S. 33.

228 Gallete, Beratung, S. 52.

229 Klemt, Beratende Tätigkeiten, S. 60

230 Glass, Realität, S. 141; Bracker, Kommunalaufsicht, S. 468; Galette/Laux, Kommentar zur GO SH, S. 686.

231 Klemt, Beratende Tätigkeit, S. 45.

232 Glass, Realität, S. 41 u. 118.

rung weitgeleitet werden[233]. In Ausnahmefällen muß allerdings die kommunale Aufsichtsbehörde die Initiative zur Beratung ergreifen und der Gemeinde eine Beratungshilfe anbieten, zum Beispiel bei der Auslegung neuer Gesetze oder dann, wenn neue Gegegebenheiten erscheinen, bei denen den Gemeinden die eigene Erfahrung fehlt[234].

e) Die Vorteile der Beratung

Die Beratung kann die Verwaltungskraft kleiner und mittlerer Gemeinden verstärken. Eine Vielzahl der Gemeinden, insbesondere kleinere Gemeinden, besitzen nicht auf allen Gebieten gemeindlichen Handelns die nötige Sachkunde und ausreichende Fachkräfte[235]. Die Verfügbarmachung von Spezialkenntnissen und die besseren überörtlichen Koordination bei der Beratung kann dazu beitragen, daß die Gemeinde ihre Aufgaben effektiv erledigt[236].

Ein weiterer Vorteil der Beratung liegt in ihrer großen Elastizität. Während die Detailregelungen ministerieller Erlasse und sonstige Dienstanweisungen starr und oft für den Einzelfall ungeeignet sind, kann eine auf die konkreten Verhältnisse der jeweiligen Gemeinde abgestellte Beratung durch die Aufsichtsbehörde zu besseren Ergebnissen führen[237].

Die besondere Bedeutung der Beratung für das Verhältnis zwischen Aufsichtsbehörde und Kommune liegt darin, daß im Kontakt und in der Konsultation nicht nur der Standpunkt der staatlichen Kommunalaufsicht, sondern auch das Interesse der Kommune berücksichtigt werden kann[238]. Durch angemessene Beratung werden nicht selten das repressive Einschreiten und damit überflüssige Friktionen mit der Aufsichtsbehörde vermieden[239]. Auf diese Weise wird das Vertrauensverhältnis zwischen Gemeinde und Aufsichtsbehörde gestärkt[240]. Eine überraschende förmliche Aufsichtsverfügung ohne vorherige Beratung würde dieses Vertrauensverhältnis empfindlich stören[241].

In manchen Fällen ist die Beratung die einzige Möglichkeit für die Aufsichtsbehörde, auf die Verwaltungstätigkeit der Gemeinde einzuwirken, wenn die Gemeinde eine Entscheidung treffen will, die zwar im Rahmen ihres Ermessens

---

233 Glass, Realität, S. 45.

234 Klemt, Beratende Tätigkeiten, S. 47.

235 Vgl. Glass, Realität, S. 141; Knemeyer, Staatsaufsicht, S. 268.

236 Andrick, JA 1987, S. 548; Erichsen, DVBl. 1985, S. 945.

237 Galette, Beratung, S. 44; Klemt, Beratende Tätigkeit, S. 67.

238 Bracker, Kommunalaufsicht, S. 466.

239 Bracker, Kommunalaufsicht, S. 466; Erichsen, DVBl. 1985, S. 945: Knemeyer, Staatsaufsicht, S. 267; Ipsen, Staatliche Ingerenzen, S. 10; Klemt, Beratende Tätigkeit, S. 75.

240 Klemt, Beratende Tätigkeit, S. 75; Mayr, Aufsichtsverhältnis, S. 141; Knemeyer, Staatsaufsicht, S. 268.

241 Klemt, Beratende Tätigkeit, S. 62.

liegt, aber den staatlichen oder gar ihren eigenen Interessen nicht entspricht, da andere förmliche Aufsichtsmittel in diesen Fällen unzulässig ist. Die Aufsichtsbehörde hat hier lediglich die Möglichkeit, der Gemeinde durch informelle Beratung zu helfen, ihre Angelegenheiten sach- und interessengerecht zu erledigen.

f) Die Gefahren der Beratung

Gegen die aufgezeigten Vorteile werden im Schrifttum auch die Gefahren der Beratung genannt, die u. U. erhebliche Nachteile für die Gemeinden mit sich bringen. Mit der Beratung hat die Kommunalaufsichtsbehörde die Möglichkeit, so in den Bereich der Selbstverwaltung einzuwirken, daß von einer selbstverantwortlichen Entscheidung der Gemeinde nicht mehr die Rede sein kann[242].

Zwar ist die Beratung unverbindlich und ihr kommt keine rechtliche Eingriffswirkung zu. Die Eigenverantwortung der Gemeinden kann aber schon durch eine unablässig sich aufdrängende Beratung oder auch durch die Gewöhnung an sie beeinträchtigt werden, wenn dadurch das Bewußtsein der Eigenverantwortung gemindert wird[243].

Glass stellt fest, daß die Aufsichtsbehörde im Rahmen der Beratung auf verschiedene gesetzlich nicht vorgesehene Weise auf die Regelung vieler Angelegenheiten der örtlichen Gemeinschaft einwirkt und diese mitbestimmt[244]. Insbesondere bei kleineren Gemeinden, die wegen ihrer geringen Verwaltungskraft nicht in der Lage sind, den komplizierten örtlichen Aufgaben ohne Mithilfe der Kommunalaufsichtsbehörde zu bewältigen, entwickele sich auf diese Weise eine tatsächliche Abhängigkeit der Gemeinde gegenüber der Kommunalaufsichtsbehörde[245].

Eine Abhängigkeit der Gemeinde kann auch aus der finanziellen Schlüsselstellung der Kommunalaufsichtsbehörde folgen. Wenn die Aufsichtsbehörde bei der Verteilung finanzieller Zuwendungen durch die Prüfung der tatsächlichen Voraussetzungen für derartige Zuwendungen und durch die Empfehlungen hinsichtlich der Höhe der zu gewährende Zuwendung mitwirkt, kann sich die Gemeinde veranlaßt sehen, die Beratung der Aufsichtsbehörde zur Sicherung ihrer finanziellen Zuwendungen zu dulden[246]. In diesem Fall ist die Entschei-

---

[242] Klemt, Beratende Tätigkeit, S. 78.

[243] Galette, Beratung, S. 42, meint, der natürliche Selbstgestaltungswille deutscher, durch eine wechselvolle Kommunalgeschichte unsicher gebliebenen kommunalen Selbstverwaltung sei nicht so widerstandskräftig, daß er nicht durch eine allzu eifrige und besorgte staatliche Beratungsberieselung Schaden leiden könnte.

[244] Glass, Realität, S. 142; auch ähnlich Seele, Aufsichtsfunktionen, S. 232; Ipsen, Staatliche Ingerenzen, S. 10. Er bezeichnet diese Einflußmöglichkeiten als „informelle Kondominium".

[245] Glass, Realität, S. 141.

[246] Glass, Reallität, S. 45 u. S. 52.

dungsfreiheit der Gemeinde nicht unerheblich eingeschränkt und eine unverbindlichen Beratung wirkt sich in der Praxis als verbindlich aus[247].

Die „subkutane Beeinflussung" kommunaler Entscheidungsprozessen im Rahmen der Beratung kann also zu einer Aushöhlung des Rechts der Selbstverwaltung führen[248], wenn sich die Aufsichtsbehörde nicht bei der Beratung einer Einmischung enthält, um die Gefahr der Bevormundung zu vermeiden[249].

(2) Der Genehmigungsvorbehalt

a) Die Bedeutung des Genehmigungsvorbehalts

Die staatlichen Aufsichtsbehörden besitzen auch die Möglichkeit, durch Genehmigungsvorbehalte auf die Rechtsakte der Gemeinde präventiv einzuwirken. Diese Genehmigungsvorbehalte sind eine seit langem bestehende Rechtsfigur zur Ausgestaltung des Verhältnisses zwischen Staats- und Selbstverwaltung.

Beim Wiederaufbau des deutschen Kommunalwesens nach dem Zusammenbruch des Staates gab es eine starke Tendenz, Beschränkungen der kommunalen Betätigungsfreiheit durch die Bindung an staatliche Genehmigungs-, Bestätigungs- und Dispensierungsbefugnisse generell zu untersagen[250]. Der Gesetzgeber hat stets differenzierend auf solche Bestrebungen zur Beseitigung der Genehmigungsvorbehalte in Selbstverwaltungsangelegenheiten reagiert[251].

Die heutigen Gemeindeordnungen gehen durchweg vom Grundsatz der Genehmigungsfreiheit aus[252]. Deshalb besteht eine Genehmigungspflicht nur dann, wenn sie ausdrücklich in einem Gesetz vorgeschrieben ist[253].

Nach den Gemeindeordnungen der Länder bedürfen jedoch noch zahlreiche Maßnahmen der Gemeinde, vor allem im Bereich des Haushaltswesens und der erwerbwirtschaftlichen Betätigungen sowie beim Erlaß der kommunalen Steuersatzungen, zu ihrer Wirksamkeit der Genehmigung staatlicher Behörden. Genehmigungsvorbehalte sind überdies auch in Fachgesetzen vorgesehen.

Unter dem Begriff des Genehmigungsvorbehalts werden im allgemein verstanden „gesetzliche Einschränkungen des Selbstverwaltungsrechts, kraft deren bestimmte Rechtsakte des Selbstverwaltungsträgers erst wirksam werden, wenn eine staatliche Behörde gegenüber diesem Selbstverwaltungsträger ihre

[247] Klemt, Beratende Tätigkeiten, S. 83; Glass, Beratung, S. 52.

[248] Vgl. Erichsen, DVBl. 1985, S. 945; Klemt, Beratende Tätigkeit, S. 83.

[249] Bracker, Kommunalaufsicht, S. 464.

[250] Vgl. Weber, Staats- und Selbstverwaltung, S. 127.

[251] Keller, Genehmigung, S. 85f.

[252] Lohr, Satzungsgewalt, S. 82f.; Schmidt-Jortzig, Kommunalrecht, § 14 Rdnr. 643.

[253] Rauball, in: Rauball/Pappermann/Roters, GO für NW, § 4 Erl. 6.

Zustimmung erklärt"[254]. Durch die Genehmigung wird lediglich das Zustandekommen einer gemeindlichen Maßnahme ermöglicht oder durch Versagung verhindert[255]. Die Genehmigungen sind also nicht Bestandteil der Rechtsakte der Gemeinde (z.B. Satzungen, Verträge und Hauspläne), sondern Wirksamkeitsvoraussetzung[256].

In der Gesetzessprache werden unterschiedliche Ausdrücke verwendet: beispielsweise „Genehmigung", „Zustimmung", „Bestätigung" und „Anerkennung".

Abzugrenzen ist der Genehmigungsvorbehalt von einem Erlaubnisvorbehalt, der eine formelle Voraussetzung für die Rechtmäßigkeit einer bestimmten Tätigkeit ist. Selbstverwaltungsträger bedürfen hier einer staatlichen Erlaubnis (Genehmigung, Bewilligung) wie jede rechtsunterworfene natürliche oder juristische Person, wobei es um die Ausübung von Hoheitsgewalt wie gegenüber jedermann geht[257]. Bei der Genehmigung stehen die Kommunen als Träger der Selbstverwaltungsbefugnis einer Aufsichtsbehörde gegenüber[258].

Der Genehmigungsvorbehalt ist auch von einem Dispens (Ausnahmebewilligung) abzugrenzen. Während die Genehmigung Voraussetzung für einen generell gebilligten rechtlichen oder tatsächlichen Vorgang ist, findet sich der Dispens in solchen Fällen, in denen der Gesetzgeber ein bestimmtes Verhalten als sozial schädlich oder unerwünscht grundsätzlich verbietet[259]. Der Dispens stellt also eine Ausnahmezulassung zu einer rechtlich verbotenen Handlung dar. Die Verwaltung kann etwa durch Baudispens städtebauliche Planungen im Einzelfall modifizieren, um insbesondere Planungsfehler zu beseitigen und Belastungen auszugleichen[260].

Abzugrenzen ist der Genehmigungsvorbehalt auch von einer Anzeige- und Vorlagepflicht. Die Anzeige- und Vorlagepflicht ergänzt lediglich das Unterrichtungsrecht der Aufsichtsbehörde und ist ein Hilfsmittel, das die Rechtmäßigkeitskontrolle erleichtern soll[261].

---

[254] Salzwedel, VVDStRL 22 (1965), S. 243; So auch Pagenkopf, Kommunalrecht, Bd. 1, S. 385; Keller, Genehmigung, S. 43; Mayr, Aufsichtsverhältnisse, S. 91.

[255] Rauball, in: Rauball/Pappermann/Roters, GO für NW, § 4 Erl. 7.

[256] Gönnenwein, Gemeinderecht, S. 157; Menger, VerwArch 52 (1961), S. 410ff.; Salzwedel, AfK 1962, S. 204; ders., VVDStRL 22 (1965), S. 243; Pagenkopf, Kommunalrecht, Bd. 1, S. 388f. Umstritten ist dies für die staatliche Genehmigung von Satzungen. Zum Meinungsstand Lohr, Satzungsgewalt, S. 243.

[257] Vgl. Weber, Kommunalaufsicht, S. 23, nennt Beispiele aus dem Energiewirtschaftsrecht, Wasserrecht, Bauordnungsrecht und Personenbeförderungsrecht.

[258] Keller, Genehmigung, S. 48. Eine praktische Bedeutung dieser Unterscheidung liegt darin, daß für den Genehmigungsvorbehalt die verfassungsrechtliche institutionelle Garantie gilt, aber nicht für den Erlaubnisvorbehalt.

[259] Maurer, Allg. Verwaltungsrecht, § 9 Rdnr. 55; Wolff/Bachof, Verwaltungsrecht I, § 48 II; Forsthoff, Lehrbuch, S. 276.

[260] Erichsen, DVBl. 1967, S. 269.

b) Die Wirkungsweise des Genehmigungsvorbehalts

Es ist allgemein anerkannt und teilweise gesetzlich ausdrücklich festgelegt, daß genehmigungsbedürftige Akte der Selbstverwaltungsträger regelmäßig ihre Wirksamkeit erst mit dem Ausspruch der staatlichen Zustimmung zu den betreffenden Akt erlangen[262]. Es handelt sich bei der Erteilung der Genehmigung um einen gestaltenden Verwaltungsakt. Sie hat also konstitutive Wirkung[263].

aa) Die Wirkung der Selbstverwaltungsakte vor der Genehmigung

Handelt die Gemeinde ohne die gesetzlich vorgeschriebene Genehmigung, erreicht ihr Handeln nicht die Wirksamkeit. Bei der Frage, zu welcher Rechtsfolge das Handeln der Gemeinde vor der Erteilung einer Genehmigung führt, ist zu unterscheiden, ob es sich um eine öffentlich-rechtliche Handlung oder ein privatrechtliches Rechtsgeschäft handelt.

Die Rechtsfolgen der Rechtswidrigkeit bei öffentlich- rechtlichem Handeln richten sich nach den einschlägigen Normen des öffentlichen Rechts. Eine genehmigungsbedürftige Satzung ist ohne Genehmigung z. B. nach § 4 Abs. 6 GO NW unwirksam. Die Aufsichtsbehörde kann nach § 11 GO NW unbefugtes Ändern oder Einführen von Dienstsiegeln usw. mit den Mitteln der §§ 108 ff. GO NW unterbinden[264].

Fehlt die gesetzliche Genehmigung bei den Rechtsgeschäften des Privatrechtsverkehrs der Gemeinde, tritt eine Nichtigkeit nach § 134 BGB nicht ein, da das Genehmigungserfordernis kein absolutes gesetzliches Verbot im Sinne von § 134 BGB begründet[265]. Das ohne Genehmigung abgeschlossene Geschäft ist vielmehr schwebend unwirksam[266]. Während der Schwebezeit sind die Parteien

---

[261] Keller, Genehmigung, S. 50. Bei der einfachen Anzeigepflicht wird weder das rechtswirksame Zustandekommen noch die Vollziehbarkeit des Beschlusses der Gemeinde gehindert. Bei der qualifizierten Anzeigepflicht wird die Erfüllung dieser Pflicht durch Koppelung mit einer Vollzugssperre sichergestellt. Vgl. etwa § 96 GO NW.

[262] Schon O. Mayer, Deutsches Verwaltungsrecht, Bd. 2, S. 398 Fn. 17: „Aber es eben hier noch kein rechtmäßiges Ortsstatut, bevor es die Genehmigung erhalten hat." § 104 Abs. 1 GO NW lautet, „ Rechtsgeschäfte, die ohne die auf Grund dieses Gesetzes erforderliche Genehmigung der Aufsichtsbehörde abgeschlossen werden, sind unwirksam." Vgl. auch Art. 117 GO Bay; § 117 GO BW; § 134 GO Hess; § 133 GO NS; § 118 Abs. 1 GO SH.

[263] Forsthoff, Lehrbuch, S. 209; Wolff/Bachof, Verwaltungsrecht I, § 47 I a.

[264] Hofmann/Muth/Theisen, Kommunalrecht, S. 361.

[265] Kieckebusch, VerwArch 57 (1966), S. 34 f.; Bullinger, DÖV 1957, S. 761 f.; im Ergebnis auch so Peus, Genehmigung, S. 101.

[266] Gönnenwein, Gemeinderecht, S. 198 f.; Kieckebusch, VerwArch 57 (1966), S. 35; Keller, Genehmigung, S. 59.; Peus, Genehmigung, S. 100; Larenz, Allgemeiner Teil des deutschen bürgerlichen Rechts, 6. Aufl., S. 424; Palandt, Bürgliches Gesetzbuch, 45. Aufl., § 275 Erl. 9) a) m.w. N. Aber nichtig sind nach § 104 Abs. 2 GO NW solche Rechtsgeschäfte, die gegen die Verbot der §§ 72 Abs. 7, 73 Abs. 1 oder 95 GO NW

an das Geschäft gebunden, so daß sie sich bis zur Genehmigung vertragstreu zu verhalten haben. Das folgt schon aus dem Grundsatz von Treu und Glauben (§ 242 BGB), insbesondere den schon bestehenden vertraglicher Treuepflichten[267].

Aufgrund ausdrücklicher Regelungen der Gemeindeordnungen sind Rechtsgeschäfte ohne erforderliche Genehmigung nicht selten nichtig[268]. Wenn das der Fall ist, muß die Genehmigung grundsätzlich vor Abschluß der Rechtsgeschäfte erfolgen[269].

bb) Die Wirkung der Genehmigungserklärung

Die Genehmigung tritt als Wirksamkeitsvoraussetzung dem zustimmungsbedürfigen Akt nur zur Seite. Sachliche oder formelle Mängel eines Rechtsgeschäftes beim Zustandekommen können durch die Genehmigung nicht geheilt werden[270], weil es sonst die Aufsichtsbehörde in der Hand hätte, darüber zu entscheiden, ob ein fehlerhaftes Rechtsgeschäft gültig ist oder nicht[271]. Rechtswirkungen der Mängel des Rechtsaktes der Gemeinde richten sich also ohne Rücksicht auf die Erteilung der Genehmigung nach den allgemeinen Regeln. Ist etwa ein Satzungsbeschluß mit höherrangigem Recht nicht vereinbar und deshalb nichtig, so geht die erteilte Genehmigung ins Leere[272]. Die Aufsichtsbehörde ist auch nicht daran gehindert, die genehmigten Rechtsakte später noch zu beanstanden oder aufzuheben[273].

Die Aufhebung der Genehmigung selbst unterliegt aber, da es sich um einen begünstigenden Verwaltungsakt handelt, gem. §§ 48, 49 VwVfG im Hinblick auf die Gesichtspunkte der Rechtssicherheit und des Vertrauensschutzes starken Beschränkungen[274]. Aus gleichen Gründen kann z. B. die Genehmigung einer Satzung nicht mehr rückgängig gemacht werden, wenn die Satzung bekannt gemacht ist[275].

---

verstoßen. In diesen Fällen können sie auch nicht durch nachträgliche Genehmigung wirksam werden. vgl. Hofmann/Muth/Theisen, Kommunalrecht, S. 361.

[267] Kieckebusch, VerwArch 57 (1966), S. 36.

[268] Vgl. z. B. § 104 Abs. 2 GO NW; § 118 Abs. 2 GO SH.

[269] So Peus, Genehmigung, S. 102.

[270] Kieckebusch, VerwArch 57 (1957), S. 39; Lange, AcP 152, 244 und NJW 1950 S. 731; Keller, Genehmigung, S. 60.

[271] Diese Befugnis gehört nicht zu der Verwaltungsbehörde, sondern zu der Justiz. vgl. Kieckebusch, VerwArch 57 (1966), S.39.

[272] Bullinger, DÖV 1957, S. 762; Salzwedel, AfK 1 (1962), S. 211; Keller, Genehmigung, S. 60.

[273] Erichsen, Kommunalrecht NW, S. 315; Schmidt-Aßmann, Die kommunale Rechtssetzung, S. 50; Becker, Staatsaufsicht, S. 169.

[274] Schon Kormann, System, S. 342f.; Forsthoff, Lehrbuch, S. 270f.

[275] Keller, Genehmigung, S. 64f.

cc) Die Wirkung der Versagung

Wird die Genehmigung versagt, so ist die genehmigungsbedürftige Maßnahme der Gemeinde nichtig[276].

Die Genehmigungsbehörde kann aber grundsätzlich die Versagung der Genehmigung aufheben und die Genehmigung noch erteilen, weil ein ablehnender Bescheid nicht in Rechts- oder Bestandskraft mit bindender Wirkung für die Genehmigungsbehörde erwächst wie ein klageabweisendes Urteil eines Gerichtes[277].

c) Das Wesen des Genehmigungsvorbehalts

Mit den Genehmigungsvorbehalten ist den staatlichen Behörden eine Einflußnahme auf die Tätigkeit der Gemeinde eröffnet. In Deutschland gibt es verschiedene Meinungen über die Frage, wie diese staatliche Intervention rechtlich zu qualifizieren ist.

Umstritten ist hierbei insbesondere, ob diese staatlichen Befugnisse zu den eigentlichen Aufsichtsmitteln zählen oder ob der Staat durch sie etwaige Mitwirkungsrechte ausübt, die von den sonstigen Aufsichtsmitteln zu trennen sind.

Die Mehrzahl der staatlichen Genehmigungsvorbehalte entstammt dem traditionellen Bestand kommunalrechtlicher Normen, die den Aufsichtsbehörden bei der Entscheidung über die Genehmigung Ermessen einräumten. Die fortwährende Praxis läßt Ermessenserwägungen in die Entscheidung über eine Genehmigungserteilung einfließen[278]. Problematisch ist, ob und wie sich diese Praxis mit den Bestimmungen der Landesverfassungen vereinbaren läßt, durch die die Staatsaufsicht in Selbstverwaltungsangelegenheiten auf Rechtskontrolle beschränkt wird.

aa) Der Genehmigungsvorbehalt als staatliches Mitwirkungsrecht

Otto Mayer sah in der Genehmigung eine dem Staat vorbehaltene Mitwirkung, die einen selbständigen Entscheidungsanteil in der Sache einräume[279]. Rosin vertrat die Ansicht, daß die Genehmigung als Ermessensentscheidung nur ein ausnahmsweises Attribut der Aufsichtsbehörden sei und daher nicht zu den

---

[276] Gönnenwein, Gemeinderecht, S. 199.

[277] Keller, Genehmigung, S. 63. Bei Rechtsgeschäften des Privatrechts wird aber von der h. M. angenommen, daß die einmal angesprochene Versagung aus Gründen der Rechtssicherheit endgültig sein müsse und deshalb das genehmigungsbedürftige Rechtsgeschäft unwiderruflich vernichte. Vgl. RGZ 103, S. 104, 106; 106, S. 142, 146; 168, S. 346, 350; BGH DÖV 1957, S. 297, 298. kritisch dagegen Münzel, NJW 1959, S. 601f.; Kieckebusch, VerwArch 57 (1966), S. 164.

[278] Vgl. Erichsen, DVBl. 1985, S. 945; ders., Kommunalrecht NW, S. 312.

[279] Otto Mayer, Deutsches Verwaltungsrecht, Bd.2, 2. Aufl. (1917), S. 720.

üblichen Aufsichtsmitteln gerechnet werden könne, weil mit der Genehmigung notwendig das Recht verbunden sei, in die Ermessenssphäre der Gemeinden einzugreifen[280]. Laforet bezeichnet den Genehmigungsvorbehalt als den Ausdruck der staatlichen Schutzgewalt, früher Staatskuratel genannt[281].

An diese in der vorkonstitutionellen Zeit vertretenen Auffassungen wurde auch in der nachkonstitutionellen Zeit angeknüpft. Buch vertritt die Auffassung, daß das Gesetz mehr als bloße Aufsicht wolle, wenn es für bestimmte Akte im kommunalen Bereich die Zustimmung der Aufsichtsbehörde verlange[282]. Vielmehr bezwecke es eine „echte Mitwirkung des Staates" an den in Frage stehenden gemeindlichen Maßnahmen. Nach Becker sind die Genehmigungsvorbehalte Mitwirkungsrechte staatlicher Behörden bei der Erfüllung von Selbstverwaltungsangelegenheiten. Der Genehmigungsvorbehalt erstrecke sich sowohl auf die Rechtmäßigkeit als auch die Zweckmäßigkeit der kommunalen Entscheidung[283]. Forsthoff ist der Meinung, daß die in den Gemeindeordnungen enthaltenen Genehmigungsvorbehalte nicht mehr in den Bereich der Kommunalaufsicht zu rechnen seien. Die Genehmigungsbehörde erhalte mit den Genehmigungsvorbehalten eine Mitverantwortung in der Sache und damit einen eigenen Entscheidungsspielraum. Dies sei intensivere Mitwirkung als bloße Aufsicht[284]. Die Kommentatoren der Gemeindeordnungen und der Landesverfassungen sehen im Genehmigungsvorbehalt größtenteils ein Mitwirkungsrecht, das der Rechtsaufsichtsbehörde bei der Erteilung der Genehmigung einen Ermessensspielraum gewähre[285].

bb) Der Genehmigungsvorbehalt als Aufsichtsmittel

Viele Autoren verneinen das Bestehen eines staatlichen Mitwirkungsrechts[286] und zählen den Genehmigungsvorbehalt zu den Mitteln der Kommunalaufsicht[287]. Für Gönnenwein will der Staat mit dem Genehmigungsvorbehalt erreichen, daß bestimmte Maßnahmen, sooft sie von der Gemeinde vorgenom-

[280] Rosin, Genossenschaft, S. 116. Er geht dabei schon von einem Aufsichtsbegriff aus, der grundsätzlich auf die Rechtmäßigkeitskontrolle beschränkt ist, und stellt dieser den Genehmigungsvorbehalt gegenüber, mit dessen Hilfe der Staat nicht nur die Rechtmäßigkeit gemeindlicher Entschließungen, sondern auch deren Übereinstimmung mit dem Staatswohl und dem Körperschaftsinteresse prüfen könne.

[281] Laforet, Deutsches Verwaltungsrecht, S. 151 Anm. 1.

[282] Buch, Gemeindeordnung, S. 18.

[283] Becker, Staatsaufsicht, S. 172f.

[284] Forsthoff, Lehrbuch, S. 571.

[285] Kottenberg/Rehn, GO für NW, § 106 Erl. II 5; Vogels, Die Verfassung des Landes NW, Art. 78, Erl. 5. Weitere Nachweise bei Keller, Genehmigung, S. 75 Fn. 48.

[286] Stern, BK, Art. 28 Rdnr. 139; Gönnenwein, Gemeinderecht, S. 197f. u. 203.

[287] Stern, BK, Art. 28 Rdnr. 137; v. Loebell, GO NW, § 106 Erl. 7g u. 7j; Lohr, Satzungsgewalt, S. 97; Gönnenwein, Gemeinderecht, S. 197f. u. 203f.; Müller, VerwArch 54 (1963) S. 170ff.

men werden, von ihm auf ihre Gesetzmäßigkeit vorbeugend geprüft werden können und rechtswidrige Maßnahmen von vornherein unterbunden werden[288]. Es sei früher nicht zweifelhaft gewesen, daß der Genehmigungsvorbehalt ein Mittel der Kommunalaufsicht darstelle[289]. Die Textgestaltung der DGO von 1935 habe allerdings den Genehmigungsvorbehalt scheinbar von der Staatsaufsicht dadurch losgelöst, daß sie ihn im Katalog der Aufsichtsmittel nicht aufgeführt habe. Wegen des Totalitätsanspruchs des Staates sei das Aufsichtsrecht überhaupt nicht mehr rechtsstaatlich durchdacht gewesen. Der moderne Gesetzgeber halte hingegen an der Zugehörigkeit des Genehmigungsvorbehaltes zu den Mitteln der Staatsaufsicht fest[290].

Der Genehmigungsvorbehalt sei angesichts der Verfassungsbestimmungen aller Länder nur noch in den Dienst einer Gesetzmäßigkeitskontrolle zu stellen, da er zu den Mitteln der Kommunalaufsicht zu rechnen sei[291]. Der Ansicht Gönnenweins hat sich Müller angeschlossen. Im Hinblick auf neue Gemeindeordnungen müsse es fragwürdig erscheinen, die Genehmigungsvorbehalte aus dem Bereich der Aufsicht auszuklammern[292]. Nach Stern ist die staatliche Mitwirkung in Richtung auf eine reine Zweckmäßigkeitskontrolle verfassungsrechtlich bedenklich[293]. Die verfassungsrechtliche Bedenklichkeit der Zweckmäßigkeitskontrolle durch Genehmigungsvorbehalte könne nicht durch die Berufung auf eine historisch überkommene Staatskuratel oder durch die Annahme der „Sonderaufsicht" ausgeräumt werden[294]. Die vorhandenen Mitwirkungsakte, die häufig auch in Richtung auf die Zweckmäßigkeitskontrolle ausdeutbar seien, müßten „verfassungskonform auf eine reine Rechtskontrolle hin ausgelegt werden". Nach Erichsen ist die fortwährende Verwaltungspraxis fragwürdig, die Ermessenserwägungen in die Entscheidung der Aufsichtsbehörde einfließen läßt, da die Verfassungen der Länder die Staatsaufsicht in Selbstverwaltungsangelegenheiten auf Rechtskontrolle beschränken[295]. Die

---

[288] Gönnenwein, Gemeinderecht, S. 197. Der Genehmigungsvorbehalt sei also ein „vorbeugendes Aufsichtsmittel". So auch Zuhorn / Hoppe, Gemeinde- Verfassung, S. 322.

[289] Gönnenwein, Kommunalaufsicht, S. 518. Er verweist hier auf die Württ. GO vom 28. 6. 1906, die im Abschnitt der Staatsaufsicht den Genehmigungsvorbehalt enthielt. Dagegen Becker, Kommunale Selbstverwaltung, S. 737.

[290] Gönnenwein, Kommunalaufsicht, S. 518 f. Er verweist auf §§ 143 und 144 GO Hess von 1952 und § 133 GO NS von 1955.

[291] Gönnenwein, Gemeinderecht, S. 200.

[292] Müller, VerwArch 54 (1963), S. 194. Er verweist auf Art. 117 GO Bay, §§ 143, 144 GO Hess, § 133 GO NS und § 119 GO RhPf, die im Rahmen der Aufsichtsregelung auch Genehmigung mitbehandelten.

[293] Stern, BK, Art. 28 Rdnr. 137 ff.; So auch Friauf / Wendt, Rechtsfragen der Kreisumlage, S. 16 Fn. 55, „da es (eine Zweckmäßigkeitskontrolle) gerade den Wesensgehalt der Selbstverwaltung ausmacht, über die Zweckmäßigkeit und über das örtliche Gemeinwohl in eigener Verantwortung zu bestimmen". Vgl. auch Becker, Kommunale Selbstverwaltung, S. 720.

[294] Vgl. auch, Erichsen, Kommunalrecht NW, S. 313.

[295] Erichsen, Kommunalrecht NW, S. 312.

Befugnis der Aufsichtsbehörde, die Ermessensentscheidung der Kommunen durch eigene Entscheidungen aufgrund kondominialen Mitwirkungsrechts zu ersetzen, sei nicht mit dem verfassungsrechtlich verbürgten Selbstverwaltungsrecht vereinbar[296]. Ein Zusammenwirken von Staat und Kommunen komme nur in Betracht, wenn es nicht um die Wahrnehmung von Aufgaben gehe, deren Erfüllung der Kommune verfassungsrechtlich gewährleistet sei[297]. Die Aufsichtsbehörde müsse sich bei der Genehmigung auf eine Gesetzmäßigkeitsprüfung beschränken, insofern es sich um die Wahrnehmung eigener Angelegenheiten handele, die der Selbstverwaltungsgarantie des Art 28 Abs. 2 GG unterfielen[298].

cc) Die vermittelnde Auffassung

Im neuen Schrifttum wird überwiegend die Auffassung vertreten, die hinsichtlich der Rechtsnatur der Genehmigung unterschiedliche Gruppen von Tatbeständen unterscheidet und diese verschieden behandelt. Diese Auffassung geht auf Köttgen zurück[299]. Das Interventionsrecht des Staates erschöpfe sich nicht in der durch Landesverfassung beschränkten Rechtsaufsicht. Das staatliche Interventionsrecht überschreite vielmehr in manchen Fällen den einer Legalitätskontrolle begrifflich gezogenen Rahmen. Diese Befugnisse des Staates ließen sich mangels jeglicher Maßstäbe für ihre Anwendung nicht mehr als Kontrollzuständigkeiten, sondern nur als staatliches Mitwirkungsrecht deuten. Köttgen nennt dieses Verhältnis zwischen Gemeinde und Staat „Kondominium“. Die Genehmigung bestimmter Satzungen habe offenbar keine andere Bedeutung als die einer anderwärts durch Vorlagepflichten verwirklichten präventiven Aufsicht. Für die Genehmigung von Anleihen oder Grenzänderungsverträgen werde man kaum das gleiche behaupten können. Es sei bereits anerkannt, daß der gleichen Vokabel nicht immer die gleiche juristische Bedeutung zukomme. Er unterscheidet damit zwischen kontrollierender und gestaltender Staatsintervention[300].

Diese von Köttgen angedeutete Unterscheidung hat Salzwedel weiter entwickelt[301]. Salzwedel teilte die gesetzlichen Genehmigungsvorbehalte in zwei Gruppen ein. Die Genehmigung sei in den seltenen Fällen „Sanktion“, in denen

---

[296] Erichsen, Kommunalrecht NW, S. 153; so auch Müller, DVBl. 1986, S. 740; v. Mutius, Gutachten 53. DJT., S. 83.

[297] Erichsen, Kommunalrecht NW, S. 313. Er betont, ein Zusammenwirken zwischen Staat und Kommunen könne zwar in der Weise erfolgen, daß der Staat die Kommune an der Wahrnehmung seiner Angelegenheiten beteilige; es sei ihm aber untersagt, sich in deren Angelegenheiten einzumischen.

[298] Erichsen, Kommunalrecht NW, S. 282 u. 313; so auch Peus, Genehmigung, S. 99.

[299] Köttgen, Wesen, S. 219f.

[300] Köttgen, Wesen, S. 221.

[301] Salzwedel, AfK Bd. 1 (1962), S. 203ff.; ders., VVDStRL 22 (1965), S. 245ff. Kritisch dagegen Friauf/Wendt, Rechtsfragen der Kreisumlage, S. 16 Fn. 55.

der Gesetzgeber die Entscheidung als wesensmäßig staatlich-hoheitlich betrachte. Dem Staat komme dann für seinen Entscheidungsanteil eine echte Entscheidungsfreiheit zu[302].

Betrachte der Gesetzgeber dagegen die Maßnahme als echte Selbstverwaltungsaufgabe, so eröffne der Genehmigungsvorbehalt nur eine maßstabgebundene Kontrolle des Selbstverwaltungsaktes. Diese Genehmigung sei ein bloßes staatliches Unbedenklichkeitszeugnis. Insoweit nennt er drei Untergruppen, die nach dem zulässigen Genehmigungsmaßstab zu unterscheiden seien. Die erste Gruppe umfasse die Fälle, in denen der Genehmigungsvorbehalt nur eine präventive gebundene Gesetzmäßigkeitskontrolle ermöglichen solle[303]. Die zweite Gruppe von Genehmigungsvorbehalten umfasse diejenigen, die „der Aufsichtsbehörde eine Zweckmäßigkeitskontrolle des Selbstverwaltungsaktes daraufhin eröffnen, ob dieser vom recht verstandenen Eigeninteresse des Selbstverwaltungsträgers her bestimmten Bedenken unterliegt“[304]. Durch diese Genehmigung sei nur die Möglichkeit der Selbstverwaltungsträgers eingeschränkt, zu eigenen Lasten Dummheiten zu begehen[305]. Die dritte Gruppe von Genehmigungsvorbehalten umfasse schließlich jene, bei denen die Genehmigungsbehörde ganz bestimmte staatliche Interessen gegenüber dem Eigeninteresse des Selbstverwaltungsträgers zur Geltung bringen dürfe[306].

Werner Weber rechnet die Genehmigungsvorbehalte dem Bereich der „Sonderaufsicht“ zu und nimmt auch eine Einteilung vor[307].

Er scheidet zunächst die Fälle aus, in denen die Kommune nicht als Selbstverwaltungskörperschaften, sondern in gleicher Weise wie jeder Rechtsunterworfene einer Genehmigung bedürfen. Hier werde nicht Staatsaufsicht

[302] Salzwedel VVDStRL 22 (1965), S. 213f., meint, die Staatsaufsicht umfasse nicht die Ausübung des staatlichen Entscheidungsanteils im Rahmen eines staatlich- korporativen Kondominiums. Hierzu gehöre beispielsweise die Bestätigung eines Landrats oder Oberkreisdirektors durch die Landesregierung. Grundsätzlich seien aber gesetzlich vorbehaltene Genehmigungen nur aufsichtlicher Natur und rechtsgebunden.

[303] Als Beispiel nannt er § 324 Abs.2 RVO (Genehmigung der Krankenkassesatzung) und § 7 Abs. 2 GO NS (Genehmigung der Hauptsatzung). Diese Genehmigung sei nur ein reines rechtliches Unbedenklichkeitszeugnis.

[304] Als Beispiel nennt Salzwedel die Genehmigung über Grundstückveräußerungsvertrag einer Gemeinde (AfK 1962, S. 218) und die Aufnahme eines Darlehns (VVDStRL 22 (1965), S. 248).

[305] Salzwedel, VVDStRL 22 (1965), S. 247. Vom staatlichen Interesse dürfe die Entscheidung über die Erteilung einer Genehmigung jedenfalls nicht abhängig gemacht werden. Auch die Gefahr sei nicht zu verkennen, daß „die staatliche Überwachung der Selbstverwaltungsträger von ihrem recht verstandenen Eigeninteresse her in eine Vormundschaft ausartet oder zu einem Nachfahren der Staatskuratel absolutistischer Prägung wird“.

[306] Salzwedel, VVDStRL 22 (1965), S. 248. Hierzu gehörten z. B. die Bestätigungsvorbehalte für die Besetzung bestimmter leitender Stellen, soweit der Selbstverwaltungsträger auch staatliche Auftragsangelegenheiten wahrnehme.

[307] Weber, Kommunalaufsicht, S. 17ff.; ders., Staats- und Selbstverwaltung, S. 123ff.

getätigt, sondern werde einfach Staatshoheitsverwaltung ausgeübt wie gegenüber jedermann[308]. Er scheidet auch die rein staatlichen Entscheidungen über die Grundlagen der Gemeinden als Maßnahmen staatlicher Organisationsgewalt aus[309].

Im Bereich der Genehmigungsvorbehalte als Sonderaufsicht unterscheidet Weber die Fälle, bei denen ein „echtes materiales Beteiligtsein des Staates" zum Ausdruck komme, von denjenigen, bei denen sich der staatliche Mitwirkungsvorbehalt in dem Aufsichtszweck erschöpfe.

Bei der ersten Gruppe handele es sich um „res mixtae", in denen ein kommunales- und ein staatliches Bestimmungsinteresse zusammenträfen, wo sie sich zu einem staatlich- kommunalen Kondominium vereinigten[310]. Bei der zweiten Gruppe handle es sich um echte Vorgänge der kommunalen Selbstverwaltung, bei denen der Staatsaufsichtsbehörde die Genehmigungsbefugnis nur im Sinne eines Instituts der vorbeugenden Kontrolle, als „Unbedenklichkeitserklärung", anvertraut sei[311].

Das OVG Münster[312] und das OVG Lüneburg[313] folgen der differenzierenden Ansicht[314]. Das OVG Münster führt aus: Allen staatlichen Genehmigungen im kommunalen Bereich komme nicht immer die gleiche Rechtsqualität zu. Es müßten zwei Arten von Genehmigungen unterschieden werden, nämlich solche, bei denen der Staat vorwiegend im Interesse der jeweiligen Gemeinde und ihrer Einwohner sich eine Rechtskontrolle ihrer im Gesetz bezeichneten Maßnahme vorbehalte, und solche Genehmigungen, bei denen es sich um ein Zusammenwirken von Staat und Gemeinde im Grenzbereich zwischen kommunaler Eigenverantwortung und überörtlichem Allgemeinwohl handele, bei denen also

---

[308] Weber, Kommunalaufsicht, S. 23. Als Beispiel nennt er die Genehmigung aus dem Energiewirtschaftsrecht, dem Wasserrecht, dem Bauordnungsrecht und dem Personenbeförderungsrecht.

[309] Auch so Becker, Staatsaufsicht, S. 176; Köttgen, Wesen, S. 220. Hierzu zählt Weber die Akte der Grenzänderung (Eingemeindung und Umgemeindung), der Verschmelzung und Neubildung von Gemeinden, der Verleihung von Wappen, Flagge, Siegeln usw.

[310] Weber, Kommunalaufsicht, S. 25. Hierzu zählt er die Genehmigungen von Grenzänderungsverträgen, der Annahme von Wappen und Flaggen, der Zweckverbandsbildung, die Bestätigung bestimmter Personalentscheidungen und die Genehmigung von Bauleitplänen.

[311] Weber, Kommunalaufsicht, S. 28. Als Beispiele nennt er hierfür vor allem die genehmigungsbedürftige Satzungen und Vorgänge aus dem Bereich der Gemeindewirtschaft (Grundstücksveräußerung, Schenkung, Darlehnsaufnahme und Festsetzung der Steuerhebesätze).

[312] OVG Münster vom 8. 1. 1964, OVGE 19, S. 192ff. = DVBl. 1964, 678ff. Es handelt sich dabei um die Verweigerung einer Genehmigung zur Einrichtung einer Bautechnikerstelle nach § 60 Abs. 2 GO NW.

[313] OVG Lüneburg vom 3. 9. 1969, OVGE 26, S. 350ff. Dieses Urteil behandelt die Versagung der Genehmigung einer Samtgemeindegründung nach § 74 Abs. 1 GO NS.

[314] VG Köln, DVBl 1986, S. 737ff., hat sich der Auffassung der OVG Münster angeschlossen.

der Staat nicht tätig werde, um die Gesetzmäßigkeit des gemeindlichen Verhaltens zu kontrollieren, sondern eigene, allein ihm zugewiesene Verwaltungsziele verfolge[315]. Das OVG Münster wiederholt diese Auffassung in einer neuen Entscheidung[316]. In ihr geht es um die nach § 64 Abs. 2 Satz 3 GO NW erforderliche Genehmigung einer gemeindlichen Haushaltssatzung durch die Aufsichtsbehörde. Dieser Genehmigungsvorbehalt müsse hinsichtlich der sog. „Ausgleichsstockgemeinden" als kondominiale Mitwirkung der Aufsichtsbehörde verstanden werden, die den Interessenausgleich aus überörtlicher Sicht in gleichmäßiger Distanz zu allen Betroffenen ermögliche.

dd) Die Bedeutung des Meinungsstreits

Es ist zunächst zu fragen, ob der Genehmigungsvorbehalt schon seinem Wesen nach zwangsläufig mit einer Ermessenskontrolle verbunden ist[317] und damit ohne diese seinen Sinn verliert. Das Argument, daß eine präventive bloße Rechtskontrolle überflüssig sei und die Genehmigung gegenstandslos mache[318], überzeugt aber nicht. Wenn die Folge einer Rechtsverletzung nachträglich nicht oder nur schwer mit unverhältnismäßigen Mitteln beseitigt werden kann, scheint es vernünftig, in diesen Angelegenheiten schon im voraus eine Überprüfung vorzunehmen[319]. Die Funktion dieser präventiven Aufsicht liegt darin, das Entstehen fehlerhafter Maßnahmen von vornherein zu verhindern[320]. Es ist daher unbedenklich und sinnvoll, den Maßstab des Genehmigungsvorbehaltes durch positive Rechtsvorschriften auf Rechtmäßigkeit zu beschränken.

Die mit der Rechtsnatur des Genehmigungsvorbehaltes verbundene Problematik folgt aus der Beschränkung der Kommunalaufsicht durch Verfassungen der Länder auf die Rechtsmäßigkeitskontrolle[321].

Die Vertreter der Auffassung, daß der Genehmigungsvorbehalt eine staatliche Mitwirkung sei, versuchen, die Genehmigungsvorbehalte aus dem Begriff der Staatsaufsicht auszuscheiden, um die Ermessenskontrolle der Aufsichtsbehörde bei den Genehmigungsvorbehalten trotz der landesverfassungsrechtlichen Rechtsaufsichtsklausel zu erhalten[322]. Diese Auffassung geht also davon

---

[315] OVG Münster, DVBl. 1964, S. 680.

[316] Urteil vom 22 . 1. 1988, Eildienst LKT NW 1988, S. 150f.

[317] Pagenkopf, Kommunalrecht, Bd. 1, S. 386; Keller, Genehmigung, S. 88.

[318] Berkenhoff, Kommunalverfassungsrecht, S. 158; David, Satzungsgewalt, S. 90; Keller, Genehmigung, S. 83; Mayr, Aufsichtsverhältnis, S. 144.

[319] Vgl. Schmidt-Aßmann, Kommunalrecht, S. 127.

[320] Dafür bietet der Genehmigungsvorbehalt bestimmter Satzungen ein Beispiel. Das Vertrauen der Allgemeinheit wird schweren Schaden erleiden, wenn eine bestimmte Satzung nachträglich aufgehoben wird. Vgl. Lohr, Satzungsgewalt, S. 93.

[321] Die Frage, ob der Genehmigungsvorbehalt ein aluid im Verhältnis zur Kommunalaufsicht ist, würde gar nicht auftauchen, wenn diese Beschränkung nicht bestünde.

[322] Vgl. Erichsen, DVBl. 1985, S. 944; ders., Kommunalrecht NW, S. 313; Borchert, Kommunalaufsicht, S. 27.

aus, daß der Begriff der Kommunalaufsicht nicht alle Formen und Mittel der staatlichen Einwirkungsmöglichkeiten erfasse. Die Genehmigungsvorbehalte seien keine eigentliche Aufsichtsmittel. Deshalb finde die Rechtsaufsichtsklausel der Landesverfassungen keine Anwendung für die Genehmigungsvorbehalte.

Die Vertreter der Auffassung, daß der Genehmigungsvorbehalt ein Mittel der Staatsaufsicht sei, verneinen die Ermessenskontrolle der Aufsichtsbehörde aufgrund der Rechtsaufsichtsklausel der Landesverfassungen.

Deshalb liegt die praktische Bedeutung des Meinungsstreits in der Frage, welcher Maßstab für die Erteilung oder Versagung einer Genehmigung verfassungsrechtlich zulässig ist, insbesondere ob die Zweckmäßigkeitskontrolle verfassungsrechtlich zulässig ist[323].

d) Die verfassungsrechtliche Zulässigkeit der Zweckmäßigkeitskontrolle der Aufsichtsbehörde im Rahmen der Genehmigungsvorbehalte

Die Vertreter der Auffassung, daß eine Zweckmäßigkeitskontrolle im Rahmen der Genehmigungsvorbehalte mit Art. 28 Abs. 2 S. 1 GG und mit der landesverfassungsrechtlichen Rechtsaufsichtsklausel vereinbar sei, argumentieren zum Teil rein historisch. Dem Begriff der kommunalen Selbstverwaltung sei nach seiner historischen Entwicklung hinsichtlich der Genehmigungsvorbehalte als Mittel der präventiven Aufsicht eine ermessensförmige Einwirkungsmöglichkeit immanent[324]. Die bestehenden kommunalaufsichtlichen Genehmigungsvorbehalte behielten ihre herkömmliche Inhalte und Bedeutungen, ohne durch diese landesverfassungsrechtlichen Aufsichtsbestimmungen berührt zu werden[325], da die landesverfassungsrechtliche Beschränkung der Kommunalaufsicht auf Legalitätskontrolle nur für die repressive Aufsicht aber nicht für die präventive Aufsicht gelte[326]. Diese historische Begründung überzeugt aber nicht, da diese Auslegungsmethode nur dann hilfsreich sein kann, wenn die Verfassung keine eindeutige Regelung enthält[327].

---

[323] Im Schrifttum wird die Meinung vertreten, durch die Verwendung unbestimmter Rechtsbegriffe in den Genehmigungstatbeständen (z. B. „Leistungsfähigkeit", „Wirtschaftlichkeit" oder „Sparsamkeit") werde der Aufsichtsbehörde ein außerrechtlicher Wertungsspielraum eingeräumt. Insofern sei der Unterschied zwischen reiner Rechtsaufsicht und kondominialer Mitwirkung gering. Vgl. Wolff/Bachof/Stober, Verwaltungsrecht II, § 86 IX 2 a) aa); v. Mutius, Gutachten E 53. DJT, S. 80; Weber, Kommunalaufsicht, S. 23; Bracker, Kommunalaufsicht, S. 475f.; Hofmann, Genehmigungsvorbehalt, S. 85; v. Armin, Wirtschaftlichkeit als Rechtsprinzip, S. 60ff. u. 104ff.

[324] Pagenkopf, Kommunalrecht, Bd. 1, S. 386f.; Salzwedel, AfK 1962, S. 216; OVG Münster OVGE 9, S. 83.

[325] Lohr, Satzungsgewalt, S. 97.

[326] Etwa Pagenkopf, Kommunalrecht, Bd. 1, S. 386f.; Lohr, Satzungsgewalt, S. 96. Dagegen kritisch Peus, Genehmigung, S. 100. Er meint, daß der Begriff der Aufsicht in den Landesverfassungen auch die präventiven Aufsichtsmittel einschließe. So auch Gönnenwein, Gemeinderecht, S. 203f.

Die wesentliche Bedeutung der Selbstverwaltungsgarantie als einer institutionellen Garantie liegt darin, daß sie die Institution der kommunalen Selbstverwaltung sowohl vor völliger Beseitigung als auch vor der Denaturierung durch den Gesetzgeber schützt[328]. Anderseits darf der Gesetzgeber bis zur Grenze ihres Wesensgehaltes die Institution ausgestalten. Das Grundgesetz bringt diesen Regelungsvorbehalt durch die Formel „im Rahmen der Gesetze" zum Ausdruck. Einige Autoren vertreten deshalb die Auffassung, daß eine Zweckmäßigkeitskontrolle zulässig sei, wenn sie gesetzlich angeordnet sei, sofern durch sie in den Wesensgehalt des Selbstverwaltungsrechts nicht eingegriffen werde[329]. Der Gesetzgeber müsse es im Gesetz eindeutig zum Ausdruck bringen, wenn er der Aufsichtsbehörde eine über die Rechtskontrolle hinausgehende Einwirkungsmöglichkeit gewähren wolle[330].

Bedenken gegen die Zulässigkeit einer Zweckmäßigkeitskontrolle durch Genehmigungsvorbehalte könnten sich aus der verfassungsrechtlichen Gewährleistung der kommunalen Eigenverantwortlichkeit ergeben. Das Wesen der Eigenverantwortlichkeit liegt in der Weisungsfreiheit bei der Entscheidung über die Zweckmäßigkeitsfrage[331]. Wenn die Aufsichtsbehörde durch Weisung bestimmt, was zweckmäßig ist und deshalb zu geschehen hat, erledigt die Gemeinde diese weisungsgebunde Aufgaben nicht mehr eigenverantwortlich[332]. Wenn die Aufsichtsbehörde aus Zweckmäßigkeitsserwägung die Erteilung einer Genehmigung ablehnen kann, übt sie in der Tat ein „negatives Einzelweisungsrecht"[333] aus. Diese Art von der Aufgabenerledigung kann man nicht mehr als Selbstverwaltung qualifizieren, sondern „Auftragsverwaltung im engsten Sinne"[334]. Die gesetzgeberische Ermächtigung der Zweckmäßigkeitskontrolle bedeutet nichts anderes als eine Umwandlung von Selbstverwaltungsangelegenheiten in Auftragsangelegenheiten bzw. in Pflichtaufgaben zur Erfüllung nach

---

[327] Im Ergebnis so auch Erichsen, Kommunalrecht NW, S. 312; Vgl. auch Peus, Genehmigung, S. 96.

[328] Klein, Institutionelle Garantie, S. 165.

[329] OVG Münster, OVGE 8, 290 (298f.); Gönnenwein, Kommunalaufsicht, S, 525; ders., Gemeinderecht, S. 177; Lohr, Satzungsgewalt, S. 95; David, Satzungsgewalt, S. 91. Kritisch gegen Zweckmäßigkeitskontrolle „im Rahmen des Gesetzes" Peus, Genehmigung, S. 89f., der meint, daß die Zweckmäßigkeitskontrolle durch Aufsichtsbehörde keinen gesetzlichen Rahmen für das Handeln der Gemeinde darstelle, da die Verwaltung der Gemeinde unter der Zweckmäßigkeitskontrolle nicht allein durch gerichtlich voll überprüfbare gesetzliche Regelungen beschränkt sei, sondern auch durch das Ermessen der Aufsichtsbehörde.

[330] BVerwGE 16, S. 312 (315); Erlenkämper, NVwZ 1986, S. 993; Müller, DVBl. 1986, S. 840; Günther, Die Kreisumlage, S. 380; Friauf/Wendt, Rechtsfragen der Kreisumlage, S. 18, m.w. N.

[331] Dazu s. oben Teil 1 1. Abschnitt I 3 (2) b) bb).

[332] Vgl. Peus, Genehmigung, S. 90.

[333] Müller, VerwArch 54 (1963), S. 184.

[334] Barion, Der Staat 1964, S. 23.

Weisung oder in staatsunmittelbare Aufgaben. Dann ist es zunächst zu fragen, ob es sich um verfassungsrechtlich gewährleistete und „dem hochzonenden gesetzgeberischen Zugriff entzogene Agenden“ handelt[335].

3. Die repressiven Aufsichtsmittel

(1) Die Unterrichtung

a) Die Bedeutung der Unterrichtung

Die Gemeindeordnungen regeln das Unterrichtungsrecht jeweils in einem eigenen Paragraphen[336]. Die Aufsichtsbehörde kann sich danach jederzeit über die Angelegenheiten der Gemeinden unterrichten. Die Möglichkeit der ausreichenden Unterrichtung über die Gemeindetätigkeiten ist Vorbedingung aller weiteren Aufsichtstätigkeiten[337], da erst durch sie die Gesetzwidrigkeit eines Verhaltens festgestellt werden kann. Das Unterichtungs-, Auskunfts- oder Informationsrecht wird im Schrittum oft als schwächstes Aufsichtsmittel bezeichnet[338].

Dabei handelt es sich um ein selbständiges Aufsichtsmittel, auch wenn die Unterichtung in vielen Fällen die Ausübung weiterer Maßnahmen vorbereitet[339]. Oft führt die Unterrichtung auch zu dem Ergebnis, daß keine weiteren Aufsichtsmittel notwendig sind[340].

Das Informationsrecht der Aufsichtsbehörde erstreckt sich auf alle Angelegenheiten der Gemeinden: Sowohl die inneren Organisations-, Personal- und Finanzverhältnisse der zu beaufsichtigenden Gemeinde wie auch ihr Verwaltungshandeln nach außen. Die Unterrichtung bezieht sich auch auf geheime Verwaltungsangelegenheiten[341].

---

[335] Erichsen, Kommunalrecht NW, S. 313.

[336] § 120 GO BW; Art. 111 GO Bay; § 137 GO Hess; § 129 GO NS; § 107 GO NW; § 120 GO RhPf; § 125 KSVG Saar; 122 GO SH.

[337] Becker, Staatsaufsicht, S. 168; Pfeiffer, Staatsaufsicht, S. 73; Schmitt, System, S. 215f.

[338] Knemeyer, Staatsaufsicht, S. 272; Salzwedel, VVDStRL 22 (1965), S. 249f.; Erichsen, Kommunalrecht NW, S. 314. Einige Gemeindeordnungen zählen deshalb die Unterrichtung nicht zu den Eingriffen. Vgl. etwa § 129 GO SH; § 127 GO RhPf. Anders ist etwa § 113 GO NW; § 133 GO Saar.

[339] Schmitt, System, S. 218; Mayr, Aufsichtsverhältnisse, S. 138.

[340] Pfeiffer, Staatsaufsicht, S. 73; Mayr, Aufsichtsverhältnisse, S. 138.

[341] Andrick, JA 1987, S. 549; Becker, Staatsaufsicht, S. 168; Pfeiffer, Staatsaufsicht, S. 74; Schmitt, System, S. 219.

b) Die Unterrichtungsmittel

Die Aufsichtsbehörde hat verschiedene Unterrichtungsmittel zur Verfügung. Die Aufsichtsbehörde kann sich ohne Auskunftsersuchen an die Gemeinde über das gemeindliche Geschehen informieren, z. B. durch die Lokalpresse und Mitteilungsblätter der Gemeinde. Diese formlose Beobachtung bedarf keiner gesetzlichen Ermächtigung[342]. Die Aufsichtsbehörde kann auch Aktenvorlagen, schriftliche und mündliche Berichte und Übersendung von Beschlüssen der Gemeindevertretung und ihrer Ausschüsse verlangen. Das Verlangen der Aufsichtsbehörde nach Auskunft, das jeweils in die geschützte Sphäre der Gemeinden eingreift, ist seiner Rechtsnatur nach ein Verwaltungsakt[343].

Die Aufsichtsbehörde kann auch durch einen Vertreter an einer bestimmten Sitzung der kommunalen Organe oder ihrer Ausschüsse teilnehmen und verlangen, daß zu diesem Zweck eine solche Sitzung einberufen wird[344].

c) Die Informationspflicht der Gemeinde

Dem Informationsrecht der Aufsichtsbehörde entspricht eine Informationspflicht der Gemeinde. Die Gemeinde ist verpflichtet, die zulässigen Einblicknahmen zu dulden, auf Verlangen Auskünfte zu erteilen und Unterlagen vorzulegen.

Es entspricht ferner dem gegenseitigen Vertrauensverhältnis, wenn die Gemeinde von sich aus über besondere Vorkommnisse berichtet, ehe die Aufsichtsbehörde davon aus der Presse erfährt[345].

Daneben besteht in bestimmten Fällen eine gesteigerte gesetzlich normierte Anzeige- und Vorlagepflicht der Gemeinde[346]. Die Gemeinden sind danach

---

[342] Schmitt, System, S. 218.

[343] Salzwedel, VVDStRL 22 (1965), S. 250; Pagenkopf, Kommunalrecht, Bd. 1, S. 375; Leidinger, Zur gerichtlichen Kontrolle, S. 262. Deshalb ist gegen das Verlangen eine Anfechtungsklage möglich. Dazu s. unten 7. Abschnitt I. Nach Galette / Laux, Kommentar GO SH, § 122 Erl. 2, wird ein Auskunfts- oder Berichtsverlangen grundsätzlich zunächst in der Form einer auffordernden Bitte erfolgen. Wenn diese erfolglos bleibe, oder ein rechtsverletzendes Verwaltungshandeln offensichtlich sei und zu kurzfristigen weiteren Aufsichtsmitteln Anlaß gebe, werde eine Berichtsanordnung erfolgen, der bei Nichtbefolgung eine Ersatzvornahme folgen könne. Vgl. auch Pfeiffer, Staatsaufsicht, S. 76.

[344] Galette / Laux, Kommentar zur GO SH, § 122 Erl. 2. § 137 GO Hess erwähnt ausdrücklich diese Befugnis der Aufsichtsbehörde. Dagegen verneint Pagenkopf, Kommunalrecht, Bd. 1, S. 374, dieses Recht, es sei denn, daß es besonders vorgesehen ist. Ablehnend auch Gönnenwein, Gemeinderecht, S. 184 f.; Salzwedel, VVDStRL 22 (1965), S. 250 Fn. 118. Unbestritten ist allerdings, daß Vertreter der Aufsichtsbehörde als Zuhörer wie jeder andere an öffentlichen Sitzungen des Gemeinderats oder seiner Ausschüsse teilnehmen können. In der Praxis üben die Aufsichtsbehörden kaum aus eigenem Antrieb das gesetzlich vorgesehenen Teilnahmerecht aus. Der Gemeinderat lädt aber nicht selten die Vertreter der Aufsichtsbehörde ein, um sie über ein anstehendes Problem umfassend zu informieren und sich von ihnen beraten zu lassen. So Seele, Aufsichtsfunktion, S. 226.

[345] Andrick, JA 1987, S. 549; Rauball, in: Rauball / Pappermann / Roters, § 107 Rdnr. 2.

verpflichtet, über bestimmte Vorhaben der Aufsichtsbehörde Anzeige zu erstatten und bzw. Unterlagen vorzulegen. Die Anzeige- und Vorlagepflichten dienen der Unterrichtung der Aufsichtsbehörde über bestimmte Bereiche der Selbstverwaltung. Im Gegensatz zu den Genehmigungsvorbehalten hat die Verletzung der Anzeige- und Vorlagepflichten die Unwirksamkeit eines Verwaltungshandelns nicht zur Folge[347].

d) Die Grenze der Unterrichtung

Wie alle Mittel der Staatsaufsicht muß auch das Informationsrecht der Aufsichtsbehörde im Hinblick auf die Schutzpflicht der Aufsichtsbehörde und den Verhältnismäßigkeitsgrundsatz schonend und zurückhaltend ausgeübt werden. Das Informationsrecht muß sich im notwendigen Rahmen halten und darf nur soweit gehen, wie es erforderlich ist. Das Auskunftsverlangen kann als Mittel der Staatsaufsicht also nicht weiter gehen, als der Zweck der Staatsaufsicht reicht[348]. Es wäre darum eine Überschreitung des Informationsrechts und somit unzulässig, wenn die Aufsichtsbehörde ohne schwerwiegende Gründe die laufende Unterrichtung über alle Maßnahme der Gemeinde verlangen würde oder wenn ein Vertreter der Aufsichtsbehörde ständig bei den Sitzungen der Gemeinde anwesend wäre[349].

Das Informationsrecht ist vielmehr grundsätzlich nur im Einzelfall aus besonderem Anlaß auszuüben. Die Gemeinde hat keine generelle Anzeige- und Vorlagepflicht[350].

Umstritten ist hierbei, ob die Ausübung des Informationsrechts auf eine Gesetzmäßigkeitskontrolle beschränkt ist.

Es wird die Auffassung vertreten, daß das Informationsrecht nur gegeben sei, wenn ein besonderer Anlaß zu der Annahme bestehe, daß die Gemeinde in einem Einzelfall das Gesetz zu verletzen im Begriff steht oder schon verletzt hat[351]. Dagegen vertreten einige Autoren die Auffassung, daß das Auskunfts-

---

346 Vgl. etwa § 96 GO NW

347 Andrick, JA 1987, S. 549. Er meint, daß es sich hierbei um eine gegenüber dem Genehmigungsvorbehalt schwächere Form der staatlichen Mitwirkung handle. So auch Bracker, Kommunalaufsicht, S. 272ff.

348 Salzwedel, VVDStRL 22 (1965), S. 249; Pfeiffer, Staatsaufsicht, S. 75.

349 So Schmitt, System, S. 217; Klüber, Gemeinderecht, S. 352. Mayr, Aufsichtsverhältnisse, S. 138. Das macht § 120 GO BW deutlich mit dem Wort „über einzelne Angelegenheiten der Gemeinde".

350 Andrick, JA 1987, S. 549; Erichsen, Kommunalrecht NW S. 314 ; ders., DVBl. 1985, S. 945.

351 Gönnenwein, Gemeinderecht, S. 184; Erichsen, DVBl. 1985, S. 945; ders., Kommunalrecht NW, S. 314; Andrick, JA 1987, S. 549; Leidinger, Zur gerichtlichen Kontrolle, S. 262. In diesem Sinne macht v. Mutius, Gutachten 53. DJT, S. 183, einen Vorschlag, das Informationsrecht gesetzlich auf solche Informationen zu beschränken, deren die

recht nicht auf die Kontrolle der Gesetzmäßigkeit des kommunalen Verwaltungshandelns beschränkt sei. Es diene darüber hinaus der Unterrichtung der Gebietskörperschaften höherer Ordnung, insbesondere des Landes, über die Verwaltungsverhältnisse, die Planungen und wesentlichen Entscheidungen der kommunalen Körperschaften. Nur deren umfassende Kenntnis ermögliche der Aufsichtsbehörde die Ausübung der Schutzfunktion und der Beratung[352].

Ein schrankenloses Informationsrecht der Aufsichtsbehörde steht nicht mit der verfassungsrechtlichen Gewährleistung der gemeindlichen Eigenverantwortung im Einklang. Die Unterichtung der Aufsichtsbehörde ist daher auf eine Gesetzmäßigkeitskontrolle beschränkt, sofern die Ausübung des Informationsrechts einen Eingriff in das Selbstverwaltungsrecht der Gemeinde darstellt.

(2) Die Beanstandung und die Aufhebung

a) Die Bedeutung der Beanstandung

Die Aufsichtsbehörde hat das Recht, die Beschlüsse des Rates und der Ausschüsse und Anordnungen der Hauptverwaltung der Gemeinde, die das Gesetz verletzen, zu beanstanden und verlangen, daß sie binnen einer angemessenen Frist aufgehoben werden. Das Beanstandungsrecht dient dem Zweck der Beseitigung von rechtswidrigen Maßnahmen der Gemeindeorgane.

Wenn die Aufsichtsbehörde eine Verletzung des Gesetzes durch ein Gemeindeorgan erkennt, spricht sie dies aus. Die Aufsichtsbehörde weist damit einerseits das Gemeindeorgan in förmlicher Weise auf den gesetzwidrigen Zustand hin und stellt anderseits die Rechtswidrigkeit seines Verwaltungshandelns fest[353].

Die Beanstandung beinhaltet nach einigen Gemeindeordnungen auch ein Aufhebungsgebot, durch das die Gemeinde zur Aufhebung rechtswidriger Beschlüsse und Anordnungen verpflichtet wird[354].

Die meisten Gemeindeordnungen räumen den Aufsichtsbehörden das Recht ein, von den Gemeinden die Rückgängigmachung der aufgrund beanstandeter Beschlüsse oder Verfügungen getroffenen Maßnahmen zu verlangen[355].

Kommunalaufsicht zur Durchführung der Rechtskontrolle unbedingt bedarf. Dagegen kritisch Bracker, Kommunalaufsicht, S. 469.

[352] Galette/Laux, Kommentar zur GO SH, § 122 Erl. 1; Bracker, Kommunalaufsicht, S. 469.

[353] Schmitt, System, S. 229; Pagenkopf, Kommunalrecht, Bd. 1, S. 375; Salzwedel, VVDStRL 22 (1965), S. 250; Oexmann, Beanstandung, S. 100.

[354] Vgl. § 121 GO BW; § 121 GO RhPf; § 126 KSVG Saar.

[355] § 121 Abs. 1 S. 2 GO BW; § 138 GO Hess; § 130 S. 2 GO NS; § 121 S. 2 GO RhPf; § 126 KSVG Saar; § 123 GO SH. Dagegen fehlt eine derartige Regelung in Gemeindeordnungen von Bayern und Nordrhein-Westfalen.

Die hessische Gemeindeordnung[356] kennt wie die Deutsche Gemeindeordnung kein Beanstandungsrecht. Sie gestattet der Aufsichtsbehörde, rechtswidrige Beschlüsse und Anordnungen sofort selbst aufzuheben.

b) Der Gegenstand der Beanstandung

Der Gegenstand der Beanstandung ist ein gesetzwidriges positives Handeln der Gemeindeorgane[357]. Das Beanstandungsrecht bezieht sich also auf alle Beschlüsse der Kollegialorgane und Anordnungen der Einzelorgane[358]. Zu den Beschlüssen gehören auch die Wahlen und sogar Losentscheide[359].

Umstritten ist dabei, ob reine Meinungsäußerungen, wie die Kundgabe politischer Ansichten auch beanstandungsfähig sind[360]. Es wird die Auffassung vertreten, daß nur solche Beschlüsse beanstandungsfähig seien, die eine rechtliche Wirkung auslösen oder auslösen können, da nur sie das Recht verletzen. Eine rechtsunerhebliche Meinungsäußerung des beschließenden Kollegiums sei auch dann beanstandungsunfähig, wenn die Meinungsäußerung nicht im Einklang mit dem geltenden Recht stehe[361].

Dagegen wird eine andere Auffassung vertreten. Die Beschlüsse unterlägen der Beanstandung ohne Rücksicht darauf, ob sie zur Ausführung bestimmt oder geeignet seien. Der Zweck des Beanstandungsrechts liege insoweit darin, in jedem Falle die in einer unzulässigen Willensäußerung liegende Manifestation bestimmter Ansichten zu beseitigen, um auch politischen Folgewirkungen vorzubeugen[362].

Art. 28 Abs. 2 Satz 1 GG und entsprechende Bestimmungen der Landesverfassungen garantieren das Selbstverwaltungsrecht innerhalb der Grenzen der gemeindlichen Verbandskompetenz[363]. Die Gemeinden haben kein unbegrenz-

---

[356] § 138 GO Hess. Der gleiche Rechtszustand bestand bis zur Gesetzesänderung vom 25. 9. 1964 auch in Rheinland-Pfalz (§ 121 GO RhPf). Nach § 121 S. 1 GO RhPf der neuen Gesetzesfassung sind die rechtswidrigen Gemeindemaßnahmen erst zu beanstanden.

[357] Dagegen kommt das Beanstandungsrecht nicht in Betracht, wenn eine bloße rechtswidrige Unterlassung der Gemeinde in Frage steht. Diese Lücke wird durch das Anordnungsrecht und die Ersatzvornahme geschlossen. Dazu s. unten 4. Abschnitt I 3 (3).

[358] Vgl. Pagenkopf, Kommunalrecht, Bd. 1, S. 375.

[359] Galette/Laux, Kommentar zur GO SH, § 123 Erl. 1; Oexmann, Beanstandung, S. 112.

[360] Diese Problematik hat in Zusammenhang mit den Beschlüssen der Gemeinden zu verteidigungspolitischen Fragen eine aktuelle Bedeutung. Dazu Erichsen, Kommunalrecht NW, S. 43; Schoch, Jura 1984, S. 550ff.; Vitzthum, JA 1983, S. 557ff.; Süß, BayVBl. 1983, S. 513ff.; Theis, JuS 1984, S. 422ff.; Hofmann, DVBl. 1984, S. 116ff.

[361] Galette/Laux, Kommentar zur GO SH, § 123 Erl. 1; Kunze/Schmitt/Broner/Rehm, GO BW, § 121 Erl. I 2; Dallmayer, Staatsaufsicht, S. 66; Oexmann, Beanstandung, S. 120.

[362] Schlempp, HGO, § 138 Erl. I.

[363] Erichsen, Kommunalrecht NW, S. 43; Schoch, Jura 1984, S. 555.

tes allgemeinpolitisches Mandat[364]. Die Meinungsäußerung der Gemeinden sind deshalb rechtswidrig und beanstandungsfähig, wenn sie über die gemeindliche Verbandskompetenz hinausgeht[365].

c) Wirkung

Die Beanstandung verpflichtet zunächst die Gemeinden zur Aufhebung der beanstandeten Maßnahme. Die Aufsichtsbehörde fordert nur ihre Beseitigung, nicht aber ihre Ersetzung durch eine andere[366].

Die Beanstandung hat aufschiebende Wirkung[367] und darf die beanstandete Maßnahme somit nicht ausgeführt werden.

Die Beanstandung hat keine unmittelbare Wirkung nach außen, da die Aufsichtsbehörde eine Maßnahme der Gemeinde im Wege der Beanstandung nicht unmittelbar selbst ändern oder aufheben kann[368]. Trotz Beanstandung vollzogene Beschlüsse und Anordnungen sind daher nach außen wirksam.

Die Gemeinde hat die Pflicht zur Rückgängigmachung bereits vorgenommener Vollzugsmaßnahmen, soweit dies noch möglich ist[369].

d) Form und Frist

Die Beanstandung der rechtswidrigen Beschlüsse oder Anordnungen, das Verlangen nach deren Aufhebung sowie das Verlangen, bereits getroffene Vollzugsmaßnahmen rückgängig zu machen, sind Verwaltungsakte.

Hinsichtlich der Form der Beanstandung schreiben § 108 Abs. 2 Satz 2 GO NW und § 131 GO Saar eine schriftliche Mitteilung vor[370]. Die Beanstandung bedarf auch einer Rechtsbehelfsbelehrung (§ 58 VWGO), da es sich um einen anfechtbaren Verwaltungsakt handelt.

---

364 OVG NW DVBl. 1984, S. 155 (156); OVG Lüneburg DVBl. 1983, S. 814 (815); Erichsen, Kommunalrecht NW, S. 43; Schoch, Jura 1984, S. 555; Süß, BayVBl. 1983, S. 516.

365 Schoch, Jura 1984, S. 557; Theis, JuS 1984, S. 422. Zu der Frage, ob die Aufsichtsbehörde zur Beanstandung verpflichtet sind s. unten 6. Abschnitt I 1.

366 Ein solcher Ersetzungsbefehl kann nur förmlich im Wege der Anordnung erfolgen. Eine fomlose Beratung ist an Stelle dessen auch möglich. Vgl. Schmitt, System, S. 230.

367 Ausdrücklich §121 Abs. 1 S. 3 GO BW; § 108 Abs. 2 S. 3 GO NW; § 126 S. 2 KSVG Saar; § 123 GO SH.

368 Seeger/Wunsch, Kommunalrecht, S. 232; Pfeiffer, Staatsaufsicht, S. 39.

369 Vgl. OVG Münster, OVGE 14, 7 (11).

370 So auch für andere Länder, in denen eine solche Vorschrift fehlt. Kunze/Schmidt/Bronner/Rehm, GO BW, § 121 Erl. I 5; Oexmann, Beanstandung, S. 159; Bark, Beanstandungsverfahren, S. 159; Seeger/Wunsch, Kommunalrecht, S. 232. Knemeyer, Staatsaufsicht, S. 273. Nach Galette/Laux, Kommentar zur GO SH, § 123 Erl. 3, kann eine Beanstandung in dringenden Eilfällen mündlich erfolgen.

Die Befugnis der Aufsichtsbehörde, rechtswidrige Beschlüsse oder Anordnungen zu beanstanden, ist nicht an eine Frist gebunden mit Ausnahme der Regelung in Hessen[371].

e) Das Verfahren der Beanstandung

Die Beanstandung wird zumeist unmittelbar von der Aufsichtsbehörde gegenüber der Gemeinde ausgesprochen. Sie wird dabei an das Vertretungsorgan adressiert, das zum Emfang von Erklärungen namens der Gemeinde zuständig ist[372]. Er hat die Beanstandung an das Organ weitzuleiten, das rechtswidrig gehandelt hat.

In Nordrhein-Westfalen wird das kommunalaufsichtliche Beanstandungsverfahren mit dem gemeindeinternen verbunden[373]. Nach § 108 Abs. 1 Satz 1 GO NW kann die Aufsichtsbehörde den Gemeindedirektor anweisen, rechtswidrige Beschlüsse des Rates und der Ausschüsse gem. § 39 Abs. 2 u. 3 GO NW zu beanstanden. Der Gemeindedirektor ist hier lediglich im Wege der Organleihe als „verlängerter Arm der Aufsichtsbehörde“ in Anspruch genommen[374]. Im Beanstandungsverfahren hat der Gemeindedirektor die Stellung einer nachgeordneten Behörde[375]. Die Beanstandung von Anordnungen des Gemeindedirektors richtet sich nach § 108 Abs 2 Satz 1 GO NW an den Rat.

Weigert sich der Gemeindedirektor, der Anweisung der Aufsichtsbehörde zur Beanstandung eines Beschlusses nachzukommen, so kann die Aufsichtsbehörde die Beanstandung selbst vornehmen[376].

Nach der herrschenden Meinung sind die Anweisungen zur Beanstandung von Beschlüssen des Rates und der Ausschüsse keine Verwaltungsakte, da sie den Gemeindedirektor lediglich zur innergemeindlichen Selbstkontrolle verpflichtet, aber noch keine verbindliche Entscheidung im Verhältnis zwischen Staat und Gemeinde sind[377].

---

[371] Nach § 138 GO Hess beschränkt das Beanstandungsrecht auf sechs Monate nach der Beschlußfassung.

[372] Schmitt, System, S, 230 Fn. 3.

[373] Erichsen, DVBl. 1985, S.945, sieht darin eine „Harmonisierung von inner- und außerkommunaler Beanstandung“. So auch Andrick, JA 1987, S. 550; Oexmann, Beanstandung, S. 168. Eine andere Auffassung vertritt Schmitt, System, S. 231. Er hält diese mittelbare Beanstandung für unzweckmäßig, da sie einen unnötig komplizierenden und zeitraubenden Umweg darstelle und das angewiesene Gemeindeorgan genötigt werde, entgegen seiner Überzeugung zur Beanstandung zu schreiten.

[374] Ehlers, Jura 1987, S. 481.

[375] Leidinger, Zur gerichtlichen Kontrolle, S. 262f.; W. Rauball, in: Rauball/Pappermann/Roters, § 108 Erl 2; Ehlers, Jura, 1987, S. 481. Deshalb kommt es nicht auf seine Auffassung, sondern auf die der Aufsichtsbehörde an.

[376] W. Rauball, in: Rauball/Pappermann/Roters, § 108 Erl. 2; Zuhorn/Hoppe, Gemeinde-Verfassung, S. 315f.; Oexmann, Beanstandung, S. 169; Erichsen, Kommunalrecht NW, S. 314; OVG Münster, OVGE 11, 201 (202f.).

f) Die Aufhebung

Kommt die Gemeinde der Beanstandung nicht nach, kann die Aufsichtsbehörde die beanstandeten Maßnahmen selbst aufheben. Im Gegensatz zur Beanstandung führt die Aufhebung unmittelbar zur Vernichtung einer Entscheidung eines kommunalen Organs. Ihr kommt also eine Gestaltungswirkung zu.

Mit dem Zugang der Aufhebungsverfügung werden die betroffenen Beschlüsse oder Anordnungen der Gemeinde unwirksam.

Vor der Ausführung des Beschlusses oder der Anordnung ist die Aufhebung möglich. Die Aufhebung eines Ratsbeschlusses ist nicht deshalb unzulässig, weil dieser schon ausgeführt ist[378], solange die Rückgängigmachung der Ausführung tatsächlich und rechtlich möglich ist. Dagegen ist die Aufhebung eines irrevisibel vollzogenen Ratbeschlusses regelmäßig nicht geeignet und erforderlich[379]. Die Aufhebung in einem solchen Fall verstößt in der Regel gegen den Grundsatz der Verhältnismäßigkeit und stellt damit einen Ermessensfehler dar[380].

Da der Aufhebung keine Rückwirkung zukommt[381], bleiben zwischenzeitlich entstandene Rechte Dritter unberührt[382].

Zur Beseitigung eines durch die Ausführung einer gesetzwidrigen Maßnahme herbeigeführten gesetzwidrigen Zustandes kann die Aufsichtsbehörde die Rückgängigmachung der Rechtsfolgen der bereits erfolgten Ausführung verlangen.

Nach § 138 GO Hess kann die Aufsichtsbehörde die gesetzwidrigen Beschlüsse und Anordnungen sofort aufheben, ohne eine Beanstandung vorzuschalten[383].

---

[377] Leidinger, Zur gerichtlichen Kontrolle, S. 263; W. Rauball, in: Rauball/Pappermann/Roters, § 108 Erl. 3.; Oexmann, Beanstandung, S. 169; Ehlers, Jura 1987, S. 481.

[378] OVG NW, DVBl. 1987, S. 142(144); OVG NW OVGE 28, S. 185 (194); Andrick, JA 1987, S. 550.

[379] Erichsen, Kommunalrecht NW, S. 315; OVG NW DVBl. 1987, S. 143 (144).

[380] Erichsen, Kommunalrecht NW, S. 315; OVG NW DVBl. 1987, S. 143 (144).

[381] Kottenberg/Rehn/Cronauge, GO NW, § 108 IV; Pfeiffer, Staatsaufsicht, S. 80; Schmitt, System, S. 243 m.w. N. A. A. OVG NW OVGE 28, S. 185 (194).

[382] Zuhorn/Hoppe, Gemeinde-Verfassung, S. 317; Pfeiffer, Staatsaufsicht, S. 80; Andrick, JA 1987, S. 550; VGH Bad.-Württ., DÖV 1973, S. 534. Die rechtliche Bindung der Gemeinde gegenüber Drittbetroffenen gilt bei der Aufhebung auch für die Aufsichtsbehörden. So Erichsen, Kommunalrecht NW, S. 315.

[383] Schmitt, System, S. 242, bezeichnet diese Aufhebung als „ die sofortige Aufhebung". Kantel, Kommunalverfassung, S. 94, ist der Meinung, daß vor der Aufhebung die gesetzewidrigen Beschlüsse und Anordnungen erst beanstandet werden müßten, da sich aus der Erforderlichkeitskomponente des Übermaßverbots ergebe, daß zunächst das schwächere Mittel, wenn es Aussicht auf Erfolg bietet, angewendet werden muß, bevor das stärkere gewählt wird.

(3) Die Anordnung

a) Die Bedeutung der Anordnung

Erfüllt die Gemeinde die ihr nach dem Gesetz obliegenden Pflichten oder Aufgaben nicht, so kann die Aufsichtsbehörde anordnen, daß die Gemeinde innerhalb einer bestimmten Frist die erforderliche Maßnahme durchführt[384]. Während das Beanstandungsrecht eine negative Eingriffsmöglichkeit bei einem Handeln enthält, reagiert die Aufsichtsbehörde hier auf ein pflichtwidriges Unterlassen[385]. Mit der Anordnung soll sichergestellt werden, daß die Kommune eine ihr obliegende rechtliche Verpflichtung erfüllt.

b) Die Voraussetzungen der Anordnung

Eine Voraussetzung für den Erlaß der Anordnung ist daher das Untätigsein der Gemeinde. Dabei ist es gleichgültig, ob eine bloße Untätigkeit der Gemeinde vorliegt oder die Gemeinde ausdrücklich entscheidet, nichts zu tun, also ein Handeln ablehnt. Das Untätigsein kann sich auch auf rein gemeindeinterne Vorgänge beziehen. Wenn die Gemeinde etwa die Vornahme einer vorgeschriebenen Wahl oder den Erlaß einer Hauhalts- oder Hauptsatzung unterläßt, kommt deshalb die Anordnung in Betracht.

Da die Anordnung ein Rechtsaufsichtsmittel ist, ist eine weitere Voraussetzung für die Anordnung, daß das Untätigsein der Gemeinde eine Rechtsverletzung darstellt. Diese Rechtsverletzung durch Unterlassen besteht in einer Nichterfüllung einer gesetzlichen Pflicht zum Handeln. Der Erlaß einer Anordnung setzt also eine bereits bestehende rechtliche Verpflichtung voraus. Diese Verpflichtung der Gemeinde kann sich unmittelbar aus dem Gesetz oder mittelbar etwa aus einem öffentlich-rechtlichen oder privatrechtlichen Vertrag[386] oder Verwaltungsakt ergeben. Auch an eigenes Satzungsrecht ist die Gemeinde gebunden[387].

---

384 § 122 GO BW; Art. 112 S. 2 Bay GO; § 139 GO Hess; § 131 Abs. 1 GO NS; § 109 Abs. 1 GO NW; § 122 GO RhPf; § 128 Abs. 1 KSVG Saar; § 124 GO SH.

385 In diesem Sinne unterscheidet man zwischen positiven und negativen Aufsichtsmitteln. Dabei gehört die Anordnung zu den positiven Aufsichtsmitteln, weil sie dazu dient, ein Handeln zu bewirken.

386 Dazu s. oben 2. Abschnitt I 2.

387 Als verpflichtende Gesetze kommen insoweit nach der herrschenden Meinung allerdings nur öffentlich-rechtliche Normen in Betracht. Gönnenwein, Gemeinderecht, S. 188; Schnapp, Ersatzvornahme, S. 47; Erichsen, DVBl. 1985, S. 946; ders., Kommunalrecht NW, S. 315. Vgl. oben 2. Abschnitt I 1.

c) Die Wirkung der Anordnung

Die Anordnung erzeugt keine neue Verpflichtung, sondern fordert nur förmlich zur Befolgung einer bereits gesetzlich bestehenden Pflicht auf[388]. Sie ist jedoch nicht lediglich feststellender Natur. Vielmehr wird durch sie eine abstrakt formulierte Verpflichtung erst konkretisiert[389]. Die Anordnung beinhaltet also nicht nur eine Feststellung, sondern ein Gebot[390]. Die Anordnung stellt noch kein Handeln der Staatsbehörde anstelle der Gemeinde dar. Sie verändert die Rechtslage nicht, sondern verpflichtet die Gemeinde zu einer bestimmten Maßnahme[391].

d) Die Form und die Frist der Anordnung

Die Anordnung muß als Verwaltungsakt schriftlich ergehen, begründet und mit einer Rechtsmittelbelehrung versehen sein sowie zugestellt werden. Sie ist an die Gemeinde als solche zu richten, nicht an einzelne Organe.

Nach den einschlägigen Bestimmungen der Gemeindeordnungen muß die Aufsichtsbehörde in der Anordnungsverfügung der Gemeinde eine Frist setzen, vor deren Ablauf weitere Aufsichtsmaßnahmen nicht zulässig sind. Nur beim fruchtlosen Verstreichen der Frist kann die Aufsichtsbehörde zur Ersatzvornahme greifen.

Die von der Aufsichtsbehörde zu bestimmende Frist muß angemesen sein[392], da der handlungspflichtigen Gemeinde Gelegenheit gegeben werden muß, die angeordnete Handlung selbst vorzunehmen. Welche Frist angemessen ist, läßt sich nicht abstrakt bestimmen. Aber die Frist darf nicht so kurz sein, daß es der betroffenen Gemeinde nach der Erfahrung und der örtlichen Gegebenheit unmöglich ist, die angeordnete Handlung innerhalb dieser Frist vorzunehmen[393].

---

[388] Schmitt, System, S, 232.

[389] Schnapp, Ersatzvornahme, S. 44.

[390] Schnapp, Ersatzvornahme, S. 44.

[391] Das ist ähnlich bei einem Leistungsurteil, das die materiellen Pflichten nicht verändert, sondern nur ihre Erfüllung förmlich anordnet und damit zugleich die Voraussetzungen für eine Vollstreckung schafft. So auch Schnapp, Ersatzvornahme, S. 44; Schmitt, System, S. 232 Fn. 3.

[392] Ausdrücklich § 122 GO BW; Art. 113 GO Bay.

[393] Schnapp, Ersatzvornahme, S. 72; Hölzl, Gemeindeordnung, § 113 Erl. 1; Widtmann, Bayeriche Gemeindeordnung, Art. 113 Erl. 1.

[394] § 123 GO BW; Art. 113 GO Bay; § 140 GO Hess; § 131 Abs. 2 GO NS; § 109 Abs. 2 GO NW;§ 123 GO RhPf; § 129 GO Saar; § 125 GO SH.

[395] Elleringmann, Grundlagen, S. 72.

(4) Die Ersatzvornahme

a) Die Bedeutung der Ersatzvornahme

Kommen die Organe der Gemeinde der Anordnung der Aufsichtsbehörde nicht nach, besitzt die Aufsichtsbehörde mit dem Aufsichtsmittel der Ersatzvornahme die Möglichkeit, ihre aufsichtlichen Befugnisse zwangsweise durchzusetzen und damit gesetzmäßige Zustände zu schaffen[394]. Die Ersatzvornahme stellt also ein Mittel der Durchsetzung aufsichtlicher Gebote dar[395], ohne das die Anordnungsbefugnisse der Aufsichtsbehörde im Falle einer Weigerung der Gemeinde, die Anordnung zu befolgen, bedeutungslos wäre[396].

Das Recht der Ersatzvornahme umfaßt die Befugnis der Aufsichtsbehörde, die angeordnete Maßnahme an Stelle und auf Kosten der Gemeinde durchzuführen oder deren Durchführung einem Dritten zu übertragen[397]. Die Ersatzvornahme ist in diesem Sinne dem Anordnungsrecht streng akzessorisch und stellt eine Sanktion beim weiteren Untätigbleiben der Gemeinde dar[398].

In einigen Ländern können nicht nur aufsichtsbehördliche Anordnungen, sondern Informationsverlangen und Beanstandungen mit dem Aufsichtsmittel der Ersatzvornahme durchgesetzt werden[399]. Beanstandete Beschlüsse und Anordnungen werden in diesen Ländern im Wege der Ersatzvornahme aufgehoben[400].

b) Die Voraussetzungen der Ersatzvornahme

aa) Aus dem Grundsatz der Verhältnismäßigkeit ergibt sich, daß zunächst Eingriffsmöglichkeiten des gleichen Funktionsbereichs ausgeschöpft sein müssen, die weniger einschneidend wirken. Diesem Grundsatz ist in den Gemeindeordnungen im Hinblick auf die Ersatzvornahme dadurch entsprochen, daß die Ersatzvornahme dort als Vollzugsmittel einer vorhergehenden Anordnung vorgesehen ist[401].

---

396 Pfeiffer, Staatsaufsicht, S. 89; Andrick, JA 1987, S. 550.

397 Vgl. etwa § 109 Abs. 2 GO NW.

398 Gönnenwein, Gemeinderecht, S. 189.

399 Vgl. § 123 GO BW; Art. 113 GO Bay.

400 Pagenkopf, Kommunalrecht, Bd. 1 S. 377, unterscheidet die Ersatzvornahme im weiteren Sinne und im engeren Sinne. Für ihn bedeutet Ersatzvornahme im weiteren Sinne eine „fortgeschrittene Stufe" des aufsichtsbehördlichen Eingreifens im Zusammenhang mit dem Beanstandungs- und Anordnungsrecht. Er versteht unter der Ersatzvornahme im engeren Sinne die „ersatzweise Vornahme" der Beschlüsse oder Anordnungen. Schnapp, Ersatzvornahme, S. 39, vertritt die Auffassung, daß die Differenzierung zwischen Aufhebung und Ersatzvornahme unnötig erscheine, da es keinen materiell-rechtlichen Unterschied mache, ob ein rechtswidriges Tun oder Unterlassen korrigiert werde. Daher sei die Aufhebung eines beanstandeten Beschlusses materiell auch eine Ersatzvornahme. So auch Salzwedel, VVDStRL 22 (1965), S. 251 Fn. 122.

401 Salzwedel, VVDStRL 22 (1965), S. 251, formuliert das Verhältnis zwischen Anordnung und Ersatzvornahme folgendermaßen: „Die Anordnung ersetzt die korpora-

Es ist also Voraussetzung der Ersatzvornahme, daß gegen die Gemeinde bereits eine Anordnung der Aufsichtsbehörde ergangen ist.

bb) Eine weitere Voraussetzung der Ersatzvornahme ist, daß eine zur Ausführung der vorausgehenden Anordnung bestimmte Frist erfolglos verstrichen ist. Die Ersatzvornahme ist in dieser Hinsicht subsidiär[402].

cc) Eine besondere Androhung ist gesetzlich nicht vorgesehen. Zwangsmaßnahmen in anderen Rechtsgebieten, die auch eine Ersatzvornahme vorsehen, sind vor ihrer Anwendung anzudrohen[403]. Unter dem Gesichtspunkt der Voraussehbarkeit und Berechenbarkeit staatlichen Handelns ist es anzunehmen, daß die vorherige Androhung einer Ersatzvornahme einem allgemeinen Rechtsgedanken entspricht und deshalb auch Voraussetzung einer kommunalrechtlichen Ersatzvornahme ist[404]. Demnach ist also die Ersatzvornahme trotz Fehlens gesetzlicher Vorschriften nur zulässig, wenn die Aufsichtsbehörde sie vorher angedroht hat, sofern ein sofortiges Eingreifen im Einzelfall nicht notwendig ist[405].

c) Der Rechtscharakter und die Rechtswirkung der Ersatzvornahme

Das Wesen der Ersatzvornahme besteht darin, daß die Organe der Gemeinde in dem erforderlichen Umfang ausgeschaltet werden und die Aufsichtsbehörde an ihre Stelle tritt[406]. Die Handlungen der Aufsichtsbehörde haben die gleichen Rechtswirkungen, wie wenn die Gemeinde sie selber durch ihre Organe vorgenommen hätte[407]. Die Aufsichtsbehörde nimmt hier die erforderliche Handlung selbst mit Wirkung für und gegen die Gemeinde vor. Die Rechtsfolgen des Ersatzhandelns werden in vollem Umfang der Gemeinde zugerechnet.

---

tive Willensbildung, die eigentliche Ersatzvornahme ersetzt den korporativen Willensvollzug." So auch Leidinger, Zur gerichtlichen Kontrolle, S. 266.

402 Vgl. Pfeiffer, Staatsaufsicht, S. 89; Becker, Staatsaufsicht, S. 170.

403 Vgl. etwa § 13 VwVG; § 63 VwVG NW; § 34 PolG NW.

404 Vgl. Schnapp, Ersatzvornahme, S. 71; Pfeiffer, Staatsaufsicht, S. 90. Die Fristsetzung der Anordnung kann unter der Androhung der Ersatzvornahme erfolgen.

405 Schlempp, HGO, § 140 Erl. 2.

406 Andrick, JA 1987, S. 550; Pagenkopf, Kommunalrecht, Bd. 1, S. 378; Kottenberg/Rehn/Cronauge, GO NW, § 109 III 1; Schlempp, HGO, § 140 Erl. I. Nach Schnapp, Ersatzvornahme, S. 85, findet bei der Ersatzvornahme ein Austausch der Subjekte von „Wahrnehmungszuständigkeiten" statt. Einige Autoren bezeichnet die Ersatzvornahme oft als „Aufsichtsvertretung" bezeichnet. Gönnenwein, Gemeinderecht, S. 189. Vgl. auch Salzwedel, VVDStRL 22 (1965), S. 251. Im Ergebnis so auch Becker, in: v. Loebell, GO für NW, § 109 Erl. 6. Dagegen kritisch, Schnapp, Ersatzvornahme, S. 84f.

407 Schmitt, System, S. 251; Schnapp, Ersatzvornahme, S. 85. Hier hat die Aufsichtsbehörde eine ähnliche Rechtsstellung wie der Beauftragte. Die Ersatzvornahme eignet sich allerdings nur dazu, kommunales Fehlverhalten im Einzelfall zu korrigieren, während bei mehrfachem Zuwiderhandeln die Bestellung eines Beauftragten in Betracht kommt. S. unten 4. Abschnitt I 3 (5).

Nach außen hin hat die Aufsichtsbehörde bei der Ersatzvornahme also die Stellung eines Gemeindeorgans. Im Falle der Ersatzvornahme steht ein betroffener Dritter im gleichen rechtlichen Verhältnis zur Gemeinde, wie wenn diese selbst gehandelt hätte. Hier ist der Dritte also Adressat eines gemeindlichen Verwaltungsakts oder einer gemeindlichen Satzung. Die Aufsichtsbehörde ist in gleicher Weise an diejenigen Vorschriften gebunden, die auch das Gemeindeorgan zu befolgen hätte[408]. Die durch eine Ersatzvornahme entstehenden Kosten hat die Gemeinde zu tragen[409].

In der Regel besteht zwischen der Aufsichtsbehörde und dem Dritten überhaupt kein Rechtsverhältnis, da die staatliche Aufsicht nur das Verhältnis zwischen Staat und Gemeinde betrifft[410].

Im Verhältnis zur Gemeinde ist die Aufsichtsbehörde jedoch kein Gemeindeorgan. Sie hat vielmehr die Stellung eines Staatsorgans, das einseitig gegenüber der Gemeinde handelt[411].

d) Die Arten der Ersatzvornahme

Die Ersatzvornahme kann entweder von der Aufsichtsbehörde selbst oder durch einen Dritten durchgeführt werden[412]. Es gibt materiell-rechtlich keinen Unterschied zwischen beiden Arten der Ersatzvornahme, da der Aufsichtsakt immer dem Aufsichtsorgan zuzurechnen ist[413]. Die Gleichsetzung ist gerechtfertigt, weil ein von der Aufsichtsbehörde beauftragter Dritter als ihr „verlängerter Arm" anzusehen ist[414].

Die Ersatzvornahme ist immer dann von der Kommunalaufsichtsbehörde selbst durchzuführen, wenn auch die Gemeinde die betreffende Maßnahme aus rechtlichen oder tatsächlichen Gründen nur durch ihre Organe treffen könnte[415]. Soweit es sich um Ersatzbeschlüsse oder Anordnungen, d.h. um die

---

[408] Schnapp, Ersatzvornahme, S. 86; Erichsen, Kommunalrecht NW, S. 315; Kottenberg/Rehn/Cronauge, GO NW, § 109 III 1; Schlempp, HGO, § 140 Erl. I.

[409] Ausdrücklich § 123 GO BW; § 113 GO Bay; § 140 GO Hess; § 109 Abs. 2 GO NW; § 131 Abs. 2 GO NS; § 123 GO RhPf;§ 129 KSVG Saar; § 125 GO SH.

[410] Schnapp, Ersatzvornahme, S. 86 u. 89ff.

[411] Schnapp, Ersatzvornahme, S. 85f. In diesem Sinne hat die Aufsichtsbehörde eine Doppelstellung. Vgl. Schlempp, HGO, § 140 Erl. I.

[412] Wolff/Bachof, Verwaltungsrecht II, 4. Aufl., § 77 II e ß), unterscheiden zwischen der Ersatzvornahme (durch Beauftragung eines Dritten) und Selbsteintritt (des Aufsichtsorgans). Vgl. auch Hofmann/Muth/Theisen, Kommunalrecht, S. 356. Ähnlich unterscheidet Rauball, in; Rauball/Pappermann/Roters, § 109 Rdnr. 5 u. 6, zwischen Selbstvornahme und Ersatzvornahme. Vgl. auch Kantel, Kommunale Verfassung, S. 93. Zuhorn/Hoppe, Gemeinde-Verfassung, S. 319, treffen keine Unterscheidung zwischen Ersatzvornahme und Selbsteintritt.

[413] Schnapp, Ersatzvornahme, S. 36 u. 39.

[414] Schnapp, Ersatzvornahme, S. 37; Vgl. auch Andrick, JA 1987, S. 550.

[415] Galette/Laux, Kommentar zur GO SH, § 125 Erl. 4; Schmitt, System, S. 276.

anstelle der Gemeindevertretung oder des Gemeindevorstandes zu fassenden Beschlüsse sowie um sonstige hoheitliche Maßnahmen handelt, muß die Aufsichtsbehörde als solche tätig werden[416].

Die Ersatzvornahme kann nur dann durch einen Dritten durchgeführt werden, wenn dessen Beauftragung auch der Gemeinde gestattet gewesen wäre[417]. Dies ist der Fall, wenn es sich z.B. um die Durchführung von Baumaßnahmen, die Herstellung von Plänen, die Aufstellung von Verkehrszeichen oder die Straßenreinigung handelt.

(5) Die Bestellung eines Beauftragten

a) Die Bedeutung der Bestellung eines Beauftragten

Wenn die Gemeindeverwaltung in erheblichem Umfang nicht den Erfordernissen einer gesetzmäßigen Verwaltung entspricht und die sonstigen Aufsichtsbefugnisse zur Sicherung der Gesetzmäßigkeit der Verwaltung nicht ausreichen, ist die Bestellung eines Beauftragten oder „Kommissars" zur Wahrnehmung aller oder einzelner Aufgaben der Gemeinde in allen Gemeindeordnungen vorgesehen[418]. Der Beauftragte tritt an die Stelle des Gemeindeorgans, das die rechtmäßige Wahrnehmung der Aufgaben verhindert[419].

Mit der Bestellung eines Beauftragten greift die Aufsichtsbehörde nicht nur in das Recht der Gemeinde zu eigenverantwortlicher Tätigkeit, sondern auch in das zu eigenverantwortlicher Bestimmung ihrer Organe und Amtsträger ein[420]. Die Bestellung eines Beauftragten stellt damit eines der schärfsten Aufsichtsmittel dar.

b) Voraussetzung der Bestellung eines Beauftragten

Da es sich bei der Bestellung eines Beauftragten um einen schwerwiegenden Eingriff in das Selbstverwaltungsrecht der Gemeinde handelt, steht eine solche Maßnahme nur bei einem außergewöhnlichen Notstand in der Gemeindeverwaltung mit der Selbstverwaltungsgarantie des Art. 28 Abs. 2 S. 1 GG und den entsprechenden Bestimmungen der Landesverfassungen im Einklang[421]. Der

---

416 Schlempp, HGO, § 140 Erl. IV.

417 Schmitt, System, S. 276; Galette/Laux, Kommentar zur GO SH, § 125 Erl. 4.

418 § 124 GO BW; Art. 114 GO Bay; § 141 GO Hess; § 132 GO NS; § 110 GO NW; § 124 GO RhPf; § 130 KSVG Saar; § 127 GO SH. Aus § 112 DGO haben die Länder diese Regelung übernommen. Eine Besonderheit besteht in der bayerischen Gemeindeordnung. Dazu s. unten 4. Abschnitt I 3 (5) d)

419 Umstritten ist dabei, ob ein Beauftragter nur für jeweils ein Organ der Gemeinde bestellt werden kann. Zum Meinungsstand Galette/Laux, Kommentar zur GO SH, § 127 Erl. 1.

420 Galette/Laux, Kommentar zur GO SH, § 127 Erl. 1.

421 Pfeiffer, Staatsaufsicht, S. 97; Galette/Laux, Kommentar zur GO SH, § 127 Erl. 1.

Grundsatz der Verhältnismäßigkeit ist besonders zu beachten. Die Bestellung eines Beauftragten ist deshalb nur dann zulässig, wenn der geordnete Gang der Gemeindeverwaltung diese Maßnahme erfordert und die übrigen, die kommunale Selbstverwaltung weniger einschränkenden Aufsichtsmittel nicht ausreichen.

aa) Zunächst muß der geordnete Gang der Gemeindeverwaltung eine solche Maßnahme erfordern[422]. § 124 GO RhPf regelt die Voraussetzungen ausführlich: wenn und solange „ein Gemeindeorgan seine gesetzliche Verpflichtungen nicht erfüllt und Weisungen der zuständigen Behörden nicht ausführt ..." oder „ein Gemeindeorgan rechtlich oder tatsächlich an der Ausübung seiner Befugnisse gehindert ist und ..." Wenn man sich vergegenwärtigt, daß die Bestellung eines Beauftragten ein außerordentliches Mittel für außergewöhnliche Zustände darstellt, erfüllen einzelne oder auch wiederholte unbedeutsame Gesetzwidrigkeiten diese Voraussetzung nicht. Die Bestellung eines Beauftragten ist vielmehr nur dann zulässig, „wenn die Verwaltung der Gemeinde in erheblichen Umfange nicht den Erfordernissen einer gesetzmäßigen Verwaltung entspricht"[423]. Ein solcher Notfall ist dann anzunehmen, wenn ernste und nachhaltige Störungen der gesetzmäßigen Verwaltung vorliegen oder bevorstehen, die die Funktionsfähigkeit der Gemeindeorgane wesentlich beeinträchtigen oder beseitigen[424].

Die Gemeindeverwaltung ist funktionsunfähig, wenn sie mangels der erforderlichen Organe nicht in der Lage ist, ihre Aufgaben zu erfüllen. Eine Lähmung des ordnungsmäßigen Verwaltungsgangs kann auch durch eine fortdauernde gesetzwidrige Amtsübung, insbesondere durch die beharrliche Verweigerung der Ausführung gesetzmäßiger Anordnungen der Aufsichtsbehörde entstehen. Diese Funktionsunfähigkeit bietet einen Anlaß zur Bestellung eines Beauftragten[425].

Im Schrifttum werden je nach dem Anlaß der Beauftragtenbestellung und nach der Funktion des Beauftragten verschiedene Arten der Beauftragten genannt. Nach Pagenkopf sind zwei Typen von Beauftragten zu unterscheiden: Vertretungs- oder Fürsorgekommissar und Zwangskommissar. Während der erste für ein nicht ordnungsmäßig besetztes Organ bestellt werde, trete der letzte neben oder an die Stelle eines grundsätzlich funktionsfähigen Organs[426].

---

[422] So Art 114 GO Bay; § 132 GO NS; § 130 KSVG Saar; auch Vgl. § 124 GO BW („... nicht den Erfordernissen einer gesetzmäßigen Verwaltung entspricht ... „); § 141 GO Hess u. § 127 GO Hess („ der ordnungsmäßige Gang der Verwaltung"); § 124 GO RhPf; § 110 GO NW nennt als Voraussetzung nur, daß die milderen Mittel nicht ausreichen.

[423] So § 124 GO BW.

[424] Schlempp, HGO, § 141 Erl. II; Andrick, JA 1987, S. 550. Seeger/Wunsch, Kommunalrecht, S. 237; Pfeiffer, Staatsaufsicht, S. 98.

[425] Galette/Laux, Kommentar zur GO SH, § 127 Erl. 1; Schlempp, HGO, § 141 Erl. II.

[426] Pagenkopf, Kommunalrecht, Bd. 1, S. 381; Zur Unterscheidung vgl. auch Schmitt, System, S. 293.

bb) Eine weitere Voraussetzung ist, daß die Anwendung der weniger scharfen Aufsichtsmittel nicht ausgereicht hat oder nicht ausreichen würde. Die milderen Aufsichtsmittel haben also den Vorrang. Es ist jedoch nicht notwendig, daß alle milderen Aufsichtsmittel von der Aufsichtsbehörde zunächst ausgeschöpft worden sind. Es genügt vielmehr, daß sie nicht den angestrebten Erfolg versprechen[427]. Diese Voraussetzung charakterisiert die Bestellung eines Beauftragten als ein subsidiäres Aufsichtsmittel. Die Landesgesetzgeber haben damit dem Grundsatz der Verhältnismäßigkeit in besonderem Maße Rechnung getragen[428].

c) Die Zuständigkeit

Die Zuständigkeit für die Bestellung eines Staatsbeauftragten ist in den Gemeindeordnungen der Länder unterschiedlich geregelt. Nach § 124 GO BW, Art. 114 Abs. 2 GO Bay, § 124 Abs. 1 GO RhPf und § 127 GO SH[429] ist die untere Kommunalaufsichtsbehörde für die Bestellung eines Beauftragten zuständig. § 110 GO NW und § 130 GO Saar sehen die alleinige Zuständigkeit des Innenministers vor. In Hessen (§ 141 GO Hess)[430] und Niedersachsen (§ 132 GO NS) hat die obere Aufsichtsbehörde als zuständige Behörde den Beauftragten zu bestellen.

d) Die Auswahl der Person des Beauftragten

Die Auswahl der Person des Beauftragten liegt im Ermessen der zuständigen Aufsichtsbehörde. Sie kann einen Landesbeamten, aber auch einen Kreis- oder Gemeindebeamten oder sogar einen Privatmann bestellen[431]. Ein Gemeindeorgan kann ebenfalls mit der Wahrnehmung solcher Aufgaben beauftragt werden. So können etwa dem Bürgermeister u. U. die Aufgaben der arbeitsunfähig gewordenen Gemeindevertretung übertragen werden[432]. In Bayern ist dies

---

[427] Schmitt, System, S. 283; Rauball, in: Rauball / Pappermann / Roters, § 110 Rdnr. 5; Pagenkopf, Kommunalrecht, Bd. 1, S. 380f.; Janzen, Der Staatsbeauftragte, S. 87; Andrick, JA 1987; S. 551; Schlempp, HGO, § 141 Erl. 2.

[428] Die GO Bay schreibt diese Voraussetzung nicht ausdrücklich vor. Entsprechend dem Grundsatz der Verhältnismäßigkeit und der Reihenfolge der Art. 108 ff. GO Bay gilt diese Voraussetzung auch für die bayerische Gemeindeordnung. So Schmitt, System, S. 283 Fn. 2.

[429] Die frühere Fassung GO SH von 1950 sah die alleinige Zuständigkeit des Innenministers zur Beauftragtenbestellung vor.

[430] Allerdings kann der Minister des Innern für bestimmte Fälle oder bestimmte Arten von Fällen die Zuständigkeit auf die untere Aufsichtsbehörde übertragen (§ 141 S. 3 GO Hess).

[431] Gönnenwein, Gemeinderecht, S. 191; Schmitt, System, S. 288; Galette / Laux, Kommentar zu GO SH, § 127 Erl. 3.

[432] Gönnenwein, Gemeinderecht, S. 191; zu praktischen Anwendungsfällen Strich, Staatskommissar, S. 147 Fn. 3 u. S. 169. Für Schmitt, System, S. 288 Fn. 4, entspricht eine

ausdrücklich vorgeschrieben. Nach Art. 114 GO Bay müssen zunächst der erste Bürgermeister und bei dessen Weigerung oder Verhinderung die weiteren Bürgermeister ermächtigt werden, bevor die Aufsichtsbehörde selbst als Beauftragte tätig wird.

e) Die Rechtsstellung der Beauftragten

Die Amtshandlungen des Beauftragten haben die gleiche unmittelbare Wirkung für und gegen die Gemeinde, wie die des ausgeschalteten Organs. Der Beauftragte unterliegt den gleichen Bindungen wie das Gemeindeorgan, an dessen Stelle er tritt[433]. Er muß in den gesetzlich bestimmten Fällen die aufsichtliche Genehmigung einholen und hat alle Form- und Verfahrensvorschriften genauso zu beachten wie das ordnungsgemäße Gemeindeorgan.

Umstritten ist, ob der Beauftragte Organ der Gemeinde, des Staates oder beider ist. Nach einigen Gemeindeordnungen hat der Beauftragte die Stellung eines Organs der Gemeinde[434].

Der Beauftragte wird aber auch sonst teilweise als Gemeindeorgan angesehen[435]. Die Vertreter dieser Auffassung suchen ihre Begründung in der Funktion des Beauftragten. Der Beauftragte habe im Rahmen seines Auftrags alle Aufgaben der Gemeinde von Bedeutung wahrzunehmen. Der Staat überschreite sein Aufsichtsrecht, wenn er die Gemeideverwaltung auch nur teilweise und vorübergehend durch Staatsverwaltung ersetze. Der Beauftragte sei daher ein außerordentliches Organ der Gemeinde.

Peters vertrat vor Inkrafttreten der DGO die Auffassung, der Beauftragte sei sowohl Staats- und Gemeindeorgan[436]. Auch heute wird die Auffassung vertreten, daß der Beauftragte eine Doppelstellung als Gemeinde- und Staatsorgan habe[437].

Der größere Teil der Autoren ist der Meinung, daß der Beauftragte Staatsorgan sei[438]. Entscheidend sei für die Organqualität nicht die Tätigkeit,

---

solche Entscheidung dem Grundsatz der Verhältnismäßigkeit im Falle des Fehlens oder der Funktionsunfähigkeit der Gemeindevertretung.

[433] Pappermann, DVBl. 1972, S. 576; Schlempp, HGO, § 141 Erl. 1; Galette/Laux, Kommentar zur GO SH, § 127 Erl. 4; Janzen, Der Beauftragte, S, 102 f.

[434] Ausdrücklich § 132 GO NS; §110 GO NW; § 127 Satz 2 GO SH.

[435] Pagenkopf, Kommunalrecht, Bd. 1, S. 381 f.; Galette/Laux, Kommentar zu GO SH, § 127 Erl. 4; Erichsen, Kommunalrecht NW, S. 316; Peters, Lehrbuch, S. 322, unter Abänderung seiner früheren Auffassung.

[436] Peters, Grenzen, S. 122 f. Allerdings hat er später den Beauftragten als kommunales Organ qualifiziert. Vgl. ders., Lehrbuch, S. 322 Fn. 1.

[437] Schlempp, HGO, § 141 Erl. 1.

[438] Janzen, Der Beauftragte, S. 99; Rauball, in: Rauball/Pappermann/Roters, § 110 Rdnr. 6; Pappermann, DVBl. 1972, S. 755; Nach Kottenberg/Rehn/Cronauge, GO für NW, § 110 Erl. 2 und Andrick, JA 1987, S. 551, ist der Beauftragte „Ersatzorgan“ und

sondern die Bestellung (Einsetzung). Der Beauftragte leite seine Befugnis allein aus dem staatlichen Willen ab, der in der Bestellung zum Ausdruck komme. Er sei in seiner Existenz sachlich und zeitlich völlig vom Staatswillen abhängig. Der Wortlaut des § 110 GO NW („die Stellung eines Organs der Gemeinde") bedeute nicht ein Organ der Gemeinde[439].

Die praktische Bedeutung dieser Meinungsstreitigkeit liegt darin, daß die Eigenständigkeit der Aufgabenerfüllung des Beauftragten von der Organqualität abhängig ist[440].

Nach der ersten Auffassung unterliegt der Beauftragte keinem weitergehenden Weisungsrecht des Staates als das von ihm ersetzte Organ. Der Beauftragte nehme in vollem Umfang an dessen Eigenverantwortung teil[441]. Nach der zweiten und der dritten Auffassung ist er in den Staatsorganismus eingegliedert, und es besteht ein direktes hierarchisches Weisungsverhältnis[442].

Wenn die Aufsichtsbehörde dem Beauftragten hinsichtlich der Ermessensfrage Weisungen erteilen kann, beschränkt sich die Befugnis der Aufsichtsbehörde nicht auf die Rechtmäßigkeitskontrolle, sondern ertrecken sich auch auf die Zweckmäßigkeikeitskontrolle. Diese Konsequenz steht nicht mit der Garantie der Selbstverwaltung des Art. 28 Abs. 2 S. 1 GG und mit der Rechtmäßigkeitsklausel der Verfassungen und der Gemeindeordnungen der Länder im Einklang[443]. Deshalb ist davon auszugehen, daß der Beauftragte ein Gemeindeorgan ist.

Die Bestellung eines Beauftragten stellt keine Dauermaßnahme dar, sondern eine Maßnahme vorübergehenden Charakters zur Behebung des außergewöhnliches Zustandes[444]. Die Bestellung des Beauftragten ist daher in ihrer Dauer auf das unbedingt notwendige Maß zu beschränken und sofort aufzuheben, wenn ihr Zweck erfüllt ist.

Aus dem Charakter der Beauftragtenbestellung als vorübergehende Maßnahme ergibt sich, daß alle bedeutsamen Entscheidungen dem Kommunalorgan vorbehalten bleiben sollen, sofern sie ohne Schaden aufgeschoben werden können[445].

---

zugleich Träger staatlicher Hoheitsgewalt. Rauball, a.a.O., ist der Meinung, der Beauftragte ersetze nicht die Gemeindeorgane, sondern verdränge sie lediglich vorübergehend.

439 Pappermann, DVBl. 1972, S. 753.

440 Vgl, Pappermann, DVBl 1972, S. 756; Janzen, Der Beauftragte, S. 101.

441 Galette/Laux, Kommentar zur GO SH, § 127 Erl. 4; Leidinger, Zur gerichtlichen Kontrolle, S. 267.

442 Pappermann, DVBl. 1972, S. 756; So auch, Seeger/Wunsch, Kommunalrecht, S. 238; Schlempp, HGO, § 141 Erl.1; Janzen, Der Beauftragte, S. 102; Hofmann/Muth/Theisen, Kommunalrecht, S. 357; Gönnenwein, Gemeinderecht, S. 192; Becker, in: v. Loebell, GO für NW, § 110 Erl. 7 u. 9.

443 Vgl. oben 1. Abschnitt I 4 (2) und 4. Abschnitt I 2 (2) d).

444 Pfeiffer, Staatsaufsicht, S. 97.

f) Die Haftung bei Amtspflichtverletzungen des Beauftragten

Es ist streitig, ob das Land oder die Gemeinde einzustehen hat, wenn der Beauftragte in seiner Amtsausübung rechtswidrig und schuldhaft eine Amtspflicht verletzt.

Die überwiegende Lehrmeinung vertritt die Auffassung, daß die Gemeinde für Amtspflichtverletzungen, die der Beauftragte in der Stellung eines Gemeindeorgans begeht, einzustehen hat[446]. Allerdings ist die Haftung des Landes nach dieser Auffassung dann begründet, wenn die Aufsichtsbehörde den Beauftragten nicht mit der nötigen Sorgfalt ausgewählt hat.

Dagegen wird im Schrifttum zum Teil die Auffassung vertreten, daß für die Amtspflichtverletzungen des Beauftragten nicht die Gemeinde, sondern das Land hafte, da die Beauftragten „Staatsorgan" seien und das Land Dienstherr sei[447].

g) Die Kosten

Nach den Gemeindeordnungen der Länder nimmt der Beauftragte die ihm zugewiesenen Aufgaben der Gemeinde auf deren Kosten wahr. Die Verpflichtungen, die aus den Amtshandlungen des Beauftragten für die Gemeinde entstehen, richten sich unmittelbar gegen die Gemeinde. Die Gemeinde hat nach einhelliger Meinung alle zusätzlichen Aufwendungen (z.B. Besoldung, Aufwandsentschädigung, Nebentätigkeitsvergütung, Reisekosten) zu tragen[448].

(6) Die Auflösung der Gemeindevertretung

a) Die Bedeutung

Die Auflösung der Gemeindevertretung kann nach den Gemeindeordnungen der Länder[449] erfolgen, wenn der ordnungsmäßige Ablauf der Verwaltung wegen des Versagens der Gemeindevertretung nicht mehr möglich ist. Sie ist eine Maßnahme der Rechtsaufsicht, da sie der Beseitigung eines gesetzwidriges

---

445 Pappermann, DVBl. 1972, S. 756.

446 Gönnenwein, Gemeinderecht, S. 192; Zuhorn/Hoppe, Gemeinde-Verfassung, S. 320; Becker, in: v. Loebell, GO für NW, § 110 Erl. 13; Kottenberg/Rehn/Cronauge, GO für NW, § 110 Erl. II; Schlempp, HGO, § 141 Erl. IV; W. Rauball, in: Rauball/Pappermann/Roters, § 110, Rdnr. 6; Erichsen, Kommunalrecht NW, S. 316.

447 Pappermann, DVBl. 1972, S. 758; Janzen, Der Beauftragten, S. 103f.

448 Etwa Galette/Laux, Kommentar zur GO SH, § 127 Erl. 6; Schlempp, HGO, § 141 Erl. V; Seeger/Wunsch, Kommunalrecht, S. 238; Andrick, JA 1987, S. 551.

449 Art. 114 Abs. 3 GO Bay; § 141 a GO Hess; § 54 GO NS; § 111 GO NW; § 125 GO RhPf; § 53 KSVG Saar; § 44 Abs. 1 GO SH. Die baden-württembergische Gemeindeordnung sieht diese Befugnis aber nicht vor.

Zustands dient[450]. Die Auflösung der Gemeindevertretung ist als „rechtsaufsichtliche ultima ratio“[451] der schwerste Eingriff in die kommunale Selbstverwaltung[452].

b) Voraussetzungen für die Auflösung der Gemeindevertretung

aa) In Hessen, Nordrhein-Westfalen und Schleswig-Holstein ist Voraussetzung, daß die Gemeindevertretung dauernd beschlußunfähig ist oder eine ordnungsmäßige Erledigung der Gemeindeaufgaben nicht gesichert ist. In Rheinland-Pfalz kann die Gemeindevertretung aufgelöst werden, wenn sich die Gemeindevertretung beharrlich weigert, den Anordnungen der Aufsichtsbehörde trotz unanfechtbarer Entscheidung nachzukommen oder wenn sie sich fortgesetzt ihrer Aufgabenerfüllung entzieht.

Die dauernde Beschlußunfähigkeit der Gemeindevertretung ist dann gegeben, wenn die Zahl ihrer Mitglieder die gesetzliche Mindestzahl nicht erreicht oder die Mitglieder dauernd der Sitzung fernbleiben, sei es entschuldigt (z. B. wegen Krankheit) oder böswillig (z. B. Obstruktion)[453].

Die mangelnde Sicherheit der ordnungsgemäßen Erledigung von Gemeindeaufgaben ist in Nordrhein-Westfalen eine alternative Voraussetzung. Wenn der Rat sich beharrlich weigert, seine Arbeit gesetzmäßig zu verrichten oder Anordnungen der Aufsichtsbehörde oder Gerichtsentscheidungen zu respektieren[454], kommt deshalb die Auflösung des Rates in Betracht.

bb) Aus dem Grundsatz der Verhältnismäßigkeit ergibt sich, daß sie nur erfolgen darf, wenn alle anderen Aufsichtsmittel keine Aussicht auf Erfolg versprechen oder ergebnislos angewendet worden sind[455]. In Bayern ist als Voraussetzung für die Auflösung der Gemeindevertretung ausdrücklich vorgeschrieben, daß sich ein gesetzwidriger Zustand anders nicht beheben läßt.

Die Auflösung der Gemeindevertretung kommt deshalb nur dann in Betracht, wenn die Gemeindevertretung während ihrer Wahlperiode die ihr zugewiesenen

---

[450] Nach Pfeiffer, Staatsaufsicht, S. 69, kann das Recht der Auflösung der Gemeindevertretung nicht als echtes Mittel der Staatsaufsicht bezeichnet werden, da die Auflösung die Grundlage der Selbstverwaltung vernichte. Elleringmann, Grundlage, S. 55, rechnet sie zur „besonderen Staatsaufsicht“.

[451] Erichsen, Kommunalrecht NW, S. 316; vgl. auch Schlempp, HGO, § 141 a Erl. 1; Andrick, JA 1987, S. 551.

[452] Becker, Staatsaufsicht, S. 171. Die Schwere des Eingriffs der Auflösung der Gemeindevertretung liegt darin, daß der Staat dadurch die unmittelbare Wahlentscheidung zunichte macht.

[453] Kottenberg / Rehn / Cronauge, GO für NW, § 110 Erl. II; Leidinger, Zur gerichtlichen Kontrolle, S. 267 f.; W. Rauball, in: Rauball / Pappermann / Roters, § 111 Rdnr. 2.

[454] Kottenberg / Rehn / Cronauge, GO für NW, § 111 Erl. III.

[455] Leidinger, Zur gerichtlichen Kontrolle, S. 267.

Aufgaben nicht mehr gesetzmäßig erfüllen kann[456]. Bei einem nur vorübergehenden gesetzwidrigen Verhalten sind andere Aufsichtsmittel anzuwenden.

c) Die Zuständigkeit

Die Zuständigkeit für die Auflösung der Gemeindevertretung ist in den einzelnen Ländern unterschiedlich geregelt. In Nordrhein-Westfalen und Rheinland-Pfalz ist der Minister des Innern die zuständige Behörde. Er bedarf in Nordrhein-Westfalen einer vorherigen Ermächtigung durch Beschluß der Landesregierung. In Bayern und Niedersachsen ist die Landesregierung, in Schleswig-Holstein der Landtag, in Hessen die untere- bzw. die obere Aufsichtsbehörde zuständig. Im Saarland ist der Minister des Innern bzw. die Landesregierung die zuständige Behörde.

d) Rechtsfolgen der Auflösung

Mit der Auflösungsverfügung ist die Gemeindevertretung aufgelöst und damit ihre Amtsperiode vorzeitig beendet. Als Folge der Auflösung der Gemeindevertretung findet eine Neuwahl zur Bildung einer funktionsfähigen Gemeindevertretung statt. In der Regel ist die Neuwahl innerhalb von drei Monaten nach der Auflösung durchzuführen.

II. Die Mittel der Aufsicht in Korea

Als Aufsichtsmittel im Hinblick auf Selbstverwaltungsangelegenheiten sind im 9. Kapitel des KKSG unter der Überschrift „Aufsicht" („Chido Kamdog") die Beratung, die Schlichtung, die finanzielle und technische Unterstützung, die Unterrichtung, die Beanstandung und die Aufhebung gesetzwidriger Maßnahmen der Gebietsselbstverwaltungskörperschaften vorgesehen. Daneben bestehen Genehmigungsvorbehalte verstreut im Kommunalselbstverwaltungsgesetz und in Fachgesetzen.

1. Beratung

Gem. § 155 Abs. 1 KKSG hat die Aufsichtsbehörde die Befugnis zur Raterteilung[457]. Die Beratung durch die Aufsichtsbehörde kann dazu dienen, einen gesetzwidrigen Zustand frühzeitig oder nachträglich ohne Anwendung der Eingriffsmittel zu vermeiden, einen Mangel der Gebietsselbstverwaltungskörperschaften an Fachkentnissen zu ergänzen. Daneben können Zielkonflikte

---

[456] Schmitt, System, S. 330.

[457] Die Beratung wurde erst durch das revidierte Kommunalselbstverwaltungsgesetz vom 6. 4. 1988 eingeführt. Das in § 142 Abs. 3 KKSG vorgesehene Anratungsrecht der Aufsichtsbehörde ist ein Beispiel des Beratungsrechts.

zwischen Gebietsselbstverwaltungskörperschaften und Staat oder zwischen Gebietsselbstverwaltungskörperschaften untereinander gemildert werden, da der Kontakt bei der Beratung ein gegenseitiges Zusamenwirken unter Berücksichtigung der Interessen anderer ermöglicht. Zur Erreichung dieser Zwecke erstreckt sich die Beratung sowohl auf die Rechtmäßigkeitsfrage als auch auf Zweckmäßigkeitsprobleme.

Der Vorteil der Beratung liegt in der Unverbindlichkeit und Formlosigkeit. Damit kann die Aufsichtsbehörde effektiv und flexibel den Aufsichtszweck erreichen, ohne dabei in das Selbstverwaltungsrecht der Gebietsselbstverwaltungskörperschaft einzugreifen.

Die Gebietsselbstverwaltungskörperschaften können frei entscheiden, ob und inwieweit sie den erteilten Ratschlägen der Aufsichtsbehörde folgen. Wenn aber die Beratung mit der in § 155 Abs. 2 KKSG vorgesehenen finanziellen Unterstützung verbunden ist, wird die Gebietsselbstverwaltungskörperschaft dazu gezwungen, die erteilten Ratschläge der Aufsichtsbehörde zu befolgen.

Die Beratung soll so erteilt werden, daß durch sie die eigenverantwortlichen Gestaltungsmöglichkeiten und die Entschlußkräfte der Gebietsselbstverwaltungskörperschaften erhöht und nicht beeinträchtigt werden. Eine einmischende und aufdrängende Beratung würde den Entscheidungsspielraum der Selbstverwaltung einengen und könnte zur Aushöhlung der kommunalen Selbstverwaltung führen.

Es ist nur schwer möglich, die Überdehnung der Beratung rechtlich einzugrenzen. Die Beratung soll grundsätzlich erteilt werden, wenn der Selbstverwaltungsträger darum bittet. Die Beratung ist im eigenen Interesse der Gebietsselbstverwaltungskörperschaft oft erwünscht, da in diesem Rahmen die Möglichkeit besteht, die Aufsichtsbehörde über ihre Schwierigkeiten zu informieren und damit ggf. die in § 155 Abs. 2 KKSG vorgesehene Unterstützung zu erhalten.

Ein Vertrauensverhältnis kann sich zwischen der Aufsichtsbehörde und der Gebietsselbstverwaltungskörperschaften dann entwickeln, wenn deren Organe jerzeit bei der Aufsichtsbehörde Rat und Hilfe suchen und finden können, ohne dadurch in ihrer Selbstverantwortung beeinträchtigt zu werden.

Im Falle der Gesetzwidrigkeit soll die Aufsichtsbehörde durch Beratung zunächst zur Selbstkorrektur auffordern, bevor sie ein eingreifendes Aufsichtsmittel anwendet. Das entspricht dem Grundsatz der Verhältnismäßigkeit und dient der Bildung des Vertrauensverhältnisses.

2. Finanzielle und technische Unterstützung

Nach § 155 Abs. 2 KKSG ist der Staat befugt zur finanziellen und technischen Unterstützung gegenüber Gebietsselbstverwaltungskörperschaften, wenn er es im Hinblick auf Erfüllung ihrer Aufgaben für notwendig hält.

Das Bedürfnis für diese Aufsichtsmittel ergibt sich aus der Tatsache, daß die Gebietsselbstverwaltungskörperschaft oft nicht über eine ausreichende Finanzkraft bzw. das Fachpersonal für die Erledigung iher Aufgaben verfügt. Durch die Ausübung dieser Befugnis wird die Leistungsfähigkeit der Gebietsselbstverwaltungskörperschaft gestärkt. Diese Unterstützung dient also dazu, einen Mangel eigener Leistungskraft des Selbstverwaltungsträgers auszugleichen.

Wenn der Staat diese Befugnis nur einseitig zur Verwirklichung seiner Zwecke ohne Rücksicht auf die örtlichen Gegebenheiten einsetzt, wird der Entscheidungsspielraum der Gebietsselbstverwaltungskörperschaft eingeengt. Eine effektive Einsetzung dieser Aufsichtsmittel ist nur möglich, wenn die Aufsichtsbehörde die Gesamtlage der Gemeinde berücksichtigt.

Die Aufsichtsbehörde entscheidet nach ihrem Ermessen darüber, ob und inwieweit sie von dieser Befugnis Gebrauch macht. Im Hinblick auf die erheblichen Unterschiede in der Leistungskraft der Gebietsselbstverwaltungskörperschaften muß es als wünschenswert angesehen werden, daß die Aufsichtsbehörde die finanziell schwächeren und kleinen Gebietsselbstverwaltungskörperschaften vorzüglich unterstützt und damit zur Schaffung gleichmäßiger Lebensverhältnisse beiträgt.

3. Unterrichtung

Das Unterrichtungsrecht der Aufsichtsbehörde ist eine unentbehrliche Voraussetzung für die Kommunalaufsicht zur Wahrnehmung ihrer Aufgaben, da ohne genaue Kenntnisse über das Geschehen und die Gegebenheiten in den Gebietsselbstverwaltungskörperschaften weder die schützende noch die rechtsbewahrende Aufsicht möglich ist.

Nach § 155 Abs. 1 KKSG kann die Aufsichtsbehörde die Vorlage der Unterlagen von der Gebietsselbstverwaltungskörperschaft verlangen, wenn es für die Beratung erforderlich ist. Dieses Verlangen der Aufsichtsbehörde nach § 155 Abs. 1 KKSG ist nach richtiger Ansicht nicht verbindlich, da die Unterrichtung nur der ihrerseits unverbindlichen Beratung dient.

Gem. § 158 KKSG kann sich die Aufsichtsbehörde über die Selbstverwaltungsangelegenheiten von den Selbstverwaltungskörperschaften berichten lassen und ihre Akten und Unterlagen einsehen sowie ihre Rechnungen prüfen.

Die Unterrichtungsmittel der Aufsichtsbehörde beschränken sich allerdings nicht auf die gesetzlich normierten Methoden. Sie sind vielmehr umfassend. Die Aufsichtsbehörde kann sich durch formlose Unterrichtung (etwa Zeitungsbericht) über das Geschehen in den Gebietsselbstverwaltungskörperschaften informieren. Ein rechtlich bedeutsames Unterrichtungsmittel besteht darin, daß die Aufsichtsbehörde von den Gebietsselbstverwaltungskörperschaften Auskünfte verlangen kann.

Dem Unterrichtungsrecht der Aufsichtsbehörde korrespondierend besteht eine Informationspflicht der Gebietsselbstverwaltungskörperschaften. Die Gemeinde ist also verpflichtet, die von der Aufsichtsbehörde verlangten Auskünfte zu erteilen und die Prüfung an Ort und Stelle zu dulden.

Daneben sieht das Kommunalselbstverwaltungsgesetz eine Berichtspflicht der Gebietsselbstverwaltungskörperschaften in einigen bestimmten Fällen vor[458]. Diese Berichtspflicht dient der Unterrichtung der Aufsichtsbehörde.

Bei der Ausübung des Unterrichtungsrechts muß die Aufsichtsbehörde den Grundsatz der Verhältnismäßigkeit beachten. Das Auskunftsverlangen ist deshalb nur dann zulässig, wenn es zur Erfüllung des Aufsichtszwecks notwendig und erforderlich ist. Mit der verfassungsrechtlichen Gewährleistung der kommunalen Selbstverwaltung ist eine schrankenlose Unterrichtung der Aufsichtsbehörde nicht vereinbar. Zum Schutz der Freiheitssphäre der kommunalen Selbstverwaltung hat die Aufsichtsbehörde ihr Unterrichtungsrecht schonend und zurückhaltend auszuüben und darf den notwendigen Rahmen nicht überschreiten. Die Aufsichtsbehörde ist daher nicht berechtigt, von der Gebietsselbstverwaltungskörperschaft in bestimmten Zeitabständen regelmäßig eine Berichterstattung über den gesamten Gang der Verwaltung in Gebietsselbstverwaltungskörperschaften zu verlangen. Vielmehr muß als Voraussetzung für die Ausübung des Unterrichtungsrechts ein konkreter Anlaß bestehen.

Die Frage, ob das Unterrichtungsrecht der Aufsichtsbehörde auf eine Rechtmäßigkeitskontrolle beschränkt ist oder sich auch auf Fragen der Zweckmäßigkeit erstreckt, ist je nach dem verfolgten Ziel und der Methode der Unterrichtung unterschiedlich zu beantworten. Im Hinblick auf die verfassungsrechtliche Gewährleistung der kommunalen Selbstverwaltung ist davon auszugehen, daß das Unterrichtungsrecht grundsätzlich auf die Gesetzmäßigkeitskontrolle beschränkt ist. Das gilt besonders, wenn die Ausübung des Unterrichtungsrechts durch eine verbindliche Anordnung einen Eingriff in das Selbstverwaltungsrecht darstellt.

Wenn die Unterrichtung aber z. B. für die Beratung oder die Unterstützung und durch unverbindliche Methoden erfolgt, ist die Unterrichtung über Zweckmäßigkeitsfragen unbedenklich, da sonst eine zutreffende Beratung oder Förderung durch angemessene Unterstützung nur schwer möglich ist.

---

458 Vgl. §§ 21; § 124 Abs. 2; § 125 Abs. 2; § 141 Abs. 1 u. Abs. 4; § 142 Abs. 1; § 148 KKSG.

4. Beanstandung

a) Beanstandung von Maßnahmen des Vorstehers der Gebietsselbstverwaltungskörperschaften

Nach § 157 Abs. 1 KKSG kann die Aufsichtsbehörde die Gebietsselbstverwaltungskörperschaft anweisen, gesetzwidrige Anordnungen und Verfügungen ihres Vorstehers binnen einer bestimmten Frist zu berichtigen. Die Beanstandung dient der Beseitigung von rechtswidrigen Maßnahmen des Selbstverwaltungsträgers.

Nach dem Wortlaut des § 157 Abs. 1 KKSG kommt als Gegenstand des Beanstandungsrechts nur ein positives Tun in Betracht[459].

Die Anweisung zur Berichtigung muß gem. § 157 Abs. 1 KKSG schriftlich gegenüber der Gebietsselbstverwaltungskörperschaften als solche mitgeteilt werden. Bei der Erteilung dieser Anweisung muß eine bestimmte Frist festgesetzt werden und die Frist muß angemessen sein. Die Frist darf deshalb nicht so kurz sein, daß die Selbstkorrektur innerhalb der Frist unmöglich ist.

Die Beanstandung verpflichtet die Gebietsselbstverwaltungskörperschaft zur Berichtigung der beanstandeten Maßnahmen, ohne dabei eine unmittelbare Außenwirkung gegenüber Dritten zu haben. Die Gebietsselbstverwaltungskörperschaft ist auch verpflichtet, die beanstandete Maßnahme nicht auszuführen und die schon durchgeführte Maßnahme rückgängig zu machen, wenn es rechtlich und tatsächlich möglich ist. Die Wirksamkeit der beanstandeten Maßnahme ist durch die Beanstandung nicht berührt, da der Beanstandung keine Gestaltungswirkung zukommt.

b) Die Beanstandung von Beschlüssen des Rates

Rechtswidrige Beschlüsse des Rates kann der Vorsteher gem. § 98 Abs. 1 KKSG beanstanden. Es findet soweit eine gemeindeinterne Kontrolle statt.

Nach § 159 Abs. 1 KKSG kann die Aufsichtsbehörde den Vorsteher der Gebietsselbstverwaltungskörperschaft anweisen, den Beschluß des Rates zu beanstanden, wenn der Beschluß gesetzwidrig ist oder das öffentliches Interesse erheblich verletzt. In diesem Fall ist die Beanstandung mit dem gemeindeinternen Beanstandungsverfahren verbunden. Der Vorsteher hat danach den Beschluß zu beanstanden, dadurch daß er mit Begründung von dem Rat einen Neubeschluß verlangt.

---

[459] Gegen gesetzwidriges Unterlassen steht der Aufsichtsbehörde kein förmliches und eingreifendes Aufsichtsmittel zur Verfügung. Besteht ein gesetzwidriger Zustand wegen Unterlassung der Erfüllung gesetzlicher Pflichten, kann die Aufsichtsbehörde die Gebietsselbstverwaltungskörperschaft im Wege der Beratung zu ihrer Erfüllung überreden. Wenn aber diese Beratung erfolglos bleibt, kann die Aufsichtsbehörde die Gesetzwidrigkeit nicht beseitigen. Das stellt eine Lücke in der gesetzlichen Regelung dar.

Er handelt dabei als eine Staatsbehörde, da diese Aufgabe zu den sog. „Organauftragsangelegenheiten“ gehört. Die Anweisung der Aufsichtsbehörde ist nicht ein Verwaltungsakt im Außenverhältnis, sondern eine innerdienstliche Weisung. Deshalb kommt es nicht auf die Auffassung des Vorstehers an, sondern auf die der Aufsichtsbehörde. Diese Rechtsstruktur der Beanstandung ist nicht anders als die der Beanstandung gem. § 108 Abs. 1 GO NW in Deutschland[460].

Während die Beanstandung des Vorstehers der Gebietsselbstverwaltungskörperschaft gem. § 98 Abs. 1 KKSG nur innerhalb von 15 Tagen, nachdem ihm der Rat von dem Beschluß Mitteilung gemacht hat, zulässig ist, kennt die aufsichtliche Beanstandung gem. § 159 Abs. 1 KKSG keine solche Beschränkung. Die aufsichtliche Beanstandung kann deshalb ohne Beschränkung durch bestimmte Fristen erfolgen, sofern ein rechtswidriger Zustand wegen gesetzwidriger Beschlüsse des Rates vorhanden ist.

Nach dem Wortlaut des § 159 Abs. 1 KKSG scheint es auch zulässig, daß die Aufsichtsbehörde den Vorsteher der Gebietsselbstverwaltungskörperschaft anweist, einen zweckwidrigen Beschluß zu beanstanden. Nach § 157 Abs. 1 S. 2 KKSG ist die Beanstandung von Maßnahmen des Vorstehers nur im Falle der Gesetzwidrigkeit zulässig. Es gibt keinen Grund dafür, daß die Beschlüsse des Rates weniger geschützt werden als die Maßnahme des Vorstehers. Der Gesetzgeber gewährleistet dem Rat umgekehrt dadurch mehr Spielraum, daß er bezüglich seiner Beschlüsse kein Aufhebungsrecht anerkannt, während die Maßnahmen des Vorstehers aufgehoben werden können. Deshalb muß man davon ausgehen, daß eine Zweckmäßigkeitskontrolle durch Beanstandung von Beschlüssen des Rates nur im Hinblick auf die Auftragsangelegenheiten zulässig ist, nicht aber im Hinblick auf die Selbstverwaltungsangelegenheiten.

5. Aufhebung

Die Aufsichtsbehörde kann gem. § 157 Abs. 1 KKSG eine Maßnahme des Vorstehers der Gebietsselbstverwaltungskörperschaften selbst aufheben, wenn dieser sie trotz erfolgter Beanstandung innerhalb der bestimmten Frist nicht berichtigt. Die Aufhebungserklärung vernichtet unmittelbar die gesetzwidrige Maßnahme ohne Einschaltung des Organs der betroffenen Gebietsselbstverwaltungskörperschaft. Die Aufhebung ist also ein gestaltender Verwaltungsakt.

Gegenstand des Aufhebungsrechts sind nur die Maßnahmen des Vorstehers der Gebietsselbstverwaltungskörperschaft. Die Beschlüsse des Rates können dagegen nicht von der Aufsichtsbehörde aufgehoben werden. Der beanstandete Beschluß des Rates kann gem. § 159 Abs. 2 KKSG[461] bei nochmaliger Abstimmung mit den Stimmen von zwei Dritteln der anwesenden Ratsmitglie-

---

[460] Dazu s. oben 4. Abschnitt I 3 (2) e)

[461] § 159 Abs. 2 KKSG stellt eine Wiederholung des § 98 Abs. 2 KKSG dar.

der endgültig bestätigt werden, wobei zumindest die Hälfte der Ratsmitglieder anwesend sein muß.

Nach § 159 Abs. 3 KKSG kann der Vorsteher der Gebietsselbstverwaltungskörperschaft gegen einen gesetzwidrigen Beschluß trotz der endgültigen Bestätigung gem. § 159 Abs. 2 KKSG mit der Genehmigung der Aufsichtsbehörde bei dem obersten Gericht eine Klage erheben. Diese Klage stellt kein Aufsichtsmittel dar, sondern einen Kommunalverfassungsstreit, obwohl sie gesetzlich unter dem Titel der Aufsicht geregelt ist, da die Aufsichtsbehörde nicht befugt ist, den Vorsteher zur Klageerhebung anzuweisen.

Die Aufhebungsverfügung setzt eine erfolglose Beanstandung voraus. Die Aufsichtsbehörde muß zunächst die gesetzwidrige Maßnahme des Vorstehers beanstanden und bis zum Ende der gesetzten Frist auf eine Selbstkorrektur durch die Gebietsselbstverwaltungskörperschaft warten. Diese gesetzliche Voraussetzung entspricht dem Grundsatz der Verhältnismäßigkeit.

Mit der Aufhebung wird nur die betroffene Maßnahme beseitigt. Die Aufsichtsbehörde ist allerdings nicht befugt, sie durch eine neue Maßnahme zu ersetzen[462].

6. Schlichtung

§ 140 Abs. 1 KKSG regelt die Schlichtungsbefugnis des Staates bei den Streitigkeiten zwischen Gebietsselbstverwaltungskörperschaften[463]. Die zuständige Schlichtungsbehörde ist gem. § 140 Abs. 1 KKSG für die Streitigkeiten zwischen den „Teukbyulshi", „Chikhalshi" und „Do" der Innenminister und zwischen den „Shi", „Kun" und „Ku" der Vorsteher der „Teukbyulshi", „Chikhalshi" bzw. der „Do"[464].

Das Schlichtungsverfahren kann nur eröffnet werden, wenn betroffene Gebietsselbstverwaltungskörperschaften bei der zuständigen Behörde einen Schlichtungsantrag stellen. Sofern die Parteien keinen Antrag stellen, steht der Aufsichtsbehörde nur die informelle Beratung zur Verfügung, um Konflikte zwischen Gebietsselbstverwaltungskörperschaften zu lösen.

Nach § 140 Abs. 2 KKSG hat die Schlichtungsbehörde die Parteien anzuhören. Die Schlichtungsbehörde hat sich gem. § 140 Abs. 2 KKSG vor der

---

[462] Die Aufsichtsbehörde kann nur durch formlose und unverbindliche Beratung zu einer bestimmten Maßnahme raten.

[463] Die Schlichtung von Streitigkeiten zwischen den Vorstehern der Gebietsselbstverwaltungskörperschaften gem. § 140 Abs. 1 KKSG findet nur bei den sog. „Organauftragsangelegenheiten" Anwendung.

[464] Die zuständige Behörde für die Schlichtung ist aber nach § 140 Abs. 1 KKSG nicht erkennbar, wenn eine Streitigkeit besteht zwischen etwa „Do" und ihr zugehörenden „Shi", zwischen „Teukbyulshi" und ihr zugehörenden „Ku", zwischen „Chikhalshi" und ihr zugehörenden „Ku" und zwischen „Shi", die zu verschiedenen „Do" gehören. Dies stellt eine Gesetzeslücke dar.

Schlichtungsentscheidung auch mit beteiligten Staatsbehörden ins Benehmen zu setzen.

§ 140 KKSG schreibt nicht vor, welche Rechtsfolge unter welcher Voraussetzung eine Schlichtungsentscheidung hat. Es gibt auch keine allgemeine Regelung über die Schlichtung. Im Analogieschluß zu § 19 FGG und § 29 I ASG ist die Schlichtungsentscheidung nur dann verbindlich, wenn alle Parteien ihr zustimmen. Die Zustimmung soll zur Wahrung der Rechtssicherheit schriftlich erfolgen.

Die Schlichtung des § 140 KKSG schließt nicht die Möglichkeiten der Streitentscheidung durch die Gerichte aus. Deshalb kann die betroffene Gebietsselbstverwaltungskörperschaft beim zuständigen Gericht eine Klage erheben. Der Schlichtungsantrag ist keine Voraussetzung für die Klageerhebung.

7. Genehmigungsvorbehalt

Verwaltungshandlungen der Gebietsselbstverwaltungskörperschaften werden nicht selten erst dann wirksam, wenn die Aufsichtsbehörde die erforderliche Genehmigung erteilt hat. Solche Genehmigungsvorbehalte finden sich verstreut im Kommunalselbstverwaltungsgesetz[465] und auch in Fachgesetzen[466].

Eine solche Genehmigungspflicht besteht nur, wenn es in einem Gesetz ausdrücklich vorgeschrieben ist. Damit gilt der Grundsatz der Genehmigungsfreiheit in Korea grundsätzlich ebenso wie in Deutschland[467]. Der Genehmigungsvorbehalt stellt eine erhebliche Einschränkung des Selbstverwaltungsrechts dar. Dies ergibt sich nicht nur aus dem präventiven Charakter des Genehmigungsvorbehalts, sondern auch aus der Unklarheit der Maßstäbe für die Versagung oder Erteilung der Genehmigung in einzelnen konkreten Fällen.

Die Notwendigkeit der Genehmigungsvorbehalte als Mittel präventiver Aufsicht liegt darin, daß die Folge einer fehlerhaften Maßnahme oft nachträglich nicht oder nur schwer beseitigt werden kann[468]. Anderseits bringt eine gegenständliche und maßstäbliche Erweiterung der Genehmigungsvorbehalte die Gefahr mit sich, daß diese sich zu einer Bevormundung der Gebietsselbstverwaltungskörperschaften auswachsen.

Genehmigungsbedürftige Verwaltungshandlungen der Gebietsselbstverwaltungskörperschaften erlangen erst mit der Erteilung der Genehmigung ihre Wirksamkeit. Es handelt sich damit bei der Erteilung der Genehmigung um einen gestaltenden Verwaltungsakt. Durch die Versagung der Erteilung der

---

[465] Etwa §§ 4 Abs. 3; 6 Abs. 1; 104 Abs. 2; 111; 115; 138; 159 Abs. 3; 160 Abs. 2. KKSG; § 4 Zusatzklausel des KKSG.

[466] Etwa § 41 Abs. 2 KFG; §§ 67 u. 76 StG.

[467] Dazu s. oben 4. Abschnitt I 2 (2) a).

[468] Vgl. oben 4. Abschnitt 2 (2) c) dd).

Genehmigung wird die genehmigungspflichtige Verwaltungshandlung endgültig nichtig.

Welche Behörde für die Entscheidung über die Genehmigungserteilung zuständig ist, richtet sich nach der jeweiligen gesetzlichen Regelung, da es an einer allgemeinen Zuständigkeitsregelung für die Genehmigung fehlt. Die Zuständigkeit ist je nach dem zu genehmigenden Gegenstand unterschiedlich geregelt. Zum Teil ist die Genehmigungsbehörde identisch mit der unteren allgemeinen Aufsichtsbehörde[469]. Das Kommunalselbstverwaltungsgesetz bestimmt nicht selten den Innenminister zur zuständigen Genehmigungsbehörde ohne zwischen „Teukbyulshi", „Chikhalshi", „Do" und ihnen zugehörigen „Shi", „Kun" bzw. „Ku" zu differenzieren[470]. Für die effektive und vertrauensvolle Ausführung der Aufsichtsfunktion ist diese Zuständigkeitsregelung problematisch. Rechtspolitisch ist es erwünscht, grundsätzlich nur die untere Aufsichtsbehörde als Genehmigungsbehörde zu bestellen, da sie aufgrund ständigen Kontakts mit der Gebietsselbstverwaltungskörperschaft deren Gesamtlage besser kennt und ihre Bedürfnisse bei der Entscheidung berücksichtigen kann[471].

Über die Frage, ob der Genehmigungsvorbehalt ein Mitwirkungsakt oder ein Aufsichtsmittel darstellt, wird in Korea nicht diskutiert. Da es in Korea anders als in Deutschland keine verfassungsrechtliche Bestimmung gibt, die die Kommunalaufsicht auf die Rechtsaufsicht beschränkt, taucht diese Frage erst gar nicht auf. Man braucht nicht einen Umweg über „Mitwirkung", „Kondominium", oder „res mixtae", um die Zweckmäßigkeitskontrolle durch den Genehmigungsvorbehalt zu legitimieren[472]. Folgerichtig zählen die Autoren den Genehmigungsvorbehalt einstimmig zu den Aufsichtsmitteln.

Problematisch ist nur der Maßstab für die Entscheidung über die Genehmigungserteilung. Ein Lösungsversuch bezüglich dieser Problematik findet sich weder im Schrifttum noch in der Rechtsprechung. Die Genehmigungspraxis schließt die Zweckmäßigkeitserwägungen bei der Entscheidung über eine Genehmigungserteilung nicht aus.

Die Entscheidung über die Genehmigungserteilung bedarf als Aufsichtsmittel einer gesetzlichen Ermächtigung. Die Aufsichtsbehörde ist bei der Aufsichtsausübung an den gesetzlich vorgesehenen Maßstab gebunden. Für die Frage nach dem verfassungsrechtlich zulässigen Maßstab kommt es deshalb zunächst darauf an, ob eine gesetzliche Ermächtigung zur Zweckmäßigkeitskontrolle verfassungsrechtlich zulässig ist. Es stellt sich also die Frage nach den Grenzen des gesetzgeberischen Gestaltungsspielraums im Rahmen des verfassungsrechtlich gewährleisteten Selbstverwaltungsrechts[473]. Da bei einer Zweckmäßigkeits-

[469] §§ 6 Abs. 1; 111 KKSG; § 4 Zusatzklausel des KKSG; § 41 KFG.

[470] §§ 4. Abs. 3; 104 Abs. 2; 115; 138; 160 Abs. 2 KKSG.

[471] Vgl. oben 3. Abschnitt I.

[472] Vgl. oben 4. Abschnitt I 2 (2) c) cc).

kontrolle kaum Handlungsspielraum für die Gebietsselbstverwaltungskörperschaften bleibt, ihre Lebensverhältnisse eigenverantwortlich zu gestalten, entspricht die Zweckmäßigkeitskontrolle grundsätzlich nicht der verfassungsrechtlichen Gewährleistung der kommunalen Selbstverwaltung.

Andererseits unterliegt das Selbstverwaltungsrecht der Gebietsselbstverwaltungsköperschaften dem Gesetzesvorbehalt. Der Gesetzgeber kann damit nach seinem Ermessen kommunale Selbstverwaltung — auch den Umfang der Kommunalaufsicht — gestalten. Dieser Gestaltungsspielraum des Gesetzgebers findet wegen der institutionellen Garantie des Selbstverwaltungsrechts seine Grenze spätestens am Kernbereich der Selbstverwaltung. Deshalb ist eine Zweckmäßigkeitskontrolle jedenfalls in bezug auf Angelegenheiten, die dem Kernbereich des Selbstverwaltungsrechts zuzurechnen sind, verfassungsrechtlich nicht zulässig.

Weiter ist zu fragen, ob eine Zweckmäßigkeitskontrolle zulässig ist, wenn es sich um Angelegenheiten handelt, die nicht zu dem Wesensgehalt der Selbstverwaltung gehören.

Wäre eine gesetzgeberische Ermächtigung zur Zweckmäßigkeitskontrolle im „Randbereich" verfassungsrechtlich zulässig, würde durch sie die kommunale Eigenverantwortlichkeit so weit beschränkt wie in Auftragsangelegenheiten oder in den Staatsangelegenheiten („Organauftragsangelegenheiten"). Die Aufgaben der Gebietsselbstverwaltungskörperschaften, die einer Zweckmäßigkeitskontrolle durch Genehmigungsvorbehalte unterlägen, wären schwer als Selbstverwaltungsangelegenheiten zu qualifizieren, da hier die Eigenverantwortlichkeit der Selbstverwaltungsträger ausgeschlossen wäre. Deshalb beschränkt sich der Genehmigungsvorbehalt nur auf eine Rechtmäßigkeitskontrolle, sofern es sich um Selbstverwaltungsangelegenheiten handelt.

Nach § 4 Zusatzklausel des Kommunalselbstverwaltungsgesetzes übt der Vorsteher der Gebietsselbstverwaltungskörperschaften bis zur Bildung ihres Rates als Übergangsmaßnahme auch seine Aufgaben unter dem Vorbehalt der Genehmigung der Aufsichtsbehörde aus[474]. Dabei ist der Gegenstand des Genehmigungsvorbehalts nicht auf gesetzlich bestimmte Einzelfälle beschränkt, sondern alle Maßnahmen in bezug auf die Angelegenheiten, die der Zuständigkeit des Rates unterfallen, sind genehmigungspflichtig.

Die Intensität der Kontrolle durch den Genehmigungsvorbehalt hängt von der Rechtsstellung des Vorstehers der Gebietsselbstverwaltungskörperschaft bei der Ausübung der Aufgaben ihres Rates und von der Rechtsstellung der Aufsichtsbehörde bei der Erteilung der Genehmigung ab. Diese Problematik ist völlig ungeklärt.

---

[473] Dazu s. oben Teil 1 1. Abschnitt II 3 (3).

[474] Daneben kommt auch bei Funktionsunfähigkeit des Rates, etwa wegen Mangels an Ratsmitgliedern, die analoge Anwendung dieser Vorschriften in Betracht, da insoweit eine gesetzliche Regelung fehlt.

Es wird die Auffassung vertreten, daß die Genehmigung die Ratsbeschlüsse ersetze[475]. Wenn man dieser Auffassung folgte, dann träte die Aufsichtsbehörde an die Stelle des Rates bei der Wahrnehmung der Kompetenzen des Rates. Sie könnte auch eine Ermessensentscheidung bei der Erteilung oder der Versagung einer Genehmigung treffen, wie der Rat es hätte tun können. Dann wäre der Vorsteher eine untere Staatsbehörde der Aufsichtsbehörde in der hierarchischen Organisation der Staatsverwaltung. Die Genehmigung wäre eine innerbehördliche Maßnahme ohne Außenwirkung. Dann träte die Staatsverwaltung an die Stelle der Selbstverwaltung.

Diese Konsequenz ist wegen der verfassungsrechtlichen Gewährleistung der kommunalen Selbstverwaltung nicht haltbar. Vielmehr muß man davon ausgehen, daß der Vorsteher der Gebietsselbstverwaltungskörperschaft an die Stelle ihres Rates tritt. Die Stellung des Vorstehers ist hier ähnlich wie die eines Beauftragten in Deutschland[476], abgesehen davon, daß alle Maßnahmen, die er anstelle des Rates trifft, dem Genehmigungsvorbehalt unterliegen. Der Genehmigungsvorbehalt stellt hier auch ein Aufsichtsmittel dar, das auf die Rechtsaufsicht beschränkt ist.

---

[475] Yoon Heun Park, Koshiyungu 1988, H. 11, S. 68.

[476] S. dazu oben 4. Abschnitt I 3 (5) e).

5. Abschnitt

Die Handhabung der Kommunalaufsicht

I. In Deutschland

1. Opportunitäts- oder Legalitätsprinzip?

Im Hinblick auf die Handhabung der Kommunalaufsicht ist es streitig, ob die Aufsichtsbehörde zum Einschreiten verpflichtet ist (Legalitätsprinzip), oder ob dieses im aufsichtsbehördlichen Ermessen steht (Opportunitätsprinzip)[477], wenn die gesetzlichen Voraussetzungen vorliegen. Diese Problematik taucht zunächst wegen der nicht eindeutigen Formulierungen in den Gemeindeordnungen auf. Der Wortlaut der Gemeindeordnungen spricht in bezug auf die verschiedenen Aufsichtsmitteln zumeist davon, daß die Aufsichtsbehörde Aufsichtsmaßnahmen unter bestimmten Voraussetzungen treffen „kann"[478]. Abweichend formuliert nur die bayerische Gemeindeordnung[479].

Einige Autoren vertreten die Auffassung, daß für die Kommunalaufsicht das Legalitätsprinzip gelte[480]. Die gesetzliche Zuweisung einer Aufgabe beinhalte zugleich die Verpflichtung der zugewiesenen Behörde[481]. Die Verpflichtung der Aufsichtsbehörde zur Gewährleistung der Gesetzmäßigkeit in der Kommunalverwaltung durch gesetzlichen Handlungsauftrag sei aus rechtsstaatlichen Gründen nur schwer mit dem Opportunitätsprinzip vereinbar[482]. Bei der Anwendung des Opportunitätsprinzips bestünde die Gefahr, daß sachwidrige

---

477 Nach Erichsen, in: Erichsen/Martens, Allg. Verwaltungsrecht, § 12 II 2 c) cc), umfaßt das Opportunitätsprinzip sowohl das Auswahl- und wie auch das Entschließungsermessen. Zur Definition des Begriffs Legalitäts- und Opportunitätsprinzip vgl. Reuter, Rechtsaufsicht, S. 10. Nach ihm bedeutet das Opportunitätsprinzip als ein Teilbereich des Ermessens nur das Entschließungsermessen.

478 Vgl. §§ 121-124 GO BW; §§ 137-141; §§ 107-111 GO NW; §§ 129-132 GO NS; §§ 120-125 GO RhPf; §§ 126-130 KSVG Saar; §§ 122-127 GO SH.

479 §§ 112, 113 GO Bay. Danach „hat" die Aufsichtsbehörde rechtswidrige Maßnahme der Gemeinde zu beanstanden und die notwendigen Maßnahmen an Stelle der Gemeinde zu verfügen und zu vollziehen, so daß dort das Legalitätsprinzip gilt.

480 Weber, Kommunalaufsicht, S. 21; ders., Staats- u. Selbstverwaltung, S. 127; Reuter, Rechtsaufsicht, S. 101 f.; Pagenkopf, Kommunalrecht, Bd. 1, S. 383; Borchert, DÖV 1978, S. 721 ff.; Schmidt-Jortzig, Kommunalrecht, § 4 Rdnr. 78; Knemeyer, Staatsaufsicht, S. 268 f.; Mayr, Aufsichtsverhältnisse, S. 130 f.

481 Knemeyer, Staatsaufsicht, S. 269.

482 Pagenkopf, JZ 1965, S. 511; ders., Kommunalrecht, Bd. 1, S. 384.

Erwägungen der Aufsichtsbehörden den Unrechtstatbestand noch verschlimmerten[483]. Die bezüglich der Aufsichtsmittel in den meisten Gemeindeordnungen verwendete Formulierung „kann" räume kein Handlungsermessen ein, sondern schaffe eine Zuständigkeit und eine Handlungsermächtigung[484]. Die Pflicht zum Einschreiten ergebe sich außerdem daraus, daß der Staat gegenüber der Allgemeinheit der Garant für ein rechtstreues Verhalten der Kommunen sei[485].

Die Vertreter dieser Auffassung sind teilweise der Meinung, daß das Legalitätsprinzip allerdings die Aufsichtsbehörde nicht zum Einschreiten bei jeder geringfügigen Rechtsverletzung verpflichte[486]. Für die Frage, wie die Aufsichtsbehörde vorzugehen haben und welches Aufsichtsmittel einzusetzen ist, komme es auf den Grundsatz der Gemeindefreundlichkeit und das Verhältnismäßigkeitsprinzip an[487].

Die Mehrzahl der Autoren zieht demgegenüber aus den „Kann"-Vorschriften den Schluß, daß der Aufsichtsbehörde ein Handlungsermessen eingeräumt sei und damit das Opportunitätsprinzip gelte[488].

Das Ziel der Kommunalaufsicht liegt nicht nicht in der lückenlosen Verfolgung der Rechtswidrigkeit, sondern in der Erhaltung „gesunde(r) Selbstverwaltung"[489]. Eine automatisch reagierende kommunalaufsichtliche Intervention würde dann u. U. mehr schaden als nutzen, wenn die Selbstverwaltung trotz Rechtswidrigkeit insgesamt funktionieren kann. Eine egalitäre Verfolgung gleicher Rechtsverstöße mit gleichen Aufsichtsmitteln ohne Rücksicht auf die Gesamtlage der Gemeinde würde das Vertrauensverhältnis zwischen Staat und Selbstverwaltungsträgern schwer belasten[490]. Unter Berück-

---

[483] Weber, Kommunalaufsicht, S. 21.

[484] Borchert, DÖV 1978, S. 721 u. 727; Reuter, Rechtsaufsicht, S. 101; Weber, Kommunalaufsicht, S. 21.

[485] Knemeyer, Staatsaufsicht, S. 269.

[486] Schmitt, System, S. 169; Weber, Kommunalaufsicht, S. 127; Reuter, Rechtsaufsicht, S. 59.

[487] Borchert, DÖV 1978, S. 721 u. 727; Knemeyer, Staatsaufsicht, S. 269.

[488] Becker, Staatsaufsicht, S. 167; Gönnenwein, Gemeinderecht, S, 179; Schaper, SKV 1962, S. 89; Klüber, Gemeinderecht, S. 349; Salzwedel, VVDStRL 22 (1965), S. 221; W. Rauball, in: Rauball/Pappermann/Roters, GO NW, § 106 Rdnr. 7; Schoch, Jura 1984, S. 557; Hassel, DVBl. 1985, S. 702; Andrik, JA 1987, S. 552; Schmidt-Aßmann, Rechtssetzung, S. 50; Wolff/Bachof/Stober, Verwaltungsrecht II, § 86 IX 3 Rdnr. 184; Stober, Kommunalrecht, S. 182; Erichsen, Kommunalrecht NW, S. 315.

[489] Salzwedel, VVDStRL 22 (1965), S. 221. Er unterscheidet zwischen „Eingriffsermessen" („Aufsichtsermessen") und Opportunitätsprinzip: „Das Aufsichtsermessen begründet, das Opportunitätsermessen negiert die Rechtswidrigkeit einer Selbstverwaltungsmaßnahme". „Das erstere wird zu Lasten, das letztere zugunsten des Selbstverwaltungsträgers ausgeübt". Vgl. auch Wipfelder, VBlBW 1984, S. 363.

[490] Salzwedel, VVDStRL 22 (1965), S. 222. Auch so Andrick, JA 1987, S. 552; Hassel, DVBl. 1985, S. 702; Bracker, Kommunalaufsicht, S. 465; Stober, Kommunalrecht, S. 182.

sichtigung des Art. 28 Abs. 2 S. 1 GG darf die Aufsichtsbehörde nicht zu unnötigen Eingriffen bei jeder auch nur geringfügigen Rechtsverletzung gezwungen werden[491]. Es ist daher von der Geltung des Opportunitätsprinzips auszugehen.

Die Einräumung des Entscheidungsermessens der Aufsichtsbehörde bedeutet allerdings nicht, daß die Aufsichtsbehörde in ihrem Handeln völlig frei ist. Die Anwendung eines bestimmten Aufsichtsmittels setzt auch nach dem Opportunitätsprinzip die Erfüllung gesetzlicher Voraussetzungen für das Aufsichtsmittel voraus[492]. Fehlt es an diesen Voraussetzungen, dann bleibt für die Ermessensentscheidung kein Raum.

Die Aufsichtsbehörde bleibt im Rahmen ihres Ermessen an die allgemeinen Erfordernisse des Rechtsstaates gebunden, vor allem an den Gleichheitssatz und den Zweck der ermächtigenden Gesetze[493]. Das aufsichtsbehördliche Ermessen ist wie jedes Verwaltungsermessen ein „pflichtgemäßes" Ermessen. Unklarheiten in der Rechtslage und Geringfügigkeit einer Rechtsverletzung bieten ein Kriterium für die Anwendung des Ermessens[494]. Das aufsichtsbehördliche Ermessen kann u. U. auf Null reduziert sein und die Aufsichtsbehörde ist zum Einschreiten verpflichtet[495]. Das ist der Fall, wenn die Gemeinde ihre Verbandskompetenz überschreitet[496].

2. Der Grundsatz der Verhältnismäßigkeit (Übermaßverbot)

Ein weiterer Ansatz für eine sachgerechte Handhabung der Aufsichtsbefugnisse folgt aus dem Grundsatz der Verhältnismäßigkeit[497]. Zum Verhältnismäßigkeitsgrundsatz im weiteren Sinne[498] werden üblicherweise drei Anforderungen an das gewählte Mittel in bezug auf den mit der Maßnahme verfolgten

---

[491] Hassel, DVBl. 1985, S. 702; Andrick, JA 1987, S. 552; ähnlich Klüber, Gemeinderecht, S. 349.

[492] Schaper, SKV 1962, S. 89.

[493] Vgl. BVerfGE 18, S. 353 (363); 27, S. 297 (306 u. 307); 49, S. 168 (184).

[494] Hassel, DVBl. 1985. S 702; Andrick, JA 1987, S. 552; Maurer, Allg. Verwaltungsrecht, § 23 Rdnr. 19.

[495] Erichsen, Kommunalrecht NW, S. 315. Eine derartige Rechtspflicht kann sich auch aus dem Grundsatz des bundesfreudlichen Verhaltens ergeben. So Schoch, Jura 1984, S. 557; Weber, Kommunalaufsicht, S. 20. Vgl. auch BVerfGE 8, 122 (138).

[496] Erichsen, Kommunalaufsicht NW, S. 315.

[497] Becker, Staatsaufsicht, S. 167; Gönnenwein, Gemeinderecht, S. 191; Knemeyer; Staatsaufsicht, S. 269; Borhert, DÖV 1978, S. 727; Hassel, DVBl. 1985, S. 702; Andrick, JA 1987, S. 552. Vgl. auch VGH BW, DÖV 1973, S. 534; VGH BW, DVBl. 1978, S. 274 (275).

[498] Der Verhältnismäßigkeitsgrundsatz im weiteren Sinne wird häufig in Schrifttum als Übermaßverbot bezeichnet. Vgl. Erichsen, Staatsrecht I, S. 13; dens., Verwaltungsrecht I, S. 84; Stern, Staatsrecht I, § 20 IV 7b; Wendt, AöR 1979, S. 415 m.w. N.

Zweck gezählt: die Geeignetheit, die Erforderlichkeit, die Verhältnismäßigkeit im engeren Sinne.

Die Maßnahme ist nur geeignet, wenn mit Hilfe des eingesetzten Mittels der gewünschte Erfolg gefördert werden kann (Zwecktauglichkeit)[499]. Die geeignete Maßnahme ist dann erforderlich, um den erstrebten Zweck zu erreichen, wenn das gewählte Mittel unter mehreren geeigneten Mitteln den einzelnen am wenigsten beeinträchtigt (Das Gebot des Interventionsminimums)[500]. Die notwendige Maßnahme ist nur verhältnismäßig im engeren Sinne, wenn der den Staatsbürger belastende Aufwand in einem vernünftigen Verhältnis zu der mit Erreichung des Zwecks herbeigeführten Förderung des Gemeinwohls stehet (Proportionalität)[501].

Der Verhältnismäßigkeitsgrundsatz gilt als allgemeiner Rechtsgrundsatz mit Verfassungsrang für die gesamte Staatstätigkeit[502]. Der Verhältnismäßigkeitsgrundsatz gilt auch für die Anwendung eines Gesetzes durch die Exekutive im Einzelfall. Er entfaltet hier ermessensbegrenzende Wirkung[503]. Die drei Elemente dieses Grundsatzes entfalten ihre Wirkung bei der Frage, ob und wie die Aufsichtsbehörde ein bestimmtes Aufsichtsmittel anwendet[504].

Der Gesetzgeber hat selbst den Gedanken der Verhältnismäßigkeit zum Ausdruck gebracht, indem er verschiedene Aufsichtsmittel nach der Eingriffsintensität differenziert und dem milderen Aufsichtsmittel den Vorrang gegeben hat[505]. Die Eingriffsintensität steigert sich von der formlosen Beratung bis zur Auflösung des Rates. Die gesetzgeberische Gradierung der Aufsichtsmittel nach der Eingriffsintensität macht den Aufsichtsbehörden die Wahrung des Verhältnismäßigkeitsgrundsatzes zur Pflicht[506].

---

499 BVerfGE 30, S. 292 (312); 33, S. 171 (187); 39, S. 210 (230); 40, S. 196 (222).

500 BVerfGE 30, S. 292 (316); 37, S. 1 (21).

501 BVerfGE 7, S. 377 (407); 13, S. 97 (118); 28, S. 364 (374); 39, S. 258 (270); 61, S. 32 (35ff.); Erichsen, DVBl. 1967, S. 270; ders., Jura 1988, S. 387; Menger/Erichsen, VerwArch Bd. 57 (1966), S. 177; Gentz, NJW 1968, S. 1604; Wolff/Bachof, Verwaltungsrecht III, § 138 V c; Maurer, Allg. Verwaltungsrecht, § 10 Rdnr. 17; Ress, Der Grundsatz der Verhältnismäßigkeit, S. 11.

502 BVerfGE 15, S. 226 (234); 17, S. 232 (242); 23, S. 127 (133f.); 38, 348 (368); Ress, Der Grundsatz der Verhätnismäßigkeit, S. 16; Jakobs, Der Grundsatz der Verhältnismäßigkeit, S. 27ff. u. 127ff.; ders., DVBl. 1985, S. 101.

503 Ress, Der Grundsatz der Verhältnismäßigkeit, S. 26. Vgl. auch, Erichsen, in: Erichsen/Martens, Allg. Verwaltungsrecht, § 12 II 2 c bb); dens., Verwaltungsrecht I, S. 88 u. 133.

504 A. A. Hassel, DVBl. 1985, S. 702. Er meint, der Verhältnismäßigkeitsgrundsatz habe erst bei der Entscheidung Bedeutung, wie einzuschreiten ist. Bei der Frage, ob die Aufsichtsbehörde überhaupt repressive Maßnahme treffen darf, komme der Grundsatz nicht in Betracht.

505 Vgl. etwa §§ 108; 109 Abs. 2; 110 GO NW. Hier hat der Gesetzgeber die Verhältnismäßigkeit als Tatbestandsmerkmal für die Anwendung bestimmter Aufsichtsmittel ausdrücklich genannt.

506 Wipfelder, VBlBW 1984, S. 363.

Nach dem Grundsatz der Verhältnismäßigkeit darf die Aufsichtsbehörde nur diejenigen Aufsichtsmittel ergreifen, die geeignet sind, um den rechtswidrigen Zustand in der Kommunalverwaltung zu beseitigen und die Funktionsfähigkeit der Gemeinden zu fördern. Unter mehreren geeigneten Aufsichtsmitteln sind diejenigen Aufsichtsmittel anzuwenden, die möglichst wenige Nachteile im Gefolge haben. Das eingesetzte Aufsichtsmittel darf die betroffene Gemeinde nicht übermäßig belasten und muß für sie zumutbar sein[507]. So gebietet der Grundsatz der Verhältnismäßigkeit bei einer geringen Rechtsverletzung, erst von der Beratung Gebrauch zu machen. Wenn die Gemeinde hierauf nicht reagiert, dann ist ein eingreifendes Aufsichtsmittel anzuwenden[508].

3. Der Grundsatz des gemeindefreundlichen Verhaltens

Im Hinblick auf die Handhabung der Kommunalaufsicht wird im Schrittum auch der Grundsatz des gemeindefreundlichen Verhaltens diskutiert[509]. Der für das Verhältnis zwischen Bund und Ländern vom Bundesverfassungsgericht entwickelte Grundsatz des bundesfreundlichen Verhaltens[510] wird sinngemäß auf das Verhältnis zwischen Staat und Gemeinde übertragen[511]. Einige Autoren leiten diesen Grundsatz unmittelbar aus Art. 28 Abs. 2 GG ab[512].

Nach dem Grundsatz des gemeindefreundlichen Verhaltens ist der Staat bei seinem Handeln gegenüber Gemeinden verpflichtet, „die Interessen der kommunalen Selbstverwaltung in seine Entscheidung miteinzubeziehen“[513]. Dieser

---

507 Vgl. BVerfGE 21, S. 150 (156 u.160); 39, S. 210 (234); 43, 79 (92); 63, S. 144; 72, 9 (23). Zum Verhältnis von Verhältnismäßigkeit und Zumutbarkeit vgl. J. Lücke, DÖV 1974, S. 769f.; Hirschberg, Der Grundsatz der Verhältnismäßigkeit, S. 24f.

508 Im Ergebnis so auch Borchert, DÖV 1978, S. 727.

509 Knemeyer, Staatsaufsicht, S. 269; v. Mutius, Gutachten, 53. DJT, S. 203; Bracker, Kommunalaufsicht, S. 464; Borchert, DÖV 1978, S. 721 u. 727; Ress, WiVerw. 1981, S. 161ff.

510 BVerfGE 4, 115 (140f.); 12, 205 (254f.); 32, 199 (218); 34, 216 (232).

511 Weber, Kommunalaufsicht, S. 30; ders., Staats- und Selbstverwaltung, S. 136; OVG Münster, OVGE 19, 192 (198f.).

512 Dazu vgl. Macher, Grundsatz, S. 49ff.; Bethge, DÖV 1972, S. 157 Fn. 29; Tettinger, DÖV 1972, S. 728; Stern, Staatsrecht I, § 12 II 5; Ehlers, Rechtsschutz, S. 54 m.w. N. Ablehnend dagegen Becker, in: v. Loebell, GO NW, § 106 a Anm. 7 h.; auch kritisch Ress, WiVerw. S. 162.

513 Macher, Grundsatz, S. 154. Vgl. auch Weber, Kommunalaufsicht, S. 30; dens., Staats- u. Selbstverwaltung, S. 136. Nach ihm haben Kommunen und Staat die Pflicht auf Kooperation in gegenseitigem Verhältnis. Danach habe die Aufsichtsbehörde die konkrete Verpflichtung, „das beteiligte kommunale Interesse voll zu würdigen“. Ähnlich Eissing, Gemeinschaftsaufgaben, 91; OVG NW OVGE 19, S. 192 (199) = DVBl. 1964, S. 678 (681). Kritisch gegen diese Begriffsbestimmung Ehlers, Rechtsschutz, S. 55 Fn. 245, da es sich aus Art. 20 Abs. 3 GG sowie dem Übermaßverbot ergebe, daß die Verwaltung bei ihrem Handeln immer die rechtlich geschützten Interessen der Beteiligten zu berücksichtigen habe. Nach ihm zielt der Grundsatz des gemeindefreudlichen Verhaltens

Grundsatz soll zur Einschränkung der staatlichen Gestaltungs- bzw. Ermessensfreiheit und zur Ausweitung der gemeindlichen Entscheidungsfreiheit führen[514].

Die Verpflichtung des Staates zur Berücksichtigung der gemeindlichen Interessen wirkt für die Kommunalaufsicht ermessenseinschränkend[515]. Einige Autoren vertreten die Auffassung, daß der Grundsatz des gemeindefreundlichen Verhaltens nicht die Frage des „Ob“, sondern die Frage des „Wie“ einer staatlichen Handlung betreffe[516]. Sie verstehen unter der Frage des „Ob“ die Frage der Kompetenz zum Einschreiten des Staates[517].

Es wird vertreten, daß der Grundsatz des gemeindefreudlichen Verhaltens eine besondere Bedeutung habe, wenn die Aufsichtsbehörde in einzelnen Fällen die konkreten Interessen der Gemeinde nicht kenne oder möglicherweise falsch beurteile. In solchen Fällen sei hiernach ist ein Anhörungsverfahren als „Nebenpflicht“ der Aufsichtsbehörde erforderlich[518]. Der Grundsatz des gemeindefreudlichen Verhaltens fasse die Rechte und Pflichten des Staates bei der Kommunalaufsicht zusammen, die bisher dem Opportunitätsprinzip und dem Verhältnismäßigkeitsgrundsatz „sporadisch“ zugeordnet worden sei[519].

Im Schrifttum wird z. T. die Frage geäußert, ob es überhaupt sinnvoll sei, neben anderen Grundsäzen — Opportunitätsprinzip und Verhältnismäßigkeitsgrundsatz- von einem derartigen Grundsatz zu sprechen. Nach einigen Autoren ist ein neuer Grundsatz neben den bisher vorhandenen Grundsätzen nicht notwendig, um das Ermessen der Kommunalaufsicht zu begrenzen, da sich die aus dem Grundsatz des gemeindefreudlichen Verhaltens abgeleiteten Rechtsfolgen schon aus dem Opportunitätsprinzip und dem Verhältnismäßigkeitsgrundsatz ergäben[520].

Es ist demnach im Ergebnis festzustellen, daß der Inhalt eines möglicherweise bestehenden Grundsatzes gemeindefreundlichen Verhaltens und dessen Verhältnis zu anderen Prinzipien jedenfalls nicht als hinreichend geklärt angesehen werden kann.

---

auf Modifizierung und Ergänzung der innerhalb eines Rechtsverhältnisses bestehenden Rechte oder Pflichten.

514 Macher, Grundsatz, S. 180ff.

515 Macher, Grundsatz, S. 180; Ress, WiVerw 1981, S. 161.

516 Macher, Grundsatz, S. 169. u. 182; Ress, WiVerw. 1981, S. 161.

517 Vgl. Macher, S. 169; Ress, WiVerw 1981, S. 161. Wenn man aber die Frage des „Ob“ als die Frage betrachtet, „ob“ die Aufsichtsbehörde im Rahmen ihrer Kompetenz in einzelnen konkreten Fällen ein bestimmtes Aufsichtsmittel anwenden darf, betrifft dieser Grundsatz auch die Frage des „Ob“.

518 Macher, Grundsatz, S. 177f.

519 Ress, WiVerw. 1981, 163; vgl. auch Macher, Grundsatz, S. 178.

520 Ress, WiVerw. 1981, S. 167. So auch Andrik, 1987, S. 167.

4. Subsidiaritätsprinzip ?

Ausgehend von den Entscheidungen des Preußischen OVG[521] und des Urteils des OVG Münster[522] stellt Schnapp die These auf[523], daß die Aufsichtsbehörde bei Rechtsverstößen der Gemeinde nicht einschreiten dürfe, wenn einem Dritten Klagemöglichkeiten gegen die Kommunen zustünden. Die Klagemöglichkeit des Bürgers habe also Vorrang vor einem möglichen staatsaufsichtlichen Eingreifen. „Unter Heranziehung staatsideengeschichtlicher Hintergründe"[524] versucht er diese Subsidiaritätsthese zu begründen: Die Institution der Staatsaufsicht sei ursprünglich das einzige und nach der Schaffung der Verwaltungsgerichtbarkeit das primäre und eigentliche Mittel zur Wahrung der Rechtsordnung im Bereich der unterstaatlichen Körperschaften gewesen. Dem einzelnen sei lediglich die Möglichkeit gegeben gewesen, durch Beschwerde den Anstoß zu einer verwaltungsinternen Kontrolle zu geben. Demgemäß hätte die Aufsichtsbehörde eine weit gespannte Befugnis haben müssen, auch dort einzuschreiten, wo der einzelne berechtigt sei, sein Recht vor Gericht geltend zu machen, da die Aufsichtsbehörde allein an der Wahrung der objektiven Gesetzmäßigkeit des staatlichen Handelns Interesse gehabt hätte[525]. Mit der Entwicklung subjektiver öffentlicher Rechte des Bürgers sei aber die Staatsaufsicht auf eine „Reservefunktion"[526] zurückgedrängt worden. Die Gewährleistung der Gesetzmäßigkeit durch die Aufsichtsbehörde entfalle, wo der einzelne selbst sein Recht schützen könne[527]. Bei der Bejahung subjektiver öffentlicher Rechte des einzelnen werde die Aufsichtsfunktion eine „zusätzliche" Gewährleistung der Gesetzmäßigkeit[528]. Dabei komme es nicht darauf an, ob der Dritte seine Rechte tatsächlich ausübe, da das zum Einschreiten der Aufsichtsbehörde erforderliche öffentliche Interesse sich bereits in der Gewährung des subjektiven Rechts an den einzelnen erschöpfe[529]. Demnach dürfte bei einem zu unrecht abgelehnten Baugenehmigungsantrag des Bürgers die Aufsichtsbehörde nicht tätig werden, da dem Bürger der Verwaltungsrechtsweg offensteht.

---

[521] PrOVGE 45, 144; 70, 57; 78, 58.

[522] OVG Münster, OVGE 18, 227ff. = DVBl. 1963, 862f. = DÖV 1964, S. 353ff. Danach sei der Aufsicht immanent, daß sie nur im Interesse des öffentlichen Wohls einschreiten dürfe, nicht aber, um einem einzelnen zu seinem Recht zu verhelfen, wenn dieser seine Rechte in einem Zivilprozeß oder einem Verwaltungsstreitverfahren geltend machen könne.

[523] Schnapp, DVBl. 1971, S. 480ff.

[524] Schnapp, DVBl. 1971, S. 481.

[525] Schnapp, DVBl. 1971, S. 483.

[526] Zur Reservefunktion vgl. Stein, Wirtschaftsaufsicht, S. 181.

[527] Vgl. auch Stein, Wirtschaftsaufsicht, S. 60f. u. S. 192, der die Aufsicht als „subsidärer Schutz" bezeichnet.

[528] Schnapp, DVBl. 1971, S. 483.

[529] Schnapp, Ersatzvornahme, S. 61.

Gegen diese Subsidiaritätsthese wendet sich die herrschende Meinung. Die Aufsichtsbehörde müsse bei einer Rechtsverletzung tätig werden, unabhängig davon, ob der Bürger eine Klagemöglichkeit habe, da es sich um zwei verschiedene Dinge handele[530]. Während die Verwaltungsgerichtbarkeit dem Schutz des einzelnen Bürger gegenüber der Gemeinde diene, gewährleiste die Staatsaufsicht den gesetzmäßigen Verwaltungsablauf in den Gemeinden[531]. Die Rechtsaufsicht diene also dem öffentlichen Interesse, das subjektive öffentliche Recht demgegenüber dem individuellen Einzelinteresse[532]. Die Überwachung der Gesetzmäßigkeit und Funktionsfähigkeit der Gemeinde könne daher nicht von der Entscheidung des Privaten abhängig gemacht werden[533].

Die Subsidiaritätsthese von Schnapp könnte dazu dienen, staatliche Zugriffsmöglichkeiten gegenüber der Gemeinde zu reduzieren. Schnapp geht jedoch von einem unrichtigen Verständnis der Aufgaben der Kommunalaufsicht aus. Die Kommunalaufsicht bleibt nicht in einer Reservefunktion, sondern dient dem Schutz der Gemeinde in ihren Rechten und der Sicherung der Erfüllung ihrer Pflichten. Zur Wahrnehmung dieser Aufgaben muß die Aufsichtsbehörde u. U. auch dann tätig werden, wenn dem Bürger daneben ein selbständiges Klagerecht zusteht. Da die Funktion und Zielsetzung der Kommunalaufsicht wesensmäßig anders als die des gerichtlichen Rechtsschutzes ist, ist es nicht zulässig, die Wahrnehmung dieses gesetzlichen Auftrags von den Klagemöglichkeiten einer Privatperson abhängig zu machen[534]. Die Klagemöglichkeiten des Bürgers sind allerdings im Rahmen des Ermessens der Aufsichtsbehörde zu berücksichtigen[535]. Damit kann die Ermessensausübung der Aufsichtsbehörde u. U. eingeschränkt werden.

II. In Korea

Aus dem Wortlaut der §§ 155, 157 Abs. 1, 158, 159 Abs. 1 KKSG („Kann"-Vorschriften) wird geschlossen, daß es im Ermessen der Aufsichtsbehörde liegt, ob und wie sie bei der Erfüllung der gesetzlichen Voraussetzungen einschreitet (Opportunitätsprinzip[536]). Unter der Geltung des Opportunitätsprinzips kann die Aufsichtsbehörde ein sachgerechtes und angemessenes Aufsichtsverhältnis gestalten.

---

530 Knemeyer, Staatsaufsicht, S. 270; vgl. auch Oexmann, Beanstandung, S. 37.

531 Schmitt, BayVBl. 1973, S. 481; Knemeyer, Staatsaufsicht, S. 270.

532 Ress, WiVerw. 1981, S. 155.

533 Schmitt, BayVBl. 1973, S. 481; Knemeyer, Staatsaufsicht, S. 270; Hassel, DVBl. 1985, S. 698.

534 So auch Hassel, DVBl. 1985, S. 698.

535 W. Rauball, in: Rauball/Pappermann/Roters, GO NW, § 108 Rdnr. 1; Gerth, DöD 1959, S. 131; Hassel, DVBl. 1985, S. 702.

536 Dazu s. oben 6. Abschnitt I 1.

Das Ermessen der Aufsichtsbehörde ist allerdings nicht unbegrenzt. Etwa bei einer ernsthaften Gesetzwidrigkeit oder bei Funktionsunfähigkeit der Gebietsselbstverwaltungskörperschaft muß die Aufsichtsbehörde einschreiten, um diesen Zustand zu beseitigen.

Die Autoren sind übereinstimmend der Meinung, daß die staatliche Einwirkung grundsätzlich in der Form der Beratung oder der finanziellen oder technischen Hilfe erfolgen und eine eingreifende Einwirkung möglichst vermieden werden solle[537]. In dieser Aussage kommt der Grundsatz der Verhältnismäßigkeit (Übermaßverbot) zum Ausdruck. Der Gesetzgeber hat z. T. diesen Grundsatz in § 157 S. 1 KKSG zum Ausdruck gebracht, indem er eine erfolglose Beanstandung zur Voraussetzung der Aufhebungsmaßnahme machte. Das gewählte Aufsichtsmittel muß geeignet, erforderlich und angemessen sein, um die gesetzmäßige und funktionsfähige Verwaltung der Gebietsselbstverwaltungskörperschaften zu gewährleisten.

---

[537] Hyung Bae Kim, S. 340; Sang Gywu Lee, S. 156; Il Kyung Park, S. 611; Myung Gwu Lee, S. 588; Nam Chin Kim / Chung Dae Do, S. 668; Nam Chin Kim, S. 570; Chong Hyun Suk, S. 168; Yoon Heun Park, S. 98; ders., Koshiyungu 1988 H. 1, S. 60 u. 61.

6. Abschnitt

Rechtsschutz gegen aufsichtliche Maßnahmen

I. In Deutschland

Im Bereich der Selbstverwaltungsangelegenheiten treten Gemeinden dem Staat als Träger eigener Rechte entgegen, die auf Art. 28 Abs. 2 GG und entsprechende Bestimmungen der Landesverfassungen beruhen. Die Gewährleistung eines hinreichenden Rechtsschutzes als ein Mittel der Verteidigung der Selbstverwaltung[538] ergibt sich aus der Anerkennung eigener Rechte der Gemeinde und ist ihrem Selbstverwaltungsrecht immanent[539].

In der Praxis der Kommunalaufsicht sind vor Gericht ausgetragene Konflikte zwischen den Gemeinden und den Aufsichtsbehörden nur selten, da die Gemeinden ihrerseits in der Ausübung ihres Selbstverwaltungsrechts bestrebt sind, die rechtlichen Grenzen einzuhalten, und in Zweifelfällen in der Regel ein rechtzeitiger Kontakt mit der Aufsichtsbehörde stattfindet[540].

Es ist festzustellen, daß der Widerstreit nur in zwei Konstellationen vorkommt: wenn die Gemeinde und die Aufsichtsbehörde eine unterschiedliche Rechtsauffassung haben, und wenn die Aufsichtsbehörde ihre Aufsichtsbefugnis überschreitet, um ein erwünschtes Verhalten der Gemeinde herbeizuführen, das sie rechtlich nicht erzwingen kann[541].

In diesen Konfliktfällen ist der Gemeinde gem. § 40 VwGO der Verwaltungsrechtsweg eröffnet[542], da eine abdrängende Sonderzuweisung an ein anderes

---

[538] Pagenkopf, Kommunalrecht, Bd. 1, S. 390; Hofmann / Muth / Theisen, Kommunalrecht, S. 362.

[539] Pagenkopf, Kommunalrecht, Bd. 1, S. 390. Umstritten ist, ob sich die Gemeinden auf Art. 19 IV GG berufen können. Nach der überwiegenden Mehrzahl der Autoren nehmen die Gemeinden als juristische Personen des öffentlichen Rechts an dem lückenlosen Rechtsschutz des Art. 19 Abs. 4 GG teil. So Gönnenwein, Gemeinderecht, S. 215; Schnapp, Ersatzvornahme, S. 93; Oexmann, Beanstandung, S. 184; Schenke, in: BK, Art 19 IV Rdnr. 38; Stern, BK, Art. 28 Rdnr. 176; Köttgen, Wesen, S. 223; Becker, Kommunale Selbstverwaltung, S. 713; Bethge, AÖR 104 (1979), S. 296;Bambey, DVBl. 1983, S. 937. A. A. Schmidt-Aßmann, in: Maunz / Dürig, Grundgesetz, Art. 19 IV Rdnr. 43.

[540] Leidinger, Zur gerichtlichen Kontrolle, S. 260; Seele, Aufsichtsfunktionen, S. 216.

[541] Leidinger, Zur gerichtlichen Kontrolle, S. 260.

[542] Die kommunale Verfassungsbeschwerde gegen aufsichtliche Maßnahmen vor dem Verfassungsgerichtshof der Länder oder dem Bundesverfassungsgericht ist ausgeschlossen, da Gegenstand der Verfassungsbeschwerde gem. Art. 93 Abs. 1 Nr. 4 b GG, § 91 S. 1 BVerfGG, § 50 Abs. 1 VGHG NW ausschließlich ein Bundes- oder Landesgesetz ist.

Gericht für Aufsichtsstreitigkeiten nicht besteht und es sich um solche nichtverfassungsrechtlicher Art handelt[543]. Die ausdrückliche Erwähnung von Klagemöglichkeiten in den Gemeindeordnungen[544] hat keine konstitutive, sondern lediglich deklaratorische Bedeutung[545]. Die konkurrierende Gesetzgebungskompetenz des Bundes erstreckt sich gem. Art. 72 Abs. 1, 74 Nr. 1 GG auch auf die Gerichtsbarkeit einschließlich der Verwaltungsgerichtbarkeit. Da der Bundesgesetzgeber mit dem Erlaß des § 40 VwGO von seiner Zuständigkeit erschöpfend Gebrauch gemacht, richtet sich die Zulässigkeit des Verwaltungsrechtswegs nach § 40 Abs. 1 VwGO unabhängig von den kommunalrechtlichen Regelungen. § 112 NW GO hat i. V. mit § 68 Abs. 1 S. 2 VwGO ausnahmsweise eine eigene Bedeutung, sofern der Gemeinde dadurch das Widerspruchsverfahren erspart bleibt.

Klagegegner ist gem. § 78 Abs. 1 Nr. 1 VwGO grundsätzlich das Land als Rechtsträger. Abweichend von diesem Grundsatz kann nach § 78 Abs. 1 Nr. 2 VwGO die Aufsichtsbehörde selbst verklagt werden, sofern das Landesrecht dies bestimmt[546].

Klageberechtigt ist die Gemeinde, in deren Recht die Aufsichtsbehörde eingegriffen hat. Sie wird durch ihren gesetzlichen Vertreter vertreten. Einzelnen Organen stehen keine Rechtsmittel zu, auch wenn unmittelbar ein Rechtsakt eines Organs aufgehoben wurde[547].

Da die Gemeinde als Selbstverwaltungsträger bei der Wahrnehmung ihrer Selbstverwaltungsangelegenheiten gegenüber dem Staat in einem Außenverhältnis steht, stellt jeder aufsichtliche Eingriff des Staates in diesen Bereich einen Verwaltungsakt i. S. § 35 S. 1 VwVfG dar[548]. Rechtsschutz gegen Verwaltungsakte gewährt die Verwaltungsgerichtsordnung in der Form der Anfechtungklage und Verpflichtungsklage gem. § 42 Abs. 1 VwGO.

Fraglich ist, ob die Anweisung zur Beanstandung von Beschlüssen der kommunalen Vertretung in Nordrhein-Westfalen als Verwaltungsakt anzusehen ist. Nach herrschender Meinung[549] und Rechtsprechung[550] handelt es sich nur

---

[543] Zum Verwaltungsrechtsweg, Erichsen, in: Jura Extra, S. 175ff.; ders., Verwaltungsrecht I, S. 16ff.

[544] Etwa § 125 GO BW; Art 119f. GO Bay; § 142 GO Hess; § 112 GO NW.

[545] Erichsen, DVBl. 1985, S. 947; Schmidt-Jortzig, Kommunalrecht, § 4 Rdnr. 102; Stober, Kommunalrecht, S. 183.

[546] Von dieser Ermächtigung haben Gebrauch gemacht Nordrhein-Westfalen (§ 5 II AG VwGO), Niedersachsen (§ 7 Abs. 2 AG VwGO) sowie Schleswig-Holstein (§ 6 Abs. 2 AG VwGO). Diese Ausnahmeregelung gem. 78 Abs. 1 Nr. 2 VwGO trifft nur für Anfechtungs- und Verpflichtungsklagen.

[547] Vgl. OVG NW, DVBl. 1981, S. 227f.

[548] Erichsen, Kommunalrecht NW, S. 317f.; ders., DVBl. 1985, S. 947; Schmidt-Jortzig, Kommunalrecht, § 4 Rdnr. 101; Knemeyer, Staatsaufsicht, S. 275f.; Pagenkopf, Kommunalrecht, Bd. 1, S. 390.

um eine vorbereitende Maßnahme. Die Anweisung hat keine unmittelbare Rechtswirkung nach außen, da in diesem Fall der Gemeindedirektor die Stellung einer der Aufsichtsbehörde nachgeordneten Behörde hat. Es handelt sich damit bei der Anweisung um eine verwaltungsinterne Maßnahme. Ihr kommt also mangels Außenwirkung keine Verwaltungsqualität zu[551]. Damit ist gegen die Anweisung ein Anfechtungsbegehren nicht statthaft. Eine allgemeine Leistungsklage scheitert, da die Anweisung die Rechtssphäre der Gemeinde nicht berührt[552], an der fehlenden Klagebefugnis[553].

Ein Vorverfahren nach §§ 68ff. VwGO muß gem. § 68 Abs. 1 S. 2 i. V. mit § 112 GO NW in Nordrhein-Westfalen vor Erhebung einer Anfechtungsklage nicht durchgeführt werden. In den übrigen Ländern ist das Vorverfahren obligatorisch vorgesehen, es sei denn, daß der angegriffene Verwaltungsakt von einer obersten Bundes- oder Landesbehörde erlassen worden ist.

Der Rechtsschutz bei der Genehmigungsentscheidungen richtet sich nach deren Rechtscharakter. Da die Erteilung und Versagung der Genehmigung einen Verwaltungsakt darstellt, ist die eine Verpflichtungsklage im Sinne des § 42 Abs. 1 VwGO die einschlägige Rechtsschutzform. Anders als bei der Anfechtungsklage gegen Maßnahmen der repressiven Aufsicht findet hier § 112 GO NW keine Anwendung und ist ein Vorverfahren erforderlich[554]. Die Klage ist begründet, wenn die Kommune einen Rechtsanspruch auf Erteilung der Genehmigung hat. Das hängt vom Maßstab für die Genehmigungserteilung ab. In der Regel stellt der Genehmigungsvorbehalt ein Rechtsaufsichtsmittel dar[555]. Insoweit ist die Aufsichtsbehörde an rechtlich vorgegebene Entscheidungskriterien gebunden. Nach § 113 Abs. 4 VwGO hat eine Verpflichtungsklage Erfolg, wenn die Erteilung einer Genehmigung trotz der Erfüllung der Genehmigungsvoraussetzungen abgelehnt oder unterlassen wurde und damit die Rechte der Gemeinde verletzt sind.

Eröffnet der Genehmigungsvorbehalt eine über die Gesetzmäßigkeitskontrolle hinausgehende Zweckmäßigkeitskontrolle[556], hat die Gemeinde grundsätz-

---

549 Ehlers, Jura, 1987, S. 480f.; Leidinger, Zur gerichtlichen Kontrolle, S. 263; W. Rauball, in: Rauball/Pappermann/Roters, GO NW, § 108 Rdnr. 3; Kottenberg/Rehn/Cronauge, GO NW, § 108 Erl. II 2.

550 OVG NW, in: Eildienst NW 1984, S. 139.

551 Ehlers, Jura 1987, S. 481.

552 Ehlers, Jura 1987, S. 481.

553 Zur Klagebefugnis Stern, Verwaltungsprozessuale Probleme, S. 153ff.

554 Hofmann/Muth/Theisen, Kommunalrecht, S. 364; W. Rauball, in: Rauball/Pappermann/Roters, GO NW, § 112 Erl. 3; Bocks, Rechtsschutz, S. 24.

555 Dazu s. oben 4. Abschnitt I 2 (2) c).

556 Eine Zweckmäßigkeitskontrolle durch Genehmigungsvorbehalt ist in den Selbstverwaltungsangelegenheiten kaum denkbar. Zur verfassungsrechtliche Zulässigkeit der Zweckmäßigkeitskontrolle s. oben 4. Abschnitt 2 (2) d).

lich keinen Anspruch auf die Erteilung der Genehmigung[557]. Die Genehmigungsbehörde ist jedoch nicht völlig frei in ihrer Entscheidung. Die Aufsichtsbehörde ist an die gesetzlichen Grenzen des Ermessens und das Verhältnismäßigkeitsprinzip gebunden. Eine Überschreitung dieser Grenzen stellt eine Gesetzwidrigkeit dar und macht die Ablehnung der Genehmigungserteilung rechtswidrig. Die Gemeinde hat hier einen Anspruch auf ermessensfehlerfreie Neubescheidung. Im Falle einer Ermessensreduzierung auf Null verdichtet sich dieser zu einem Anspruch auf Erteilung der Genehmigung.

II. In Korea

Die Kommunalaufsicht ist als Verwaltungstätigkeit des Staates an Gesetz und Recht gebunden und unterliegt der gerichtlichen Kontrolle. Für den Bestandsschutz der kommunalen Selbstverwaltung ist eine umfassende Rechtsschutzmöglichkeit der Gebietsselbstverwaltungskörperschaften gegenüber einer rechtswidrigen Ausübung der Aufsichtsbefugnis unentbehrlich. Gebietsselbstverwaltungskörperschaften haben als juristische Personen des öffentlichen Rechts gem. Art. 27 Abs. 1 KV das Recht auf gerichtlichen Rechtsschutz. Nach der Generalklausel des § 1 VPG können sie gegen Aufsichtsmaßnahmen eine Verwaltungsklage erheben. Die in § 157 Abs. 2 KKSG ausdrücklich geregelten Klagemöglichkeiten gegen Beanstandungs- und Aufhebungsmaßnahmen haben deshalb keine konstitutive, sondern nur deklatorische Bedeutung. Eine eigenständige Bedeutung des § 157 Abs. 2 KKSG liegt in der Sonderbestimmung des zuständigen Gerichts. Während das obere Gericht im allgemeinen gem. § 9 Abs. 1 VPG für eine Anfechtungsklage zuständig ist, ist das oberste Gericht nach § 157 Abs. 2 KKSG für die Anfechtungsklge gegen Beanstandungs- und Aufhebungsmaßnahmen zuständig.

Klagegegner ist gem. § 13 Abs. 1 VPG die Aufsichtsbehörde und klageberechtigt ist gem. § 12 S. 1 VPG die Gemeinde selbst, die an der Anfechtung der Aufsichtsmaßnahme ein rechtliches Interesse hat.

Gegen Maßnahmen der repressiven Aufsicht kommt gem. §§ 3 Nr. 1, 4 Nr. 1, 12 VPG eine Anfechtungsklage als statthafte Klageart in Betracht. Anders als in Deutschland ist die Verwaltungsaktsqualität keine notwendige Voraussetzung für die Statthaftigkeit einer Anfechtungsklage. Gegenstand der Anfechtungsklage sind gem. § 12 i. V. mit § 2 VPG Verwaltungshandlungen und deren Verweigerung, sofern sie sich als Gesetzesvollzug durch eine Verwaltungsbehörde in konkreten Einzelfällen darstellen.

Gem. § 18 VPG ist ein erfolgloses Vorverfahren grundsätzlich Voraussetzung für die Anfechtungsklage.

---

557 Leidinger, Zur gerichtlichen Kontrolle, S. 274; Hofmann / Muth / Theisen, Kommunalrecht, S.365; Bocks, Rechtzschutz, S. 25.

Wenn die Aufsichtsbehörde trotz der Erfüllung der Genehmigungsvoraussetzungen die Erteilung einer Genehmigung verweigert, kann die Gebietsselbstverwaltungskörperschaft gem. § 12 i. V. mit § 2 Abs. 1 Nr. 1, § 4 Nr. 1 VPG eine Anfechtungsklage gegen die verweigernde Verfügung der Aufsichtsbehörde erheben. Anders als in Deutschland ist in Korea die Verpflichtungsklage nicht allgemein anerkanntt.

Fraglich ist, welches Gericht für die Klage gegen die Verweigerung der Genehmigungserteilung zuständig ist. Die Sonderregelung des § 157 Abs. 2 KKSG bezieht sich nur auf Anfechtungsklagen gegen Beanstandungs- und Aufhebungsmaßnahmen. Da hinsichtlich der Klagen gegen die Verweigerung der Genehmigungserteilung keine Sonderregelung vorhanden ist, ist gem. § 9 Abs. 1 VPG das obere Gericht zuständig.

Das der Anfechtungsklage gegen die Verweigerung einer Genehmigung stattgebende Urteil verpflichtet gem. § 30 Abs. 2 VPG die Aufsichtsbehörde zur Neuentscheidung über den Genehmigungsantrag nach dem Sinn des Urteils. Wenn sie trotz des Urteils die Genehmigung nicht erteilt, kann das Gericht gem. § 34 Abs. 1 VPG der Aufsichtsbehörde unter bestimmten Voraussetzungen einen Schadensersatzbefehl erteilen[558].

---

[558] Der Schadensersatzbefehl wird in § 34 VPG als ein „indirekter Zwang“ bezeichnet.

Teil 3

Die Kommunalaufsicht in Auftragsangelegenheiten bzw. hinsichtlich der Pflichtaufgaben zur Erfüllung nach Weisung

1. Abschnitt

Fachaufsicht (bzw. Sonderaufsicht) in Deutschland

I. Die Bedeutung der Fachaufsicht bzw. Sonderaufsicht

Als Fachaufsicht bezeichnet man die Kommunalaufsicht gegenüber Angelegenheiten des übertragenen Wirkungskreises, oft auch die Aufsicht über die Ausführung von Pflichtaufgaben zur Erfüllung nach Weisung[1]. Die Gemeindeordnungen enthalten hierüber nur vereinzelt Vorschriften und verweisen im übrigen auf die einschlägigen Fachgesetze. Nehmen die Selbstverwaltungsträger die Aufgaben des übertragenen Wirkungskreises wahr, dann bleibt eine dauernde staatliche Mitverantwortung für den ordnungsgemäßen Vollzug des Verwaltungsauftrags bestehen[2].

Bei dem übertragenen Wirkungskreis handelt es sich grundsätzlich um staatliche Angelegenheiten. Die Gemeinde erledigt diese Aufgaben wie eine Staatsbehörde[3]. Demnach ist die Fachaufsicht keine Materie des Kommunalrechts, sondern des Landesverwaltungsrechts[4].

Demgegenüber steht die Gemeinde bei der Erledigung der Pflichtaufgaben zur Erfüllung nach Weisung gegenüber dem Staat nicht mehr im „Innenverhältnis", da die Pflichtaufgaben zur Erfüllung nach Weisung zu den Selbstverwaltungsangelegenheiten gehören[5].

---

[1] Gönnenwein, Gemeinderecht, S. 205; Pagenkopf, Kommunalrecht, Bd. 1, S. 372; Schmidt-Jortzig, Kommunalrecht, § 4 Rdnr. 81; Knemeyer, Staatsaufsicht, S. 276 f.; Schmidt-Aßmann, Kommunalrecht, S. 124; Stober, Kommunalrecht, S. 183. Nach § 106 Abs. 2 GO NW wird diese Art der Aufsicht als „Sonderaufsicht" bezeichnet. Vgl. dazu Erichsen, Kommunalrecht NW, S. 316.

[2] Wipfelder, VBlBW 1984, 362.

[3] Vgl. oben Teil 1 2. Abschnitt I 2 (2).

[4] Wipfelder, VBlBW 1984, S. 362.

[5] Dazu s. oben Teil 1 2. Abschnitt I (3).

II. Der Umfang der Fachaufsicht (bzw. Sonderaufsicht)

Die Kommunalaufsicht in Auftragsangelegenheiten bzw. bei Pflichtaufgaben zur Erfüllung nach Weisung erstreckt sich auf die Rechtmäßigkeit und auf die Zweckmäßigkeit. Die Rechtmäßigkeit der Verwaltung im übertragenen Wirkungskreis (bzw. im Bereich der Pflichtaufgaben zur Erfüllung nach Weisung) wird also von der Fachaufsichtsbehörde in gleicher Weise überprüft wie die Tätigkeit im eigenen Wirkungskreis durch die Rechtsaufsichtsbehörde. Darüberhinaus kontrolliert die Fachaufsichtsbehörde auch die Zweckmäßigkeit der Verwaltung, also ob die Gemeinde ihr Verwaltungsermessen fachgerecht ausübt.

III. Die zuständige Behörde

Zuständig sind die durch besondere, hierfür erlassene Gesetze bestimmten Behörden. Regelmäßig sind diejenigen Behörden, die die Rechtsaufsichtsfunktion ausüben, für die Fachaufsicht ebenfalls zuständig. Hinsichtlich der beiden Funktionen ist aber scharf zu differenzieren[6].

IV. Aufsichtsmittel

Die Mittel der Fach- bzw. Sonderaufsicht sind in den einzelnen Ländern unterschiedlich. Die Mittel der Rechtsaufsicht wie Beanstandung, Anordnung, Ersatzvornahme, Beauftragtenbestellung und Auflösung des Rates steht ihr nicht zur Verfügung[7]. In Fachgesetzen sind üblicherweise als Mittel der Fachaufsicht das Informationsrecht und das Weisungsrecht genannt. Daneben kann die Fachaufsichtsbehörde durch formlose Aufsichtsmittel wie Beratung und informellen Kontakt mit der Hauptverwaltung der Gemeinde ihr Zweck erreichen[8].

1. Informationsrecht

In einigen Gemeindeordnungen ist den Fachaufsichtsbehörden ein Informationsrecht eingeräumt[9]. In Hessen[10] muß sich die Fachaufsichtsbehörde vor seiner Ausübung mit der Rechtsaufsichtsbehörde ins Benehmen stehen. Da in Nordrhein-Westfalen sämtliche Aufsichtsmittel einschließlich des Informa-

---

[6] Während die Rechtsaufsicht von der ressortmäßig zuständigen Staatsbehörde auf den Gebieten des eigenen Wirkungskreises der Gemeinden ausgeübt wird, handelt es sich bei der Fachaufsicht um eine Maßnahme der inneren Verwaltung im übertragenen Wirkungskreis. Vgl. Ksoll/Küchenhoff/Schöndorf, Kommunalrecht, S. 80f.; Wiepfelder, VBlBW 1984, S. 363.

[7] Zur Anwendung solcher Aufsichtsmittel s. unten V.

[8] Klüber, Gemeinderecht, S. 358.

[9] Vgl. etwa § 129 Abs. 2 S. 1 GO BW; Art. 116 Abs. 1 S. 1 GO Bay; § 129 Abs. 2 GO NS.

[10] § 145 S. 1 GO Hess.

tionsrechts nur für die Rechtsaufsichtsbehörde vorgesehen sind[11], steht den Fachaufsichtsbehörden grundsätzlich kein Informationsrecht zu, es sei denn, daß das jeweilige Fachgesetz eine Sonderregelung über das Informationsrecht trifft[12]. In Rheinland-Pfalz[13] und Schleswig-Holstein[14] ist dagegen das Informationsrecht von den nur den Rechtsaufsichtsbehörden eingeräumten Befugnissen ausgenommen. Daraus ergibt sich, daß das Informationsrecht auch den Fachaufsichtsbehörden zusteht, sofern seine Ausübung keinen Eingriff in das kommunale Selbstverwaltungsrecht darstellt[15].

2. Weisungsrecht

Das charakteristische Aufsichtsmittel im Rahmen der Fachaufsicht ist die Weisung. Zu den fachaufsichtlichen Weisungen gehören alle Anordnungen, die die Gemeinde zu einem bestimmten Tun oder Unterlassen im übertragenen Wirkungskreis bzw. im Bereich der Pflichtaufgaben zur Erfüllung nach Weisung verpflichten[16].

Durch das Weisungsrecht kann die Aufsichtsbehörde über die Rechtmäßigkeitskontrolle hinaus die Handhabung des gemeindlichen Ermessens kontrollieren und steuern[17].

Das Weisungsrecht der Fachaufsichtsbehörde ist im dualistischen Aufgabenmodell grundsätzlich unbegrenzt[18]. Nach den Gemeindeordnungen, denen das monistische Aufgabenmodell zugrunde liegt, muß der Umfang des Weisungsrecht gesetzlich bestimmt sein. Die Staatsbehörden haben nur und insoweit ein Weisungsrecht, als der Gesetzgeber es ihnen übertragen hat[19].

Die Erteilung der Weisung kann in schriftlicher oder mündlicher Form erfolgen. Die Fachaufsichtsbehörde kann die Weisung als Richtlinie mit Gestaltungsspielraum für die Gemeinde oder als strikten Befehl mit absoluter Bindungswirkung erlassen[20]. In Hessen[21] sollen sich die Weisungen auf allgemeine Anordnungen beschränken und nicht zur Regelung von Einzelfällen

---

[11] § 113 GO NW.

[12] Erichsen, Kommunalrecht NW, S. 316. Vgl. § 8 OBG NW; § 26 Abs. 1 FSHG NW.

[13] § 127 Abs. 1 GO RhPf.

[14] § 129 GO SH.

[15] Knemeyer, Staatsaufsicht, S. 277 u. 280.

[16] Fadinger, Rechtsstellung, S. 128. Vgl. auch Salzwedel, VVDStRL 22 (1965), S. 217 Fn. 34.

[17] Schmidt-Aßmann, Kommunalrecht, S. 125; Erichsen, Kommunalrecht NW, S. 316.

[18] Eine Besonderheit besteht in Art. 109 Abs. 2 GO Bay. Dazu wird gleich erwähnt.

[19] S. oben Teil 1 2. Abschnitt I 2 (3).

[20] Salzwedel, VVDStRL 22 (1965), S. 217 Fn. 34; Fadinger, Rechtsstellung, S. 138.

[21] § 4 Satz 2 GO Hess.

erlassen werden. In den übrigen Ländern kann die Fachaufsichtsbehörde Einzelweisungen ebenso wie allgemeine Weisungen erteilen.

Das Weisungsrecht der Fachaufsichtsbehörde beschränkt sich auf „die Sachentscheidung“[22].

In Bayern dürfen die Fachaufsichtsbehörden gem. Art. 109 Abs. 2 S. 2 GO nur beschränkt in das Verwaltungsermessen der Gemeinde eingreifen. Art. 109 Abs. 2 S. 2 GO Bay lautet: „Eingriffe in das Verwaltungsermessen sind auf die Fälle zu beschränken, 1. in denen das Gemeinwohl oder öffentlich-rechtliche Ansprüche einzelner eine Weisung oder Entscheidung erfordern oder 2. ....“ Durch diese Beschränkung ist die Position der Gemeinden nicht unerheblich gestärkt worden[23]. Damit wird die Fachaufsicht hinsichtlich der Ermessenskontrolle kommunaler Verwaltung der Aufsicht über die Ausführung von Pflichtaufgaben zur Erfüllung nach Weisung im monistischen Aufgabenmodell angenähert[24].

V. Die Durchsetzung der Fachaufsicht

Zwangsbefugnisse zur Durchführung der erteilten Weisungen stehen den Fachaufsichtsbehörden nicht zu, soweit gesetzlich nichts anderes bestimmt ist[25]. Kommt eine Gemeinde einer Weisung nicht nach, müssen die Fachaufsichtsbehörden die Rechtsaufsichtsbehörden um Amtshilfe ersuchen, da die Rechtsaufsichtsbehörden allein berechtigt sind, darauf mit den allgemeinen Aufsichtsmitteln zu reagieren (Der Grundsatz der Einheit der Aufsicht[26]). Die Rechtsaufsichtsbehörde ist verpflichtet, bei der Durchsetzung von Aufsichtsmaßnahmen der Fachaufsichtsbehörden mitzuwirken[27]. Dabei hat die Rechtsaufsichtsbehörde eine Prüfungspflicht, ob die Voraussetzungen für eine Aufsichtsmaßnahme gegeben sind, ob also die Gemeinde sich gesetzwidrig verhalten oder eine gesetzmäßige Weisung der Fachaufsichtsbehörde nicht befolgt hat[28], da die Rechtsaufsichtsbehöde ihre Befugnisse nur bei Erfüllung der Voraussetzungen

---

22 Schmidt-Aßmann, Kommunalrecht, S. 125.

23 Vgl. Bay VGH, BayVBl 1955, S. 25f.; Bay VGH, DÖV 1978, S. 100; Knemeyer, Staatsaufsicht, S. 281; ders., Die Stellung der bayerischen Gemeinden, S. 118f.; Widtmann, GO Bay, Art. 109 Erl. 6f. Insbesondere sieht der Bay VGH im Anschluß Hölzl / Rollwagen, GO, Art. 109 Erl. III 2, in der Ermessensbeschränkung der Fachaufsichtsbehörde durch die Gemeindeordnung einen wesentlichen Fortschritt in Richtung auf eine „Gemeindefreiheit“.

24 Erichsen, DVBl. 1985, S. 946f.

25 Ausdrücklich § 129 Abs. 2 GO BW; § 116 Abs. 1 S. 3 GO Bay.

26 Dazu s. oben Teil 2 3. Abschnitt I.

27 So ausdrücklich Art. 116 Abs. 2 GO Bay.

28 Seeger / Wunsch, Kommunalrecht, S. 227; W. Rauball, in: Rauball / Papermann / Roters, GO für NW, § 106 Erl. 3.

für die Anwendung des jeweiligen Aufsichtsmittels ausüben darf und darüber hinaus sie auch die Aufgabe hat, die Gemeinde in ihren Rechten zu schützen[29].

VI. Rechtsschutz gegenüber Maßnahmen der Fach- bzw. Sonderaufsicht

Aus der Aufgabenstruktur der jeweiligen Länder ergeben sich unterschiedlicher Konsequenzen im Hinblick auf den Rechtsschutz.

Die herrschende Meinung[30] vertritt die Auffassung, daß kommunale Klagen gegen fachaufsichtliche Weisungen in bezug auf Auftragsangelegenheiten bzw. Pfichtaufgaben zur Erfüllung nach Weisung von vornherein unzulässig seien, weil solchen Weisungen mangels rechtlicher Außenwirkung die Verwaltungsaktsqualität fehle. Nach richtiger Ansicht ist aber den Gemeinden gegen fachaufsichtliche Maßnahmen der Rechtsweg zu den Verwaltungsgerichten eröffnet, da es sich bei ihnen nicht um gerichtsfreie Hoheitsakte, sondern um öffentlich-rechtliche Maßnahmen handelt und Streitigkeiten über sie daher als öffentlich-rechtliche i. S. § 40 Abs. 1 S. 1 VwGO zu qualifizieren sind[31].

Die Qualifikation einer hoheitlichen Maßnahme als Verwaltungsakt ist nicht notwendige Voraussetzung für die Gewährung verwaltungsgerichtlichen Rechtsschutzes[32].

Welche Rechtsschutzform statthaft ist, hängt von der Rechtsnatur der fachaufsichtlichen Weisung ab. Bei den Weisungen in bezug auf Auftragsangelegenheiten handelt es sich nicht um „interpersonale" Rechtsakte und fehlt es der Gemeinde mithin an der Außenrechtssubjektivität[33]. Weisungen wirken vielmehr „intrapersonal" und haben keine Verwaltungsaktsqualität[34]. Es kommt

---

[29] Dazu s. oben Teil 2 1. Abschnitt I 5 (2).

[30] Zum Meinungsstand bezüglich des Rechtsschutzes im Bereich der Auftragsangelegenheiten und Weisungsangelegenheiten Dehmel, Übertragener Wirkungskreis, S. 132ff. u. 142ff.

[31] Schmidt-Aßmann, Kommunalrecht, S. 125; Schmidt-Jortzig, JuS 1979, S. 479. Zur Bedeutung des öffentlich-rechtlichen Streitigkeit vgl. Erichsen, in: Jura Extra, S. 157f.; Stern, Verwaltungsprozessuale Probleme, S. 11ff.

[32] BVerwGE 60, 144 (149f.); dazu Erichsen, DVBl. 1982, 99f.; ders. DVBl. 1985, S. 948; Widtmann, BayVBl 1978, S. 724. Auf die Verwaltungsaktsqualität kommt es für die Frage der zulässigen Klageart an. Geht es um einen Verwaltungsakt, kommen Anfechtungs- und Verpflichtungsklage als statthafte Klagearten in Betracht. Fehlt es an der Verwaltungsaktsqualität, beibt der Gemeinde noch die Möglichkeit zur Erhebung einer allgemeinen Leistungsklage. So Schmidt-Aßmann, Kommunalrecht, S. 126; Erichsen, DVBl. 1985, S. 948; Ehlers, Jura 1987, S. 481.

[33] Erichsen, DVBl. 1985, S. 947f.

[34] Erichsen, DVBl. 1985, S. 948; Schmidt-Jortzig, JuS 1979, S. 491; Klein, Die Verwaltung 1968, S. 160; Becker, Staatsaufsicht, S, 175; BayVGH, BayVBl 1977, S. 152; BVerwG, NJW 1978, S. 1820 = JuS 1978, S. 639 Nr. 14 = BayVBl 1978, S. 374 = JZ 1978, S. 375. A. A. Knemeyer, Staatsaufsicht, S. 280; Widtmann, BayVBl 1978, S. 725;

also keine Anfechtungsklage, sondern eine allgemeine Leistungsklage als statthafte Klageart in Betracht[35]. Dies gilt auch in bezug auf rechtswidrige Weisungen, sofern sie nicht „unmittelbar" die Gemeinde als Träger eigener Rechte betreffen[36].

Grundsätzlich anders ist die Rechtslage in den Ländern mit monistischer Aufgabenstruktur. Aufsichtsmaßnahmen in bezug auf Pflichtaufgaben zur Erfüllug nach Weisung betreffen die Gemeinden als Träger eigener Rechte und Pflichten, die dem Außenbereich zugeordnet sind[37]. Daraus ergibt sich ihre „interpersonale Wirkung" und mithin ihre Verwaltungsaktsqualität[38]. Die Anfechtungsklage ist insoweit die statthafte Klageart[39].

Entscheidend für den Erfolg einer Klage gegenüber fach- bzw. sonderaufsichtlichen Maßnahmen ist die Frage nach den verletzten subjektiven Rechten[40].

Bei Aufsichtsmaßnahmen im Bereich der Auftragsangelegenheiten ist eine Betroffenheit der gemeindeeigenen Interessen nicht ganz ausgeschlossen. Sie kann etwa vorliegen, wenn die Fachaufsichtsbehörde die Beschränkungen des Art. 109 Abs. 2 GO Bay überschritten hat[41].

Eine Aufsichtsmaßnahme im Bereich der Pflichtaufgaben zur Erfüllung nach Weisung in den Ländern mit monistischer Aufgabenstruktur verletzt schon dann das Selbstverwaltungsrecht der Gemeinde, wenn die Tatbestandsvoraussetzungen für die Ausübung des Weisungsrechts nicht erfüllt sind und die Weisung damit rechtswidrig ist[42].

Fadinger, Die Rechtsstellung, S. 214; Zur Rechtsstellung der Gemeinde bei der Erledigung der Auftragsangelegenheiten s. oben Teil 1 2. Abschnitt I 2 (3).

[35] Erichsen, DVBl. 1985, S. 948; Schmidt-Aßmann, Kommunalrecht, S. 126. A. A. Schmidt-Jortzig, JuS 1979, S. 491.

[36] Erichsen, DVBl. 1985, S. 948; ders., Kommunalrecht NW, S. 319; Leidinger, Zur gerichtlichen Kontrolle, S. 271 f.; Dehmel, Übertragener Wirkungskreis, S. 141; BVerwGE 60, S. 144 (145 u. 147). Zur unmittelbaren Rechtswirkung nach außen, vgl. Ehlers, Jura 1987, S. 481 f.; VG Köln, DVBl. 1985, S. 181.

[37] Erichsen, DVBl. 1985, S. 947; Ehlers, Jura 1987, S. 482; Dehmel, Übertragener Wirkungskreis, S. 110f.; Jesch, DÖV 1960, S. 742.

[38] Erichsen, DVBl. 1985, S. 947; ders., Kommunalrecht NW, S. 318; Knemeyer, Staatsaufsicht, S. 279; Leidinger, Zur gerichtlichen Kontrolle, S. 270.

[39] Schmidt-Aßmann, Kommunalrecht, S. 125f.

[40] Schmidt-Aßmann, Kommunalrecht, S. 126; Leidinger, Zur gerichtlichen Kontrolle, S. 270f.; auch vgl. BVerwG NJW 1978, S. 1820; BVerwG, NVwZ 1983, S. 610 (611).

[41] Erichsen, DVBl. 1985, S. 948; Knemeyer, Staatsaufsicht, S. 282.

[42] Erichsen, DVBl. 1985, S. 947; ders., Kommunalrecht NW, S. 318; Schmidt-Aßmann, Kommunalrecht, S. 126.

2. Abschnitt

Die Kommunalaufsicht über die Ausführung von Auftragsangelegenheiten in Korea

Es handelt sich bei den Auftragsangelegenheiten eigentlich um staatliche Angelegenheiten, obwohl sie aufgrund Übertragungsaktes des Staates zu den Aufgaben der Gebietsselbstverwaltungskörperschaften gehören. Der Staat hat bei der Erledigung dieser Angelegenheiten eine Mitverantwortung. Die Kommunalaufsicht über die Ausführung von Auftragsangelegenheiten beschränkt sich deshalb nicht auf eine Rechtmäßigkeitskontrolle, sondern schließt eine Zweckmäßigkeitskontrolle ein. Das Kommunalselbstverwaltungsgesetz regelt ausdrücklich die Zweckmäßigkeits- wie die Rechtmäßigkeitskontrolle im Hinblick auf Beanstandungs- und Aufhebungsmaßnahmen[43].

Die zuständige Aufsichtsbehörde ist gem. § 156 KKSG über die „Teukbyul-" bzw. „Chikhalshi" und „Do" der jeweilige Fachminister, über die „Shi", „Kun" und „Ku" der „Dosisha", „Teukbyul-" bzw. „Chikhalshichang", die hier untere Behörden der Fachminister sind. Die Aufsichtsbehörde über „Shi", „Kun" und „Ku" ist identisch mit der Rechtsaufsichtsbehörde. Hinsichtlich der Funktion sind allerdings beide zu trennen, da die Aufsichtsbehörde in bezug auf die Auftragsangelegenheiten der fachministerlichen Leitung unterliegt, während die Rechtsaufsichtsbehörde eine untere Behörde des Innenministers ist.

Die Aufsichtsbehörde verfügt über alle Aufsichtsmittel, die der Rechtsaufsichtsbehörde zur Verfügung steht. Anders als in Deutschland hat die Aufsichtsbehörde in Korea keine Weisungsrechte, sofern gesetzlich nichts anderes bestimmt ist[44].

Rechtsschutzmöglichkeiten der Gebietsselbstverwaltungskörperschaften gegenüber Aufsichtsmaßnahmen in bezug auf Auftragsangelegenheiten sind nach richtiger Ansicht nicht von vornherein ausgeschlossen. Nach § 12 VPG kann derjenige eine Anfechtungsklage erheben, der ein rechtliches Interesse an der Anfechtung einer Maßnahme einer Verwaltungsbehörde hat. Die Gebietsselbstverwaltungskörperschaft hat in Normalfällen kein rechtliches Interesse an der Anfechtung von Aufsichtsmaßnahmen in bezug auf Auftragsangelegenheiten,

---

43 Vgl. §§ 157 Abs. 1, 159 Abs. 1 KKSG.

44 Do Tschang Kim, S. 148; Sang Gywu Lee, S. 157; Myung Gwu Lee, S. 587. Hinsichtlich der Aufsicht sind die Auftragsangelegenheiten („Körperschaftsauftragsangelegenheiten") in Korea mit den Plichtaufgaben zur Erfüllung nach Weisung in Deutschland vergleichbar.

da es sich hier grundsätzlich um staatliche Angelegenheiten handelt und damit die Aufsichtsbehörde einen Ermessensspielraum hat. Wenn aber die Aufsichtsbehörde die Grenze ihres Ermessens überschreitet und in das Selbstverwaltungsrecht eingreift, kann die Gebietsselbstverwaltungskörperschaft durch Erhebung einer Anfechtungsklage ihr Recht verteidigen.

Literaturverzeichnis

An, Hae Gyoon: Die Kontrolle des Staates gegenüber der lokalen Verwaltung, Koshigye 1983 H. 9, S. 109 ff.

An, Pyung Young: Die kommunale Selbstverwaltung als Grundlage der Demokratie, Shindonga 1986 H. 2, S. 262 ff.

An, Tschung Si: Die Entwicklung der kommunalen Selbstverwaltung in Korea und ihre charakteristische Merkmale, in: Kyung Dong Kim/Tschungsi An (Hrsg.), Die koreanische kommunale Selbstverwaltung und die Entwicklung der lokalen Gesellschaft, Seoul 1985, S. 47 ff.

Andrick, Bernd: Grundlagen der Staatsaufsicht über die juristichen Personen des öffentliches Rechts, JA 1987, S. 546 ff.

Anschütz, Gerhard: Die Verfassung des Deutschen Reiches vom 11. 8. 1919, 14. Aufl., Berlin 1933; zit.: Anschütz, Verfassung.

— Die Verfassung des Deutschen Reiches vom 11. 8. 1919, 13. Aufl., Berlin 1930; zit.: Anschütz, Verfassung, 13. Aufl.

Armim, Hans Herbert von: Wirtschaftlichkeit als Rechtsprinzip, Berlin 1988.

— Gemeindliche Selbstverwaltung und Demokratie, AÖR 1988, S. 5 ff.

Bachof, Otto: Begriff und Wesen des sozialen Rechtsstaates, VVDStRL 12 (1954), S. 37 ff.

Bambey, Wolfgang: Nachbarschutz für kommunales Privateigentum, DVBl. 1983, S. 936 ff.

Barion, Hans: Die sozialethische Gleichschaltung der Länder und Gemeinden durch den Bund, Der Staat 1964, S. 1 ff.

Bauer, Hartmut: Informelles Verwaltungshandeln im öffentlichen Wirtschaftsrecht, VerwArch 78 (1987), S. 241 ff.

Becker, Erich: Entwicklung der deutschen Gemeinden und Gemeindeverbände im Hinblick auf die Gegenwart, in: Hans Peters (Hrsg.), Handbuch der kommunalen Wissenschaft und Praxis, Bd. 1, 1. Aufl., Berlin 1956, S. 62 ff.; zit.: Becker, Entwicklung.

— Kommunale Selbstverwaltung und Staatsaufsicht, in: Hans Peters (Hrsg.), Handbuch der kommunalen Wissenschaft und Praxis, Bd. 1, 1. Aufl., Berlin 1956, S. 165 ff.; zit.: Becker, Staatsaufsicht.

— Die Selbstverwaltung als verfassungsrechtliche Grundlage der kommunalen Ordnung in Bund und Ländern, in: Hans Peters (Hrsg.), Handbuch der kommunalen Wissenschaft und Praxis, Bd. 1, 1. Aufl., Berlin 1956, S. 113 ff.; zit.: Becker, Grundlage.

— Gemeindliche Selbstverwaltung, 1. Teil: Grundzüge der gemeindlichen Verfassungsgeschichte, Berlin 1941; zit.: Becker, Gemeindliche Selbstverwaltung.

— Kommunale Selbstverwaltung, in: Karl August Bettermann / Hans Carl Nipperdey, Die Grundrechte, 4. Band 2. Halbband, Berlin 1960, S. 673 ff.; zit.: Becker, Kommunale Selbstverwaltung.

— Über den Inhalt der Gemeindeverwaltung und Rechtsstellung des Gemeindedirektors in Nordrhein-Westfalen, DVBl. 1956, 4 ff.

Becker, Jürgen: Informales Verwaltungshandeln zur Steuerung wirtschaftlicher Prozesse im Zeichen der Deregulierung, DÖV 1985, S. 1003 ff.

Berkenhoff, Hans-Albert: Das Kommunalverfassungsrecht in Nordrhein-Westfalen, 2. Aufl. 1965; zit.: Berkenhoff, Kommunalverfassungsrecht.

Bethge, Herbert: Aktuelle Aspekte der Verfassungsgarantie der kommunalen Selbstverwaltung, Die Verwaltung Bd. 15 (1982), S. 205 ff.

— Grundrechtsfähigkeit juristischer Personen — Zur Rechtsprechung des Bundesverfassungsgerichts, AÖR 104 (1979), S. 265 ff.

Blümel, Willi: Wesensgehalt und Schranken des kommunalen Selbstverwaltungsrechts, in: Mutius, Albert von (Hrsg.), Selbstverwaltung im Staat der Industrigesellschaft, Festgabe zum 70. Geburtstag von Georg Christoph von Unruh, Heidelberg 1983, S. 265 ff.; zit.: Blümel, Wesensgehalt.

— Die Rechtsgrundlagen der Tätigkeit der kommunalen Selbstverwaltungskörperschaften, in: Günter Püttner (Hrsg.), Handbuch der kommunalen Wissenschaft und Praxis, Bd. 1, 2. Aufl., Berlin u. a. 1981, S. 229 ff.; zit.: Blümel, Die Rechtsgrundlagen.

— Gemeinden und Kreise vor den öffentlichen Aufgaben der Gegenwart, VVDStRL 36 (1978), S. 171 ff.

Bocks, Gerd: Der Rechtsschutz der Gemeinden in Nordrhein- Westfalen gegenüber Maßnahmen der Kommunalaufsicht und gegenüber Gesetzen unter besonderer Berücksichtigung der kommunalen Neuordnung, Köln u. a. 1970; zit.: Bocks, Rechtsschutz.

Bohne, Eberhard: Informales Verwaltungs- und Regierungshandeln als Instrument des Umweltschutzes, VerwArch 1984, S. 343 ff.

Borchert, Hartmut: Legalitätsprinzip oder Opportunitätsprinzip für die Kommunalaufsicht, DÖV 1978, S. 721 ff.

— Kommunalaufsicht und kommunaler Haushalt, Schriften zum deutschen Kommunalrecht, Bd. 12, Siegburg 1976; zit.: Borchert, Kommunalaufsicht.

Bracker, Reimer: Theorie und Praxis der Kommunalaufsicht, in: Albert von Mutius (Hrsg.), Selbstverwaltung im Staat der Industriegesellschaft. Festgabe zum 70. Geburtstag von Georg Christoph von Unruh, Heidelberg 1983, S. 459 ff.; zit.: Bracker, Kommunalaufsicht.

Brohm, Winfried: Die Eigenständigkeit der Gemeinden, DÖV 1986, S. 397 ff.

— Die Selbstverwaltung der Gemeinden im Verwaltungssystem der Bundesrepublik, DVBl. 1984, S. 293 ff.

Buch, Friedrich: Die hessische Gemeindeordnung, Stuttgart 1952.

Bullinger, Martin: Die behördliche Genehmigung privater Rechtsgeschäfte und ihre Versagung, DÖV 1957, S. 761 ff.

Burmeister, Joachim: Verfassungstheoretische Neukonzeption der kommunalen Selbstverwaltungsgarantie, München 1977; zit.: Burmeister, Neukonzeption.

Chang, Chi Ho: Lokalverwaltung („Shingo Chibanghaengchungron"), Seoul 1982.

Dallmayer, Peter: Staatsaufsicht über Verbandskörperschaften, Diss. München 1967; zit.: Dallmayer, Staatsaufsicht.

David, Joachim: Die Satzungsgewalt der Gemeinden in Nordrhein- Westfalen, 2. Aufl., Münster, 1961; zit.: David, Satzungsgewalt.

Dehmel, Hans-Hermann: Übertragener Wirkungskreis, Auftragsangelegenheiten und Pflichtaufgaben nach Weisung, Berlin 1970; zit.: Dehmel, Übertragener Wirkungskreis.

Eberle, Carl-Eugen: Arragements im Verwaltungsverfahren, Die Verwaltung 1984, S. 439ff.

Eckert, Helmut: Die Mittel der Staatsaufsicht über die Gemeinden und Gemeindeverbände nach den seit dem 8. Mai 1945 erlassenen Gemeindeverfassungsgesetzen der Länder in rechtsvergleichender Darstellung, Diss. Köln 1950; zit.: Eckert, Die Mittel der Staatsaufsicht.

Ehlers, Dirk: Verwaltung in Privatrechtsform, Berlin 1984.

— Der gerichtliche Rechtsschutz der Gemeinde gegenüber Verwaltungsakten des Finanzamtes im Gewerbesteuerverfahren, Berlin 1986; zit.: Ehlers, Der gerichtliche Rechtsschutz.

— Rechtsschutz der Gemeinde gegen Aufsichtsmaßnahme, in: Jura 1987, S. 480ff.

Eissing, Klaus: Gemeinschaftsaufgaben von Staat und Gemeinden unter der Selbstverwaltungsgarantie in Nordrhein- Westfalen, Siegburg 1968; zit.: Eissing, Gemeinschaftsaufgaben.

Elleringmann, Rudolf: Grundlagen der Kommunalverfassung und Kommunalaufsicht, Stuttgart 1957; zit.: Elleringmann, Grundlagen.

Engeli, Christian: Neuanfänge der Selbstverwaltung nach 1945, in: Günter Püttner (Hrsg.), Handbuch der kommunalen Wissenschaft und Praxis, Bd. 1, 2. Auflage, Berlin u.a. 1981, S. 114ff.

Engeli, Christian / *Haus*, Wolfgang: Quellen zum modernen Gemeindeverfassungsrecht in Deutschland, Stuttgart 1975.; zit.: Engeli/Haus, Quellen.

Erichsen, Hans-Uwe: Verwaltungsrecht und Verwaltungsgerichtbarkeit I, 2. Aufl., München 1984; zit.: Erichsen, Verwaltungsrecht I.

— Staatsrecht und Verfassungsgerichtbarkeit I, 3. Aufl., München 1982; zit.: Erichsen, Staatsrecht I.

— Baudispens und Übermaßverbot, DVBl. 1967, S. 269ff.

— Kommunalaufsicht- Hochschulaufsicht, DVBl. 1985, S. 943ff.

— Verfassungs- und verwaltungsrechtliche Möglichkeiten und Grenzen der Einbeziehung anderer Träger öffentlicher Verwaltung in die Erfüllung von Verwaltungsaufgaben, in: Albert von Mutius/Edzart Schmidt-Jortzig (Hrsg.), Probleme mehrstufiger Erfüllung von Verwaltungsaufgaben auf kommunaler Ebene. Schriftum zum deutschen Kommunalrecht Bd. 25, Siegburg 1982, S. 3ff.; zit.: Erichsen, Einbeziehung anderer Träger.

— Die Umsetzung von Beamten, DÖV 1982, S. 95ff.

— Die sog. unbestimmten Rechtsbegriffe als Steuerungs- und Kontrollmaßgaben im Verhältnis von Gesetzgebung, Verwaltung und Rechtsprechung, DVBl. 1985, S. 22ff.

— Die Zulässigkeit einer Klage vor dem Verwaltungsgericht, in: ders. (Hrsg.), Jura Extra. Studium und Examen, S. 172ff.

— Kommunalrecht des Landes Nordrhein- Westfalen, Siegburg 1988.

— Das Übermaßverbot, Jura 1988, S. 387f.

Erichsen, Hans-Uwe / *Martens,* Wolfgang (Hrsg.): Allgemeines Verwaltungsrecht, 8. Aufl., Berlin und New York 1988.

Erlenkämper, Friedel: Entwicklung im Kommunalrecht, NVwZ 1986, S. 989ff.

Fachinger, Josef: Das staatliche Aufsichtsrecht über die Gemeinde und Gemeindeverbände, Diss. Köln 1928.

Fadinger, Eckart: Die Rechtsstellung der Gemeinde im übertragenen Wirkungskreis, Diss. München 1969; zit.: Fadinger, Rechtsstellung.

Fehrmann, Wilderich: Kommunalverwaltung und Verwaltungsgerichtsbarkeit, DÖV 1983, S. 311ff.

Fleiner, Fritz: Institutionen des deutschen Verwaltungsrechts, 8. Aufl., Tübingen 1928, 2. Neudruck 1963; zit.: Fleiner, Institutionen.

Forsthoff, Ernst: Die öffentliche Körperschaft im Bundesstaat. Eine Untersuchung über die Bedeutung der institutionellen Garantie in den Artikeln 127 und 137 der Weimarer Verfassung, Beiträge zum öffentlichen Recht der Gegenwart Bd. 3, Tübingen 1931; zit.: Forsthoff, Körperschaft.

— Die Krise der Gemeindeverwaltung im heutigen Staat, Berlin 1932, zit.: Forsthoff, Krise.

— Lehrbuch des Verwaltungsrechts, 1. Bd. Allgemeiner Teil, 10. Aufl. München 1973; zit.: Forsthoff, Lehrbuch.

Friauf, Karl Heinrich / *Wendt,* Rudolf: Rechtsfragen der Kreisumlage, Köln 1980.

Fröhner, Karl: Die bürgerschaftliche Selbstverwaltung. Handbuch für das gemeindliche Ehrenamt, Stuttgart 1958.

Galette, Alfons: Die Beratung im Rahmen der Kommunalaufsicht, in: Aktuelle Probleme der Kommunalaufsicht, Schriftenreihe der Hochschule Speyer Bd. 19, Berlin 1963, S. 37ff.; zit.: Galette, Die Beratung.

Galette, Alfons / *Laux,* Eberhard: Kommentar zur Gemeideordnung, Kreisordnung, Amtsordnung, Gesetze über Zusammenarbeit für Schleswig-Holstein, Bd. 2, Wiesbaden 1980; zit.: Galette / Laux, Kommentar zur GO SH.

Gallas, Andreas: Die Staatsaufsicht über die wissenschaftlichen Hochschulen, Berlin 1976.

Gellen, Hans-Michael: Zweckzuweisung und kommunale Selbstverwaltung, Köln 1971.

Gelzer, (Ohne Vorname): Echte und unechte Selbstverwaltung, DVBl. 1958, 87ff.

Gierke, Otto: Das deutsche Genossenschaftsrecht Bd. 1: Rechtsgeschichte der deutschen Genossenschaft, Berlin 1868; zit.: Gierke, Genossenschaftsrecht.

Giese, Friedrich: Die Verfassung des Deutschen Reichs vom 11. August 1919, 8. Aufl., Berlin 1931.

Glass, Claus-Peter: Die Realität der Kommunalaufsicht, Köln u.a. 1967; zit.: Glass, Realität.

Glum, Friedrich: Das Recht der Selbstverwaltung der Gemeinden und Gemeindeverbände nach Art. 127 der Reichsverfassung, AÖR 56 (1929), S. 379ff.

Gneist, Rudolf: Der Rechtsstaat und die Verwaltungsgerichte in Deutschland, 3. Aufl., Darmstadt 1958 (Neudruck der 2. Aufl. von 1879); zit.: Gneist, Rechtsstaat.

— Die preußische Kreis-Ordnung in ihrer Bedeutung für den inneren Ausbau des deutschen Verfassungs-Staates, Berlin 1870; zit.: Gneist, Kreisordnung.

— Verwaltung, Justiz, Rechtsweg. Staatsverwaltung und Selbstverwaltung nach englischen und deutschen Verhältnissen mit besonderer Rücksicht auf Verwaltungsreformen und Kreisordnungen in Preußen, 1869; zit.: Gneist, Verwaltung.

— Selfgovernment, Communalverfassung und Verwaltungsgerichte in England, 3. Aufl., Berlin 1871; zit.: Gneist, Selfgovernment.

Gönnenwein, Otto: Die Kommunalaufsicht als Rechtsaufsicht, in: Otto Bachof u.a. (Hrsg.), Forschung und Berichte aus dem öffentlichen Recht. Gedächtnisschrift für Walter Jellinek, München 1955, S. 511ff.; zit.: Gönnenwein, Kommunalaufsicht.

— Gemeinderecht: Tübingen 1963.

Grumkow, Waldemar von: Die Geschichte der Kommunalaufsicht in Preußen, Berlin 1921; zit.: Grumkow, Kommunalaufsicht.

Günther, Albert: Die Kreisumlage, in: Günter Püttner (Hrsg.), Handbuch der kommunalen Wissenschaft und Praxis, Bd. 6, 2. Aufl., Berlin u.a. 1981, S. 366ff.

Haenel, Albert: Deutsches Staatsrecht, Bd. 1: Die Grundlagen des deutschen Staates und die Reichsgewalt, Leipzig 1892.

Han, Dong Yoon: Die vermißte kommunale Selbstverwaltung, Weulganchosun 1987 H. 4. S. 204ff.

Han, Won Taek: Die kommunale Selbstverwaltung in Korea, Kyegan Hyundaesahoi (Vierteljährliche Moderne Gesellschaft) Bd. 4 H. 4 (1984, Winter), S. 2ff.

Hart, Sir William O./*Garner,* S. F.: Hart's Introduction to the Law of the Local Government and Administration, 9. Aufl., London 1973; zit.: Hart/Garner, Local Government.

Hassel, Volker: Subsidiaritätsprinzip und Kommunalaufsicht, DVBl. 1985, S. 697ff.

Heffter, Heinrich: Die deutsche Selbstverwaltung im 19. Jahrhundert. Geschichte der Ideen und Institutionen, 2. Aufl., Stuttgart 1969.

Hendler, Reinhard: Selbstverwaltung als Ordnungsprinzip. Zur politischen Willensbildung und Entscheidung im demokratischen Verfassungsstaat der Industriegesellschaft, Köln 1984; zit.: Hendler, Selbstverwaltung.

Herzfeld, Hans: Demokratie und Selbstverwaltung in der Weimarer Epoche, Berlin 1957; zit.: Herzfeld, Demokratie und Selbstverwaltung.

Hinkel, Karl Reinhard: Zur Situation der kommunalen Selbstverwaltung, NVwZ 1985, S. 225ff.

Hofmann, Harald / *Muth*, Michael / *Theisen*, Rolf-Dieter: Kommunalrecht in Nordrhein-Westfalen, 2. Aufl., Witten 1986.

Hofmann, Walter: Genehmigungsvorbehalt und Kommunalaufsicht, in: Aktuelle Probleme der Kommunalaufsicht. Schriftenreihe der Hochschule Speyer Bd. 19, S. 81ff.

Hofmann, Jochen: Die Verfassungs- und kommunalrechtliche Zulässigkeit von Gemeinderatsbeschlüssen zu verteidigungspolitischen Fragen, DVBl. 1984, S. 116ff.

Hölzl, Josef: Gemeindeordnung für den Freistaat Bayern, München 1971ff.

Huber, Ernst Rudolf: Bedeutungswandel der Grundrechte, AÖR 62 (1933), S. 1ff.

Hufen, Friedhelm: Kulturauftrag als Selbstverwaltungsgarantie, NVwZ 1983, S. 516ff.

— Fehler im Verwaltungsverfahren, Baden-Baden 1986.

Hur, Young: in: Rückblick und Aussicht der 40 Jahre der Verfassung (Diskussion), Koshiyungu 1988, H. 7, S. 12ff. (S. 28 u. 29).

— Verfassungstheoretische Erleuchtung der kommunalen Selbstverwaltung, in: Kongbubyungu Bd. 13 (1985), S. 128ff.

Ipsen, Jörn: Staatliche Ingerenzen und gemeindliche Selbstverwaltung, in: Niedersächsischer Städtetag, Aufsicht über die Städte — Kontrolle oder Kondominium? Schriftenreihe des Niedersächsischen Städtetages Heft 15, Göttingen 1985, S. 5ff.; zit.: Ipsen, Staatliche Ingerenzen.

Jackson, P. W.: Local Government, 2. Aufl., London 1972.

Jakobs, Michael: Der Grundsatz der Verhältnismäßigkeit, Köln u.a. 1985.

Janzen, Uwe: Der Staatsbeauftragte im deutschen Gemeinderecht in Geschichte und Gegenwart, Diss. Würzburg 1966; zit.: Janzen, Der Staatsbeauftragte.

Jellinek, Walter: Verwaltungsrecht, 3. Aufl. 1931, unveränderter Neudruck, Offenburg 1948.

Jesch, Dietrich: Rechtsstellung und Rechtsschutz der Gemeinden bei der Wahrnehmung „staatlicher" Aufgaben, DÖV 1960, 739ff.

Kang, Byung Keun: Die koreanische kommunale Selbstverwaltung im Hinblick auf die Kommunalfinanzen, Haengchungnontschong 1962 Vol. 1. No. 1, S. 214ff.

Kang, Young Ki: Die Beteiligung der Bürger an der Kommunalverwaltung und Dezentralisation, in: Abhandlungssammlung der Universität Tschungnam, Bd. 28, 1984, S. 331ff.

Kantel, Willy: Kommunale Verfassung und Verwaltung in der Bundesrepublik Deutschland, Göttingen 1977.

Keller, Dieter: Die staatliche Genehmigung von Rechtsakten der Selbstverwaltungsträger, Heidelberg 1976; zit.: Keller, Genehmigung.

Kieckebusch, Klaus: Die öffentlich-rechtliche Genehmigung privater Rechtsgeschäfte, in: VerwArch 57 (1966), S. 17ff., 193ff.

Kim, Doh Chang: General Theory of Administrative Law („Ilban Haengchungbubron"), Volume 1 („Shang"), Seoul 1987.

— General Theory of Administrative Law („Ilban Haengchungbubron"), Volume 2 („Ha"), Seoul 1987.

Kim, Hyo Chun: Kommnale Selbstverwaltung, in: Tschul Swu Kim (Hrsg.), Verfassungsrecht. Kommentar („ Kommental Hunbub"), Seoul 1988, S. 636ff.

Kim, Hyung Bae: Die kommunale Selbstverwaltung („Chibangsatschiron"), Seoul 1988.

Kim, Ih Yul: Kommunalrecht („Chibang Haenchungbub"), in: Yoon Heun *Park*/Ih Yul *Kim*/Se Tschang *Yoon*, Verwaltungsorganisations-, Kommunal- und Beamtenrecht, Seoul 1985, S. 123ff.

Kim, Ki Chae: Der Zweck der Reform des Kommunalselbstverwaltungsgesetzes und ihre Richtung, Chibanghaengchung 1988 H. 4, S. 10ff.

Kim, Kwang Wung: Es gibt keine kommunale Selbstverwaltung ohne Rat der Gebietsselbstverwaltungskörperschaft, Shindonga 1986 H. 4, S. 288ff.

— Die kommunale Selbstverwaltung und die Entwicklung der Verwaltung, in: Kyung Dong Kim/Tschung Shi An (Hrsg.), Die koreanische kommunale Selbstverwaltung und die Entwicklung der lokalen Gesellschaft, 1985, S. 33ff.

Kim, Nam Chin: Die Grundprobleme des Verwaltungsrechts („Haengchungbub eui Kibon Mwunchae"), Seoul 1985.

Kim, Nam Chin/*Do*, Choong Dae: Verwaltungsrecht nach den gewählten Themen („Chwuchae Chwungshim Haengchungbub"), Seoul 1985.

Kim, Tschul Swu: Grundzüge des Staatsrechts („Hunbubhag Kaeron"), Seoul 1986.

Kirchhof, Roland: Abschied von den Pflichtaufgaben zur Erfüllung nach Weisungen?, VR 1977, S. 369ff.

Klein, Friedrich: Institutionelle Garantien und Rechtsinstitutsgarantie, Breslau 1934; zit.: Klein, Institutionelle Garantie.

Klein, Hans H.: Der Rechtsschutz der Gemeinden gegen Maßnahmen der Staatsaufsicht, Die Verwaltung 1968, S. 145ff.

Klemt, Hermann: Die Mitwirkung der Kommunalaufsichtsbehörde an der Verwaltung der Gemeinden durch beratende Tätigkeit, Diss. Würzburg 1975; zit.: Klemt, Beratende Tätigkeit.

Klüber, Hans: Das Gemeinderecht in den Ländern der Bundesrepublik Deutschland, Berlin 1972; zit.: Klüber, Gemeinderecht.

Knemeyer, Franz-Ludwig: Die Stellung der bayerischen Gemeinden nach Grundgesetz, bayerischer Verfassung und bayerischen Landesgesetzen, in: Knemeyer (Hrsg.), Bayerische Gemeinden- Bayerischer Gemeindetag, München 1987, S. 97ff.; zit.: Knemeyer, Die Stellung der bayerischen Gemeinden.

— Bayerisches Kommunalrecht, 4. Aufl, München 1982.

— Kommunale Selbstverwaltung im Wandel, in: Nobert Achterberg / Werner Krawietz / Dieter Wyduckel (Hrsg.), Recht und Staat im sozialen Wandel, Festschrift für Hans Ulrich Scupin zum 80. Geburtstag, Berlin 1983, S. 797ff.

— Die Staatsaufsicht über die Gemeinde und Kreise, in: Günter Püttner (Hrsg.), Handbuch der kommunalen Wissenschaft und Praxis, Bd. 1, 2. Aufl., Berlin u. a. 1981, S. 265ff.; zit.: Knemeyer, Staatsaufsicht.

— Die verfassungsrechtliche Gewährleistung des Selbstverwaltungsrechts der Gemeinden und Landkreise, in: Albert von Mutius (Hrsg.), Selbstverwaltung im Staat der Industriegesellschaft. Festgabe zum 70. Geburtstag von Georg Christoph von Unruh, Heidelberg 1983, S. 209ff.; zit.: Knemeyer, Gewährleistung.

Köttgen, Arnold: Wesen und Rechtsform der Gemeinden und Gemeindeverbände, in: Hans Peters (Hrsg.), Handbuch der kommunalen Wissenschaft und Praxis, Bd. 1, 1. Aufl., Berlin 1956, S. 185ff.; zit.: Köttgen, Wesen.

— Die Gemeinde und der Bundesgesetzgeber, Stuttgart 1957.

Kormann, Karl: System der rechtsgeschäftlichen Staatsakte, Berlin 1910; zit.: Kormann, System.

Korte, Heinz W.: Die Aufgabenverteilung zwischen Gemeinde und Staat unter besonderer Berücksichtigung des Subsidiaritätsprinzip, VerwArch 61 (1970), S. 1ff., 141ff.

Kottenberg, Kurt / *Rehn,* Erich: Gemeindeordnung für das Land Nordrhein-Westfalen, 10. Aufl., Siegburg 1972ff.

Krämer, Peter H.: Die bürgerschaftliche Selbstverwaltung unter den Notwendigkeiten des egalitären Sozialstaat, Berlin 1970; zit.: Krämer, Die bürgerschaftliche Selbstverwaltung.

Kunze, Richard / *Schmidt,* Carl / *Bronner,* Otto / Rehm, Franz-Karl: Gemeindeordnung für Baden-Württemberg, Stuttgart 1976.

Kwon, Young Sung: Lehrbuch des Staatsrechts („Hunbubhag Wonron"), Seoul 1986.

Laband, Paul: Das Staatsrecht des Deutschen Reichs, Bd. 1, 5. Aufl., Tübingen 1911; zit.: Laband, Staatsrecht.

Laforet, Wilhelm: Deutsches Verwaltungsrecht, München 1937.

Lange, Otto: Die behördliche Genehmigung und ihre zivirechtlichen Auswirkungen, AcP Bd. 152 (1952/53), S. 241ff.

Larenz, Karl: Allgemeiner Teil des deutschen bürglichen Rechts, 6. Aufl., München 1983, S. 424.

Lauscher, Wilhelm: Die Delegation von Hoheitsrechten auf Gemeinden und Gemeindeverbände, Diss. Münster 1968; zit.: Lauscher, Delegation.

Laux, Eberhard: Geschichte und Systematik der Staatsaufsicht und der modernen Aufsichtsmittel über Gemeinden und Kreise in Deutschland, Diss. Kiel 1951; zit.: Laux, Staatsaufsicht.

— Kommunale Selbstverwaltung als politisches Prinzip. Wege der Diskussion, in: Albert von Mutius (Hrsg.), Selbstverwaltung im Staat der Industriegesellschaft. Festgabe zum 70. Geburtstag von Georg Christoph von Unruh, Heidelberg 1983, S. 51ff.

Lee, Gye Tak: Lokalverwaltung („Chibanghaengchungron"), Seoul 1984.

Lee, Hong Gwu: Die kommunale Selbstverwaltung und die politische Entwicklung, in: Kyung Dong Kim / Tschung Si An, Die koreanische kommunale Selbstverwaltung und die Entwicklung der lokalen Gesellschaft, Seoul 1985, S. 11 ff.

Lee, Kang Hyuk: Der Inhalt der verfassungsrechtlichen Gewährleistung der komunalen Selbstverwaltung, Weulgangoshi 1986 H. 1 S. 46ff.

— Die kommunale Selbstverwaltung und der Gesetzesvorbehalt, Koshiyungu 1988 H. 8, S. 87ff.

Lee, Myung Gwu: Lehrbuch des Verwaltungsrechts („Haengchungbub Wonron"), Seoul 1987.

Lee, Sang Gywu: Das neue Verwaltungsrecht („Shin Haengchungbubron"), Bd. 1 („Sang"), Seoul 1986.

— Das Neue Verwaltungsrecht („Shin Haengchungbubron"), Bd. 2 („Ha"), Seoul 1986.

Lee, Tae Chin: Die Tradition der kommunalen Selbstverwaltung, Shindonga 1988 H. 7, S. 536ff.

Leidinger, Adalbert: Zur gerichtlichen Kontrolle von Entscheidungen der Kommunalaufsicht nach nordrhein-westfälischem Recht, in: Hans-Uwe Erichsen / Werner Hoppe / Albert von Mutius (Hrsg.), System des verwaltungsgerichtlichen Rechtsschutzes. Festschrift für Christian-Friedrich Menger, Köln u.a. 1985, S. 257ff.; zit.: Zur gerichtlichen Kontrolle.

Lerche, Peter: Verfassungsfragen um Sozialhilfe und Jugendwohlfahrt, Berlin 1963; zit.: Lerche, Verfassungsfragen.

Linden, Horst: Rechtsstellung und Rechtsschutz der gemeindlichen Selbstverwaltung, Diss. Köln 1969; zit.: Linden, Rechtsstellung.

Loebell, Friedrich-Wilhelm von: Gemeindeordnung für das Land Nordrhein-Westfalen, 4. Aufl., Wiesbaden 1980.

Lohr, Valentin: Satzungsgewalt und Staatsaufsicht, Stuttgart 1963; zit.: Lohr, Satzungsgewalt.

Macher, Ludwig: Der Grundsatz des gemeindefreundlichen Verhaltens. Zur Aktualisierung der Garantie der kommunalen Selbstverwaltung (Art. 28 Abs. 2 GG), Berlin 1971; zit.: Macher, Grundsatz.

Makswit, Jürgen: Finanzierung kommunaler Fremdverwaltung unter besonderer Berücksichtigung des finanzverfassungsrechtlichen Konnexitätsprinzips, Frankfurt am Main u.a. 1984; zit.: Makswit, Finanzierung.

Mang, Johann: Fiskalische Gemeindeverwaltung und Rechtsaufsicht, BayVBl 1960, S. 109ff.

Mangold, Hermann von / *Klein,* Friedrich: Das Bonner Grundgesetz, Bd. 1, 2. Aufl., Berlin 1957.

Matzerath, Horst: Nationalsozialismus und kommunale Selbstverwaltung, Stuttgart u.a. 1970; zit.: Nationalsozialismus.

— Die Zeit des Nationalsozialismus, in: Günter Püttner (Hrsg.), Handbuch der kommunalen Wissenschaft und Praxis, Berlin u.a. 1981, S. 101 ff.

Maull, Heinz: Die Staatsaufsicht über die Gemeinden und Gemeindeverbände in Preußen, Berlin 1932.

Maunz, Theodor: Die Verankerung des Gemeinderechts im Grundgesetz, BayVBl 1984, S. 417ff.

Maunz, Theodor / *Dürig,* Günter / *Herzog,* Roman / *Scholz,* Rupert: Grundgesetz. Kommentar, München 1983.

Maunz, Theodor / *Zippelius,* Reinhold: Deutsches Staatsrecht, 26. Aufl., München 1985.

Maurer, Hartmut: Allgemeines Verwaltungsrecht, 4. Aufl., München 1985.

Mayer, Otto: Deutsches Verwaltungsrecht, Bd. 2, 2. Aufl., München und Leipzig 1917.

Mayr, Christoph: Aufsichtsverhältnisse als Verwaltungsrechtsverhältnisse, Karlsruhe 1984; zit.: Mayr, Aufsichtsverhältnisse.

Menger, Christian-Friedrich: Höchstrichtliche Rechtsprechung zum Verwaltungsrecht, VerwArch 52 (1961), S. 410ff.

— Entwicklung und Selbstverwaltung im Verfassungsstaat der Neuzeit, in: Mutius, Albert von (Hrsg.), Selbstverwaltung im Staat der Industriegesellschaft. Festgabe zum 70. Geburtstag von Georg Christoph von Unruh, Heidelberg 1983, S. 25ff.

Menger, Christian-Friedrich / *Erichsen,* Hans-Uwe: Höchstrichtliche Rechtsprechung zum Verwaltungsrecht, VerwArch Bd. 57 (1966), S. 175ff.

Merk, Wilhelm, Deutsches Verwaltungsrecht: Bd. 1, Berlin 1962.

Min, Kyung Shik: Der Umfang und die Grenze des Satzungsrechts der Gebietsselbstverwaltungskörperschaft, in: Institut der Rechtswissenschaft an der Universität Chung Ang, Pubhag Nonmwunchip Bd. 8 (1983), S. 93ff.

Müller, Klaus: Zur Problematik der Genehmigungsvorbehalte im Kommunalrecht, VerwArch 54 (1963), S. 170ff.

Münzel, Karl: Nachträgerliche Erteilung einer Genehmigung, NJW 1959, S. 601ff.

Mutius, Albert von: Verfassungsrechtliche Vorgaben für eine Funktionalreform im kommunalen Bereich, StGB 1977, S. 167ff.

— Sind weitere Maßnahmen zu empfehlen, um den notwendigen Handlungs- und Entfaltungsspielraum zu gewährleisten? Gutachten E zum 53. Deutschen Juristen Tag, München 1980; zit.: v. Mutius, Gutachten 53. DJT.

— Das Selbstverwaltungsrecht der Gemeinden und Gemeindeverbände, Jura 1982, S. 28ff.

— Örtliche Aufgabenerfüllung, in: Albert von Mutius (Hrsg.), Selbstverwaltung im Staat der Industriegesellschaft. Festgabe zum 70. Geburtstag von Georg Christoph von Unruh, Heidelberg 1983, S. 227ff.

Neuhoff, Robert: Kommunale Selbstverwaltung und Grundgesetz, DÖV 1952, S. 259ff.

No, Yoong Heui: Die Rechtsstellung und die Kompetenz des Rates der Gebietsselbstverwaltungskörperschaften, Chibanghaengchung 1988 H. 4, S. 21ff.

Obermayer, Klaus: Kommunalrecht, in: Mang, Johann / Maunz, Theodor / Mayer, Franz / Obermeyer, Klaus, Staats- und Verwaltungsrecht in Bayern, Dritter Teil, Verwaltungsrecht, 4. Aufl. München 1975.

Oebbecke, Janbernd: Zweckverbandsbildung und Selbstverwaltungsgarantie, Köln 1982; zit.: Oebbecke, Zweckverbandsbildung.

Oexmann, Burkhard: Beanstandung als Mittel kommunalaufsichtlicher Legalitätskontrolle in den Ländern der Bundesrepublik Deutschland, Diss. Münster 1977; zit.: Oexmann, Beanstandung.

Ossenbühl, Fritz: Verwaltungsvorschriften und Grundgesetz, Bad Homburg u.a. 1968, zit.: Ossenbühl, Verwaltungsvorschriften.

Pagenkopf, Hans: Kommunalrecht, Bd. 1: Verfassungsrecht, 2. Aufl., Köln 1975.

— Aktuelle Probleme der Kommunalaufsicht, JZ 1965, S. 511.

— Einführung in die Kommunalwissenschaft, 3. Aufl. Münster 1975; zit.: Pagenkopf, Kommunalwissenschaft.

Palandt, Otto: Bürgerliches Gesetzbuch, 45. Aufl., München 1986.

Pappermann, Ernst: Rechtsstellung, Befugnisse und Haftung der Staatsbeauftragten im Rahmen der kommunalen Neugliederung, DVBl. 1972, S. 573ff.

— Die Zielrichtung der Selbstverwaltungsgarantie, DVBl. 1976, S. 766ff.

Pappermann, Ernst / *Roters,* Wolfgang / *Vesper,* Emil: Maßstäbe für die Funktionalreform im Kreis, Köln 1976; zit.: Pappermann / Roters / Vesper, Maßstäbe.

Park, Il Kyung: Lehrbuch des Staatsrecht („Shin Hunbubhagwonron"), Seoul 1986.

Park, Yoon Hun: Lehrbuch des Verwaltungsrecht („Tschoishin Haengchugbub Kangeui"), Bd. 2 („Ha"), Seoul 1985.

— Die Einwirkung des Staats auf die Gebietsselbstverwaltungskörperschaft, Koshiyungu 1988 H. 11, S. 59ff.

Peters, Hans: Lehrbuch der Verwaltung, Berlin u.a. 1949.

— Grenzen der kommunalen Selbstverwaltung in Preußen, Berlin 1926; zit.: Peters, Grenzen.

Peus, Franz-Josef: Die Genehmigung der Aufsichtsbehörde zur Kreditaufnahme der Gemeinde — Zugleich ein Beitrag zur präventiven Kommunalaufsicht, Diss. Münster 1977; zit.: Peus, Genehmigung.

Pfaff, Richard: Die Gemeinden als legitime und legale Repräsentanten von Bürgerinteressen, VerwArch 1979, S. 1ff.

Pfeiffer, Kurt: Die Staatsaufsicht über die Körperschaften, Anstalten und Stiftungen des öffentlichen Rechts unter besonderer Berücksichtigung der bayerischen Verhältnisse, Diss. Erlangen 1958; zit.: Pfeiffer, Staatsaufsicht.

Preuß, Hugo: Das städtische Amtsrecht in Preußen, Berlin 1902.

Püttner, Günter: Das System der kommunalen Aufgaben. Vorbemerkungen, in: ders. (Hrsg.), Handbuch der kommunalen Wissenschaft und Praxis, Bd. 3, 2. Aufl., Berlin u.a. 1983, S. 3. ff.; zit.: Püttner, Vorbemerkungen.

Ramin, Eberhard: Die Geschichte der Selbstverwaltungsidee seit dem Freiherrn von Stein, Diss. Münster 1972; zit.: Ramin, Selbstverwaltungsidee.

Rauball, Werner: in: Johannes Rauball / Reinhard Rauball / Werner Rauball / Ernst Pappermann / Wolfgang Roters, Gemeindeordnung für Nordrhein-Westfalen (Kommentar), 3. Aufl., München 1981; zit.: W. Rauball, in: Rauball / Pappermann / Roters.

Ress, Georg: Überlegungen zum Grundsatz des selbstverwaltungsfreundlichen Verhaltens — zugleich Bemerkungen zum Verhältnis von Staatsaufsicht und Rechtsschutz, WiVerw 1981, S. 151 ff.

— Der Grundsatz der Verhältnismäßigkeit im Deutschen Recht, in: Deutsche Sektion der Internationalen Juristen-Kommission, Der Grundsatz der Verhältnismäßigkeit in europäischen Rechtsordnungen. Vorträge und Diskussionsbeiträge auf der deutsch-französischen Juristenkonferenz am 26. / 27. Nobember 1982 in Straßburg, Heidelberg 1985; zit.: Ress, Grundsatz.

Reuter, Konrad: Rechtsaufsicht über die Gemeinden und Opportunitätsprinzip, Diss. Tübingen 1967; zit.: Reuter, Rechtsaufsicht.

Richter, Gerd-Jürgen: Verfassungsprobleme der kommunalen Funktionalreform — Zur dogmatische Einordnung des Art. 28 Abs. 2 Grundgesetz, Köln 1977; zit.: Richter, Verfassungsprobleme.

Rietdorf, Fritz: Die Grundsätze des neuen nordrhein-westfälischen Ordnungsgesetzes, DÖV 1957, S. 7 ff.

Rosin, Heinrich: Das Recht der öffentlichen Genossenschaft, Freiburg 1886; zit.: Rosin, Genossenschaft.

Roters, Wolfgang: Kommunale Mitwirkung an höherstufigen Entscheidungsprozessen, Köln 1975; zit.: Roters, Mitwirkung.

— Art. 28, in: Ingo von Münch (Hrsg.), Grundgesetz-Kommentar, Bd. 2, 2. Aufl., München 1983.

Salzwedel, Jürgen: Staatsaufsicht in der Verwaltung, VVDStRL 22 (1965), S. 206 ff.

— Staatliche Genehmigungsvorbehalte gegenüber der Selbstverwaltung, AfK 1962, S. 203 ff.

Schaper, (o. V.): Vom Inhalt der Kommunalaufsicht und der Handhabung ihrer Eingriffsrechte, SKV 1962, S. 85 ff.

Scheerbarth, Walter: Gedanken zum neuen nordrhein-westfälischen Ordnungsbehördengesetz, DVBl. 1958, S. 83 ff.

— Gibt es weiterhin „Auftragsangelegenheiten" im Land Nordrhein-Westfalen ?, DVBl. 1953, S. 261 ff.

Schenke, Wolf-Rüdiger: Art. 19 IV, in: Kommentar zum Bonner Grundgesetz (Bonner Kommentar); zit.: Schenke, BK, Art. 19 IV.

Scheuner, Ulrich: Zur Neubestimmung der kommunalen Selbstverwaltung, AfK 1973, S. 1 ff.

— Grundbegriffe der Selbstverwaltung , in: Günter Püttner (Hrsg.), Handbuch der kommunalen Wissenschaft und Praxis, Bd. 1, 2. Aufl., Berlin u. a. 1981, S. 7 ff.; zit.: Scheuner, Grundbegriffe.

Schink, Alexander: Gesetzliche Kreiszuständigkeiten und Subsidiaritätsprinzip, in: Schmidt-Jortzig, Edzard / Schink, Alexander, Subsidiaritätsprinzip und Kommunalordnung, Köln u. a. 1982.

Schlempp, Hans / *Schlempp,* Dieter: Kommentar zur hessischen Gemeindeordnung, Wiesbaden 1983; zit.: Schlempp, HGO.

Schmidt-Aßmann, Eberhard: Kommunalrecht, in: Ingo von Münch (Hrsg.), Besonderes Verwaltungsrecht, 7. Aufl., Berlin und New York 1985, S. 91 ff.; zit.: Schmidt-Aßmann, Kommunalrecht.

— Die kommunale Rechtssetzung im Gefüge der administrativen Handlungsformen und Rechtsquellen — Aufgaben, Verfahren, Rechtsschutz, München 1981; zit.: Schmidt-Aßmann, Die kommunale Rechtssetzung.

Schmidt-Eichstaedt, Gerd: Die Rechtsqualität der Kommunalaufgaben, in: Günter Püttner (Hrsg.), Handbuch der kommunalen Wissenschaft und Praxis, Bd. 3, 2. Aufl., Berlin u. a. 1983, S. 9 ff.; zit.: Schmidt-Eichstaedt, Rechtsqualität.

Schmidt-Jortzig, Edzard: Rechtsschutz der Gemeinden gegenüber fachaufsichtlichen Weisungen bei der Fremdverwaltung, JuS 1979, S. 488 ff.

— Probleme der kommunalen Fremdverwaltung — Fehlentwicklungen in der Struktur einer bewährten Verwaltungsform, DÖV 1981, S. 393 ff.

— Kommunalrecht, Stuttgart 1982.

Schmitt, Carl: Verfassungslehre, München und Leipzig 1928.

— Freiheitsrechte und institutionelle Garantien der Reichsverfassung (1931), in: ders., Verfassungsrechtliche Aufsätze aus den Jahren 1924 bis 1954, Berlin 1958, S. 140 ff.; zit.: C. Schmitt, Freiheitsrechte.

Schmitt, Günther: System der Rechtsaufsicht über die Gemeinde in der Bundesrepublik Deutschland, Diss. Erlangen 1962; zit.: Schmitt, System.

— Staatsaufsicht und Rechtsverfolgung, BayVBl 1973, S. 478 ff. u. 515 ff.

Schnapp, Friedrich E.: Zum Funktionswandel der Staatsaufsicht, DVBl. 1971, S. 480 ff.

— Ersatzvornahme in der Kommunalaufsicht, Herford 1972; zit.: Schnapp, Ersatzvornahme.

— Die Selbstverwaltung in der Sozialversicherung, in: Albert von Mutius (Hrsg.), Selbsverwaltung im Staat der Industriegesellschaft. Festgabe zum 70. Geburtstag von Georg Christoph von Unruh, Heidelberg 1983, S. 881 ff.; zit.: Schnapp, Selbstverwaltung.

Schoch, Friedrich K.: Erklärung des Gemeindegebiets zur „Atomwaffenfreien Zone", Jura 1984, S. 550 ff.

Scholler, Heinrich / Broß, Siegfried: Grundzüge des Kommunalrechts in der Bundesrepublik Deutschland, 2. Aufl., Heidelberg und Karlsruhe 1979; zit.: Scholler / Broß, Kommunalrecht.

Schuppert, Gunnar Folke: Selbstverwaltung als Beteiligung Privater an der Staatsverwaltung? Elemente zu einer Theorie der Selbstverwaltung, in: Albert von Mutius (Hrsg.), Selbstverwaltung im Staat der Industriegesellschaft. Festgabe zum 70. Geburtstag von Georg Christoph von Unruh, Heidelberg 1983, S. 183 ff.; zit.: Schuppert, Selbstverwaltung.

Schweer, Dieter: Die Pflichtaufgaben nach Weisung nach der Gemeindeordnung von Nordrhein-Westfalen, DVBl. 1956, S. 703ff. und DVBl. 1957, S. 12ff.

Seeger, Richard/*Wunsch,* Hermann: Kommunalrecht in Baden-Württemberg, 4. Aufl. Stuttgart 1983.

Seele, Günter: Die besonderen staatlichen Exekutivbefugnisse im Bereich der kommunalen Selbstverwaltung, Diss. Göttingen 1964.

— Aufsichtsfunktionen der Kreisverwaltung, in: Verein für die Geschichte der Landkreise e.V. (Hrsg.), Kreis, Bd. 2., Köln und Berlin 1976, S. 215ff.

Seibert, Gerhart: Die Gewährleistung gemeindlicher Selbstverwaltung durch das Grundgesetz, Diss. Marburg 1966; zit.: Seibert, Gewährleistung.

Senger, Richard:, Zur Frage der Pflichtaufgaben nach Weisung in Nordrhein-Westfalen, DVBl. 1957, S. 10ff.

Simon, Horst R.: Zu einer Theorie über Wesen und Funktion der kommunalen Selbstverwaltung in der Bundesrepublik Deutschland, Diss. Würzburg 1974; zit.: Simon, Zu einer Theorie.

Sin, Hoan Tschul: Aufgabenverteilung zwischen Staat und Gebietsselbstverwaltungskörperschaften, Universität Chungbuk, Sahoigoahag Yungu Bd. 9 (1982), S. 79ff.

Son, Bong Sook: Kommunale Selbstverwaltung in Korea („Hanguk Chibangchatschi Yungu"), Seoul 1985.

Son, Chae Sik: Die moderne Lokalverwaltung („Hyundae Chibanghaengchungron"), Seoul 1983.

— Staatsentwicklung und Aufgaben der Lokalverwaltung, Chibanghaengchung 1987 H. 6, S. 30ff.

Su, Won Wu: Das moderne Verwaltungsrecht („Hyundae Haengchungbubron"), Bd. 1 („Shang"), Seoul 1983.

Süß, Stiegwin: Beschlüsse der Gemeinden zu verteidigungspolitischen Fragen, BayVBl. 1983, S. 513ff.

Suk, Chong Hyun: Allgemeines Verwaltungsrecht („Ilban Haengchungbub"), Bd. 2 („Ha").

Stein, Ekkehart: Die Wirtschaftsaufsicht, Tübingen 1967.

Stern, Klaus: Art. 28, in: Kommentar zum Bonner Grundgesetz (Bonner Kommentar), Zweitbearbeitung, Hamburg 1964; zit.: Stern, BK, Art. 28.

— Zur Lage der kommunalen Selbstverwaltung, in: Peter Oberndorfer/Herbert Schambeck (Hrsg.), Verwaltung im Dienste von Wirtschaft und Gesellschaft. Festschrift für Ludwig Fröhler zum 60. Geburtstag, Berlin 1980; zit.: Stern, Zur Lage.

— Die Verfassungsgarantie der kommunalen Selbstverwaltung, in: Günter Püttner (Hrsg.), Handbuch der kommunalen Wissenschaft und Praxis, Bd. 1, 2. Aufl., Berlin u. a. 1981, S. 204ff.; zit.: Stern, Verfassungsgarantie.

— Das Staatsrecht des Bundesrepublik Deutschland, Bd. 1, 2. Aufl., München 1984; zit.: Stern, Staatsrecht I.

— Verwaltungsprozessuale Probleme in der öffentlichen Arbeit, 6. Aufl., München 1987.

Stober, Rolf: Kommunalrecht, Heidelberg 1987.

— Der Ehrenbeamte in Verfassung und Verwaltung, Königstein/Ts.: Athenäum 1981; zit.: Stober, Ehrenbeamte.

Strich, Hermann: Der Staatskommissar im Kommunalrecht, Diss. Göttingen 1954.

Stüer, Bernhard: Funktionalreform und kommunale Selbstverwaltung, Göttingen 1980; zit.: Stüer, Funktionalreform.

Tettinger, Peter J.: Die Selbstverwaltung im Bereich der Wirtschaft — Verkehrswirtschaft, Energiewirtschaft, Banken und Versicherungen, in: Albert von Mutius (Hrsg.), Selbstverwaltung im Staat der Industriegesellschaft. Festgabe zum 70. Geburtstag von Georg Christoph von Unruh, Heidelberg 1983, S. 809ff.; zit.: Tettinger, Selbstverwaltung.

Theis, Axel: Die Gemeinden als „atomwaffenfreie" Zonen, JuS 1984, S. 422ff.

Thiele, Willi: Der Streit um den Begriff der kommunalen Selbstverwaltung, DöD 1979, S. 141ff.

Triepel, Heinrich: Delegation und Mandat im öffentlichen Recht, Stuttgart und Berlin 1942.

— Die Reichsaufsicht. Untersuchungen zum Staatsrecht des Deutschen Reichs, Darmstadt 1964, Nachdruck der Ausgabe Berlin 1917.

Tschoi, Tschang Ho: Typen der Organisation der Gebietsselbstverwaltungskörperschaft, Weulgangoshi 1985 H. 7, S. 146ff.

— Die neuen Erkenntnisse der koreanischen Lokalverwaltung („Hanguk Chibanghaengchung eui Chaeinsik"), Seoul 1983.

Unruh, Georg-Christoph von: Spannungen zwischen Staats- und Selbstverwaltung im bürglichen und sozialen Rechtsstaat, Der Staat 4 (1965), S. 441ff.

— Gemeinderecht, in: Ingo von Münch (Hrsg.), Besonderes Verwaltungsrecht, 6. Aufl., Berlin 1982, S. 99ff.; zit.: v. Unruh, Gemeinderecht.

Vitzthum, Wolfgang Graf: „Atomwaffenfreie Zonen" auf Gemeindeebene, JA 1983, S. 557ff.

Vogels, Alios: Die Verfassung für das Land Nordrhein-Westfalen, Handkommentar, Stuttgart und Köln 1951.

Vorbeck, Hans-Jürgen: Die Anfechtbarkeit kommunalaufsichtlicher Akte durch Dritte, Diss. Tübingen 1968; zit.: Vorbeck, Die Anfechtbarkeit.

Walter, Hans-Ulrich: Genehmigungsvorbehalt und Genehmigung im kommunalen Grundstücksverkehr (§ 64 GO NW), Diss. Münster 1966; zit.: Walter, Genehmigungsvorbehalt.

Weber, Werner: Kommunalaufsicht als Verfassungsproblem, in: Aktuelle Probleme der Kommunalaufsicht, Schriftenreihe der Hochschule Speyer, Bd. 19, Berlin 1963, S. 17ff.; zit.: Weber, Kommunalaufsicht.

— Staats- und Selbstverwaltung in der Gegenwart, 2. Aufl., Göttingen 1967.

Weidemann, Clemens: Die Staatsaufsicht im Städtebaurecht als Instrument zur Durchsetzung der Raumordnung und Landesplanung, Münster 1982; zit.: Weidemann, Staatsaufsicht.

Wendt, Rudolf: Der Garantiegehalt der Grundrechte und das Übermaßverbot, AÖR Bd. 104 (1979), S. 414ff.

Wertenbruch, Wilhelm: Zur Selbstverwaltung im Sozialstaat, in: Hans F. Zacher (Hrsg.), Soziale Sicherung durch soziales Recht, Festschrift für Horst Peters zum 65. Geburtstag, Stuttgart u.a. 1975, S. 203ff.; zit.: Wertbruch, Selbstverwaltung.

Widera, Bernd: Zur verfassungsrechtlichen Gewährleistung gemeindlicher Planungshoheit, Berlin 1985; zit.: Widera, Planungshoheit.

Widtmann, Julius: Sind fachaufsichtliche Weisungen an kommunale Körperschaften keine Verwaltungsakte?, BayVBl 1978, S. 723ff.

— Bayerische Gemeindeordnung, Kommentar, 4. Aufl., München 1980.

— Fiskalische Gemeindeverwaltung und Rechtsaufsicht, BayVBl 1960, S. 110f.

Wipfelder, Hans-Jürgen: Die Kommunalaufsicht in der Bundesrepublik Deutschland und Östreich, VBlBW 1984, S. 361ff.

Wolff, Hans / *Bachof,* Otto: Verwaltungsrecht I, 9. Aufl., München 1974.

— Verwaltungsrecht II, 4. Aufl., München 1976.

— Verwaltungsrecht III, 4. Aufl., München 1978.

Wolff, Hans / *Bachof,* Otto / *Stober,* Rolf: Verwaltungsrecht II, 5. Aufl., München 1987.

Wolffgang, Hans-Michael: Interkommunales Zusammenwirken durch Einbeziehung kreisangehöriger Gemeinden in den Vollzug von Kreisaufgaben, Frankfurt am Main u.a. 1987, zit.: Wolffgang, Interkommunales Zusammenwirken.

Yoon, Se Tschang: Verwaltungsrecht („Haengchungbub"), Bd. 1 („Shang"), Seoul 1981.

Ywu, Bong Young: Die Aufgaben der Gebietsselbstverwaltungskörperschaft und die staatlichen Sonderbehörden, Chibanghaengchung 1988 H. 5, S. 84ff.

Zuhorn, Karl: Gemeindeverfassung, Siegburg 1954.

Zuhorn, Karl / *Hoppe,* Werner: Gemeinde-Verfassung, 2. Aufl., Siegburg 1962.

FSC
www.fsc.org
MIX
Papier | Fördert gute Waldnutzung
FSC® C083411

Kolibri 360 GmbH
Ferdinand-Jühlke-Straße 7
99095 Erfurt, Deutschland
produktsicherheit@kolibri360.de

Druck:
CPI Druckdienstleistungen GmbH
im Auftrag der
Kolibri 360 GmbH
Ferdinand-Jühlke-Str. 7
99095 Erfurt